矛盾社会序説

その「自由」が世界を縛る

御田寺圭
Mitatera Kei

イースト・プレス

矛盾社会序説

その「自由」が世界を縛る

はじめに

――もう十年近く前になるが、大学に通っていた頃、私は東京都港区のある街に暮らしていた。その街は大きく南北でその表情を一変させた。北エリアはオフィス街であり、大学もそこにあった。背の高いビルが立ち並んでいて、さらに進んだところは高級住宅街になっていた。駅前ではスーツ姿の人びとが足早に行き交い、その間隙を縫うように学生たちがキャンパスに向かっていた。一方、南部は港湾地区で、倉庫会社の事業所が立ち並び、東京の主要な物流拠点のひとつとなっていた。

私はその港湾地区の一角にあるアパートで4年間を過ごした。東京都港区といえば、家賃が高いイメージがあるだろうが、私の暮らしたエリアはトラックが行き交い騒音もひどく、排ガスで空気も悪いせいか、洗濯物を干すとシャツが煤であっという間に黒ずんでしまうような場所だった。綺麗に整備された北側エリアとは異なり、南のエリアは歩道も運河にかかる橋もあちこちガタがきていて、お世辞にも清潔な街とはいえなかった。ホームレスも多かった。

東京へやってきたばかりでお金もまったく持ちあわせがなかった頃、ホームレスのおじさんたちと駄菓子を食べながら時間を潰したりすることもあった。友人たちが華やいだ街で遊んだり海外へ旅行や留学などをしているとき、私はホームレスのおじさんと汚い運河に手製の釣り糸を垂らすなどして過ごしていた。

駅前では、大学の国際協力系サークルが募金活動を行っていた。そのすぐそばで、ビッグイシュー（日本を含む世界各地で販売される、ホームレスの社会復帰貢献を目的としたストリート雑誌）を売っているおじさんがいた。前者はそこそこに盛況だったが、後者はほとんど見向きもされていなかった。

「人の情け」とは実にありがたいものであるが、その情けをかける相手を選ぶ自由が常にワンセットなのだということを思い知った。「ビッグイシュー、ビッグイシュー」と、かすれた声で購読を呼びかけるおじさんを毎週のように見かけた。私の部屋は狭かったので、紙の本がかさばるのは好きではなかったが、なんとなく買っていた。

大学の同級生に「ビッグイシューって本、よく駅前で売ってるけど、買ったことある？」と訊いたことがあった。しかし彼は、ビッグイシューを売るおじさんなど見たことがないといった。いやいや、そんなはずはない。あんなにビッグイシュー、ビッグイシューと連呼しているのに、気づかないはずがない。あのおじさんは、私だけに見えている妖精のたぐいではないのだから——といったが、彼はまったく冗談でなく「よく知らない」とこたえた。

東京にはいろんな人がいる。ホームレスはごくありふれた街の風景のひとつであり、目立たない存在なのかもしれない。サラリーマンや大学生の雑踏にまじる彼らの姿にコントラストを感じたのは、私が地方からきた田舎者だったからにすぎないのかもしれない。

ある日、私は一緒に釣り糸を垂らしたおじさんに、ホームレスでも生活保護が受けられること、住民票が必要とか保証人が必要といった話は、実際には間違いであることを説明し、住居や就労支援があることも付言して、公的なサポートを受けるように促したことがあった。

おじさんは私の提案をにべもなく断った。「俺は、だめな人間だからこうなった。だから、いまさら他人様のお世話になってはいけないと思う」おじさんはそう答えた。社会福祉とは、だめな人間がお世話になってはいけないものなのだろうか。国や世間がいうところの本当に困っている人にこそゆきわたるべきものなのだろうか。本当に困っている人とは誰のことなのだろうか。

「誰かのお世話になったら、今度こそいよいよ世間様に顔向けできなくなる」——おじさんが洩《も》らしたそのことばに、何も返すことができなかった。それはおじさんがもつ最後の矜持だったのかもしれない。誰の厄介になることもなく、自分はひとりでもしっかり生きていけるのだ、と。

だが、そうした矜持を世間は知っているのだろうか。おじさんが世間に向けているほどには、世間はおじさんに視線を注いでいないように思えた。私はそのとき、これまで誰にも顧みられることのなかった、孤独で小さな祈りに触れた気がした。

私はそうした祈りが、誰にも届けられず、伝えられないまま消えていくことを、どうしても受け入れられないようになっていた。いまこの文章を書いている瞬間も、きっとあの街のどこかで、決して振り向かぬ存在にその祈りを捧げているのだと知ってしまったからだ。

この本について

私はこの本を「透明化された人びと」への祈りとして書いた。

「透明化された人びと」とは、ホラー映画などでおなじみの「透明人間」を指しているわけではない。「そこにあるはずなのに、あたかも存在しないかのようになってしまうこと」という意味ではたしかに透明人間であるが、ここで私が指しているのは、単に物理的な存在としてのみでなく、社会的な実体としても透明化された存在のことだ。

社会的な実体として「透明になる」ことは、人びとの視界から物理的に見えなくなることはもちろん、社会的な関心を注がれなくなることを含意する。絶滅危惧種や戦争難民などについては、テレビCMや街角でも義援金を求める声を少なからず見聞きする。だが、たとえばホームレスはどうだろうか。少なくとも私の観測範囲では、彼・彼女らに対する社会的・経済的なサポートを見聞きする機会は、前者よりずっと少ないように思われる。

私がいま暮らす秋葉原にもたくさんのホームレスがいるが、彼らが人びとから視線を注がれることはもちろん、ましてや社会的イシューとして関心をもたれることはほとんどないように見える。人びとの雑踏のなかに溶けこんでしまい、街の景色のひとつとして透明化されるのだ。秋葉原駅前では、盲導犬や自然災害の募金がしばしば見られる。そのかたわら、高架下の自転車置き場の陰でじっと雨風をしのぐホームレスがいる。

もちろん、募金をつのっているからといって、必ずしも成果があげられるわけではない。しかしながら「募金をつのってくれる人がいる」という事実はゆるぎない。ある存在のために、誰かが関心をもって行動を起こしてくれることを示すゆるぎない証である。繰りかえしになるが、私はこの本を主に、そうした「証」を多くもたない人びとのために書いたつもりだ。証をもたぬ人は必ずしもホームレスにかぎらない。

——しかし残念ながら、この本もおそらくは、証をもたない人びとのもとに直接届くことはないだろう。だが幸いにも、あなたには届いた。証をもたぬ人びとのもとへそっと近づき、雑踏の喧騒にまぎれて消える声を、拾いあつめてもらいたい。街の景色に溶けた人びとの祈りに、そのまなざしを注いでほしい。

そして伝えてほしい。「透明化された人びと」の存在を。
示してほしい。私たちは、次に何をすべきかを。

２０１８年10月某日

目次

01 「かわいそうランキング」が世界を支配する

大きく黒い犬

「Big, Black Dog Syndrome（大きく黒い犬の問題）」ということばがある。

アメリカの捨て犬の保護施設で用いられる語句で「引き取り手がなく殺処分されるのは、黒い大型犬ばかり」である状況を指したものだ。毛並みの明るい、あるいは小柄な捨て犬は、比較的容易に引き取り手が現れる。一方、大きく黒い犬は、万人受けするような外見ではなく、攻撃的で凶暴なイメージを持たれがちで、引き取り手がなかなか現れないのだという。

見た者が「保護したい、助けてあげたい」という感情を抱きやすい対象の外見的要因として「まるまるとした体型と顔立ち、大きな額、顔の比率に対して大きな目」などといった、いわゆる「赤ちゃん顔」としての特徴があるとされる。この説を裏付けるかのように、ある絶滅危惧種の保護費用の募金活動に人びとがどの程度の寄付を行うかは、その動物の瞳の大きさと強く関係することが明らかになっている。瞳の大きさ――つまるところそれは、かわいさとか愛らしさをわかりやすく決定づけるパラメーターといえるだろう。身に覚えはないだろうか。テレビのニュースなどに取りあげられる絶滅危惧種は、パンダやシロクマといった、ふわふわとした毛に覆われ、まるまるとした姿にくりっとした瞳を持つ動物ばかりだ。いうまでもないことだが、絶滅危惧種は必ずしも「かわいい」姿をしたものばかりではない。一般的に、姿形が「不快、気持ち悪い」とされることの多い爬虫類や昆虫類にも絶滅の危機に瀕している種がいないわけではない。しかしそうした動物たちが世間の人びとに顧みられることはほとんどないといってよいだろう。

パンダがつがいになったり子どもを産んだりすることで世間は賑わうし、シロクマの暮らす北極の氷の大地が失われることを人びとは哀しむ。見た目がゴキブリに似たコオロギの一種や、見るだけで身の毛もよだつようなヘビやトカゲは、人知れずひっそりと絶滅している。どのような種であれ、地球環境・動植物の多様性を保ちたいのであれば絶滅することは歓迎するべきことではないだろう。しかし、仮に絶滅危惧種全般の救済を主張する団体をあなたが立ち上げたとして、その団体のロゴや広告のトップに掲載する「絶滅に瀕する動物の例」として、あえて昆虫や爬虫類を選ぶだろうか。

かわいいものは、優先的に救済される——これはなにも動物の世界にかぎったことではない。われわれ人間がある困難や問題に直面したり苦しんでいたりするときに社会からなんらかの助けを得られるかどうかについても、この仕組みが歴然と働いている。もっといえば、この仕組みをめぐって、いまの世界は動いている。

2016年10月頃に報道各社によって伝えられ、世間に大きな波紋を呼んだ「電通新卒女性社員自殺事件」。東京大学を卒業した若くて有望な（聞いたところでは、どうやら容姿もすぐれているらしい）女性社員が、電通に入社して8カ月後に過労自殺したものだ。メディアでも事件の経緯や背景が連日のように取り沙汰された。最終的には同社幹部が書類送検され、政府が労働時間のルールの見直しにまで及ぶなど、日本中を揺るがす大きな社会問題にまで発展した。

少なくとも筆者がこの原稿を執筆している現在でもなお、この事件は昨今の日本の労働問題・ハラスメント問題の議論におけるランドマーク的位置づけとなっているように見える。波及効果ははかりしれない。これによって社会的に大きな議論が起こり、世間の人びとが労働問題（とりわけ、パワハラやサービス残業をはじめとする、いわゆる「ブラック労働問題」）に関心を持ち、働くことのあり方を問いなおすようになった。

長年にわたって覆い隠されてきたブラック企業問題、違法労働問題、過労死・過労自殺問題、果ては外国人研修生に対する違法かつ非道な搾取についても、わずかずつであるが、しかしたしかに曙光《しょこう》があたりつつある。日本社会全体で常態化していたある種の「労働信仰」に基づく自己犠牲的な時代精神が絶対的なただしさの玉座から引きずりおろされ、いよいよ批判的再検討を加えられようとしている。

こうした社会的動向は非常に望ましいことと思われる。まったく批判的な感情はない。ましてや否定的な評価を加えようなどとは露ほどにも思わない。だがそれでも、どうしても、うまくことばにすることのできない憂鬱さを伴うある疑問を頭からぬぐい取ることができなかった。

なぜそれ以前までの過労死事件では、これほどまでに社会は鳴動しなかったのだろうか——という疑問が。

顧みられることのない死

なぜいままでの出来事では「電通新卒女性社員自殺事件」ほどには社会的衝撃が与えられなかったのだろう。あまりに残酷なことだが、それはきっと「かわいくなかった」からだ。もちろん、単に外見的なことで「かわいくなかった」といっているわけではない。過労死していった有象無象の人びとは、さきの一件ほどには世間から「かわいそうだ」という感情を惹起する要因が足りなかったということだ。

たとえるならば、若くもなく、容姿もすぐれておらず、高学歴でもなければ、エリート企業に勤めているわけでもない、名もなき中小零細企業に勤め、疲れ果て、死を選んでいった有象無象の人びとは、この社会にとっての「大きく黒い犬」だったのだ。名もなき彼・彼女らの死は、引き取り手の見つからないまま、社会の片隅で不可視化されてきた。本来ならば、もっと早くに労働のあり方そのものを再考するムーブメントが起きなければならなかった。私たちの社会は「かわいそうでない」彼・彼女らの死を、文字どおり無為にしてしまったのかもしれない。

過労死がもっとも発生している業種は運輸・郵便である。卸売・小売業、建設業がそれに次ぐ形となっている。たとえば、運輸業に従事する人びとで、とくに過酷な労働形態となってしまいがちなのが、長距離トラック運転手だ。彼らが過酷な環境におかれていることを知る人はあまり多くない。また、運輸・物流業界は業務の性質上、重傷を負ったり場合によっては死亡につながる労災が発生しやすい。彼らの過労あるいは労災による負傷や死について、社会的な動揺がもたらされることはほとんどない。ニュースで大々的に伝えられたりもしない。世間から「かわいそうだ」と思ってもらえるための要素にことごとく欠けるからだろう。

近頃では、子どもたちの熱中症による事故に関するセンセーションが起こっている。子どもたちの教室にエアコンがついていなかったり、炎天下で長時間の部活動をさせることは大きな問題になっているようだ。一方で、建設業や交通整理に従事する大人たちが猛暑日にもかかわらず炎天下で長時間働いていることについては問題視されることはまずない。「自分からその仕事に就いたのだから、熱中症リスクがあっても仕方ない（自己責任）」という暗黙の了解があるためではないだろうか。子どもの頃は炎天下にさらされるのは「かわいそう」だが、大人になるにつれて「かわいそうではなくなる（自己責任になる）」のだともいえる。

業種ごとの過労死件数

	平成26年度			平成27年度		
業種	請求件数	決定件数	うち支給決定件数	請求件数	決定件数	うち支給決定件数
農業、林業、漁業 鉱業、採石業 砂利採取業	5 (1)	10 (1)	5 (1)	12 (0)	6(0)	1 (0)
製造業	77 (4)	70 (5)	31 (2)	109 (6)	92 (3)	34 (2)
建設業	97 (1)	88 (0)	28 (0)	111 (0)	103 (0)	28 (0)
運輸業、郵便業	168 (3)	143 (2)	92 (1)	181 (3)	161 (5)	96 (3)
卸売業、小売業	126 (21)	88 (19)	35 (5)	116 (23)	98 (20)	35 (3)
金融業、保険業	7 (2)	7 (1)	2 (0)	12 (2)	4 (0)	2 (0)
教育、学習支援業	11 (2)	13 (4)	6 (1)	9 (1)	7 (1)	0 (0)
医療、福祉	43 (20)	27 (11)	6 (1)	42 (21)	33 (14)	5 (2)
情報通信業	21 (1)	22 (2)	9 (1)	31 (2)	23 (2)	11 (0)
宿泊業、飲食サービス業	59 (15)	44 (9)	24 (2)	55 (9)	51 (9)	22 (0)
その他の事業 (上記以外の事業)	149 (22)	125 (13)	39 (1)	117 (16)	93 (14)	17 (1)
合計	763 (92)	637 (67)	277 (15)	795 (83)	671 (68)	251 (11)

厚生労働省「平成27年度『過労死等の労災補償状況』」より。

・業種については、「日本標準産業分類」により分類している。

・「その他の事業(上記以外の事業)」に分類されているのは、不動産業、他に分類されないサービス業などである。

・(　)内は女性の件数で、内数である。

２０１７年、来たる東京五輪メインスタジアムの新国立競技場で建設工事に従事していた23歳の男性新入社員が過労自殺した。まず伺いたいが、この出来事をあなたは覚えているだろうか。そういえばそんなことがあったな、と思われたかもしれない。あるいは、完全に初耳だったとしても……私は驚かない。というのも、私の観測するかぎりでは、彼の死が電通の一件と同じ程度の衝撃を世間に与えたとはとても思えないからだ。電通の一件よりも時系列的には最近に起こった出来事であり、それも２０２０年東京オリンピック・パラリンピック大会の準備における悲劇だ。大きな社会的動揺が起きてもおかしくはないはずだが、それでも世間の反応は静かなものだった。

生前には孤独な苦しみを誰からも顧みられることもなく、残念ながら命を失ったあとになってはじめて、その声が拾いあげられたという意味ではどちらのケースも同じである。彼・彼女らがその命と引き換えにするより前に、その声に気づくべきであったことは論をまたない。彼・彼女らの足跡を決して無駄にせず、語り紡いでいくことが、この社会で生きていく私たちの社会的責任ではないだろうか。だが、懸念がある。いま両者の声を紡ごうとしている人の数には、大きな差があるように見えるからだ。「電通新卒女性社員自殺事件」について語り継ぐことと少なくとも同じ程度には、その他大勢の人びとの死の事跡を、私たちは伝えなければならないのではないだろうか。

残念ながら、多くは風化しようとしているように見える。過去形で語られようとしている。この社会で「透明な存在」となってしまおうとしている。なぜだろうか。彼らの多くが大企業に勤めていなかったからだろうか。難関大学の出身ではなかったからだろうか。とくべつ容姿にすぐれているわけではなかったからだろうか。ニュースとしてはしょせん「二番煎じ」的な扱いにされてしまうからだろうか。

彼らの足跡、彼らの死を、孤独な祈りとして終わらせてしまってよいのだろうか。

「やさしさ」と「残酷さ」はコインの表裏

クモやヘビのような気色悪い生き物より、シロクマやパンダといった愛くるしい動物たちの保護のために資金は集まる。近所を徘徊するホームレスの衣食住よりも、遠いアジアやアフリカの貧国に生きる恵まれない子どもたちの屈託のない笑顔のために、人はお金を届けたくなる。無縁社会は問題だが、他人の意に添わない不快なアプローチをする人間は社会的に糾弾され排除されるべきだと考えられる。性差別は問題とする一方で、女児の心身の安全のために男性保育士を性犯罪者予備軍とみなして職能を制限したり排除したりすることに世間はそれとなく同意を示す。精神・身体障害者の社会参加は必要であるとの合意がなされる一方で、そうした障害者を支援するための施設や住居が建設されそうになると近隣住民は猛烈に反対を表明する。グローバル化の余波で失業した先進国の労働者階級の人びとの苦しみや不安よりも、紛争から逃れてきた難民や貧国から来た移民の姿に心を動かされる。独身女性の難民は受け入れ、独身男性は拒否する——枚挙に暇がないが、たとえ一様に「弱者」とカテゴライズされる対象であっても、人はこうして「自分にとって誰が、よりかわいそうな存在か」をつねづね優劣づけながらやさしさを分配している。人のやさしさと残酷さは、コインの表裏にすぎないのだ。

弱者救済の優先順位やその質量は、世間に「かわいそう」だと思ってもらえる要素をどれだけ持っているかの序列、すなわち「かわいそうランキング」によって支配されている。「かわいそうランキング」によって社会的救済の是非やその質量が決することは、根本的には、社会的に決して善とはされない「差別」以外の何物でもない。

「かわいそう」という思いを惹起する要因の多寡で結果的に救済の質量が決められるのは、本能的ともいえる人間の「自然な感情（保護してあげたいと思う欲求）」がかかわっている。そのためわれわれの社会は、マクロ的な救済の議論（社会福祉や再分配の議論）を行うとき、この残酷なゲームのルールを知らず知らずのうちに内面化し、それを暗黙の前提としている。ゆえに、この序列化構造を破壊することはきわめて困難であるといわざるをえない。

しかし、こうした序列化構造をひとたび差別として認めてしまうと、人の自由や権利を尊守することをポリシーとする西欧的な人権感覚——リベラリズム——と整合性がとりづらくなってしまう。こうした矛盾を解消するために、区別・合理的判断・権力勾配といったレトリックが必要となってくるのである。

「これは差別にあたらない、なぜなら――結果の平等ではなく機会の平等だから……嗜好と指向は違うから……パートナーに誰を選ぶ・選ばないは差別ではなく私的な選択の結果だから……男性は強者で・女性は弱者だから……先進国の負け組といっても地球規模《グローバル》で見れば勝ち組だから……」と、そんなことばかりが吐き捨てられては、延々と社会に堆積していった。

だが、そのような論理を持ちだされたところで、救済されなかった「かわいそうランキング」下位の者たちの苦しみがなんら癒やされるわけではない。「かわいそうランキング」下位の者たちは、社会のエアポケットに捨ておかれ透明化されてきたのだ。だからといって、「かわいそうランキング」下位の人びとの存在を無視しつづけたとしても彼・彼女らはそのまま消えていなくなるわけでは決してない。社会から哀れみ、慈しみのまなざしが届けられぬ彼・彼女らにも、平等に、問答無用に明日という日はやってくる。

「かわいそうランキング」上位と同等に助けろとまではいわないにしても、苦しみに対して唾を吐くべきではない。唾を吐いたツケは、たとえそれが今日や明日ではないとしても、いずれは必ず払う日が来ることを、われわれは身をもって知ることになるからだ。

――いや、「かわいそうランキング」が世界を揺り動かすさまを、私たちはいままさに目の当たりにしているといえるかもしれない。

大きく黒い犬をまとめて引き取った男

「かわいそうランキング」が支配する構造のなかで、長年にわたり社会の間隙に遺棄され、鬱積していた人びとの声なき声を拾いあつめた人物がいる。ドナルド・トランプだ。〝Make America Great Again（偉大なるアメリカを再興する）〟というスローガンのもと、保護主義的あるいは排外主義的なキャンペーンを大々的に展開してはばからないその姿は、これまでの大統領選であれば典型的な「泡沫《ほうまつ》候補」として打ち捨てられるものであったはずだが、２０１６年においてはそうはならなかった。彼は社会に埋もれ、無視されていた「大きく黒い犬たち」をまとめて引き取り、快進撃を続けていった。

世間では彼や彼の支持者のことを「弱者を見捨てる差別主義者」と非難する声があがった。とりわけ、いわゆる「知識人・エリート階級（エスタブリッシュメント）」からは、トランプの主義主張に対する反対・批判が相次いだ。

だが、「かわいそうランキング」下位の者たちは「お前らは綺麗ごとを並べたてるだけで、自分たちにとっての心地よさを与えてくれる対象を選んで救っていただけだ。こっちからいわせてもらえば、お前らのほうこそ差別主義者だ」とやり返した。結果は周知のとおり「かわいそうランキング」上位を好んで救済していたアメリカ社会が、大きな代償を支払う瞬間が訪れてしまった。

これまでの社会では「大きく黒い犬」を引き取る必要性が問われたことはほとんどなかった。政治ゲームの主役はいつだって、毛並みの明るく小柄で瞳の大きな子犬たちだったからだ。だが、それは「大きく黒い犬」たちがきわめて少数だったからこそ成立していた均衡だった。アメリカを二分する「小さく白い犬」と「大きく黒い犬」の対立構造が生じてしまったことで「かわいそうランキング」上位を優先すれば政治ゲームに勝てる単純なルール構造が覆ってしまったのだ。

いわゆる「トランプ旋風」以降、頻繁に耳にするようになった「社会の分断構造」について「富裕層 vs. 貧困層」と説明づけるのはやや適切でない。その実情は「かわいそうな弱者 vs. かわいそうでない（と世間から見捨てられた）弱者」である。

アメリカの東西海岸部のエリートたちは民族的マイノリティ、難民、性的マイノリティといった「グローバル規模の問題とされる弱者」により重きをおく一方で、中西部の労働者階級たちは「グローバリズムの台頭によって貧困に陥った白人たち（つまり自分たち）」を弱者としてフォーカスした。この図式からは、近年の「グローバリズム vs. ローカル的な国民主義」という構図の理解をより深めることができるだろう。どちらも弱者であることには違いない。

グローバリズムによって貧しくなった白人たちは、トランプの台頭以前は「貧しくなったとはいえ、世界の途上国の人びとや難民たちと比較すれば圧倒的に勝ち組」として窮状を真剣に顧みられたことはほとんどなかった。世界的なものさしで見れば勝ち組であるかどうかは実際に中西部の工業地帯で暮らす彼らにとってはどうでもよいことだし、直接的にはなんの関係もない。自分より貧しい人がいることがいまの自分の苦しみそのものにはなんら関与しないからだ。「地球規模で見ればこんなに貧しい人間がいるのに、お前たちは甘えている」と冷淡な態度をとるエスタブリッシュメントたちに、彼ら「負け組白人」たちは、静かに憎しみを抱いていた。

「私の周りに、トランプ支持者なんかいるわけがない。あんな差別主義者のことを支持する人なんかいない」と一般人たちも口を揃え、大手メディアもその論調に追随した。だが、蓋を開けてみればアメリカの勢力図の半分以上を「大きく黒い犬」たちが塗りつぶしていたのだった。

「隠れトランプ支持者」はなぜ生まれたのだろうか。トランプを支持することが、差別主義者（レイシスト）としてのレッテルを免れなかったことが最大の理由ではあるが、エリートたちがつくるメディアの論調が、無意識的に「助けるべきは（「かわいそうランキング」上位の）弱者たちである」という前提に偏重してしまっていたことは考えられるだろう。人間は誰しも、自分が肩入れしている・助けてあげたいと思っているものには絶対的な価値を確信する一方で、そうでないものに対しては相対的な判断を下す認知バイアスがある。

誰にも肩入れしてもらえず、相対的な価値判断によって社会から排除されてきた「かわいそうランキング」下位の者たちは、トランプとともに社会の表舞台に帰ってきた。「かわいそうランキング」上位を選好して救済すれば社会が丸くおさまった時代は終わったのだ。

「かわいそうランキング」から始まる「矛盾社会」の物語

私がこの「かわいそうランキング」を、この本の第1章においたことには理由がある。それは冒頭で述べたとおり、この社会に深く根を張った概念であることはもちろんだが、ここから続く全19編のテキストは、それぞれ個別の問題を取り扱っていながらも、すべては「かわいそうランキング」が直接・間接的にかかわる物語でもあるからだ。

「かわいそうランキング」上位の人びとを取り扱う物語を、私があえて書く必要はないだろう。私のような一介の小人が書かなくても、多くの才気ある人びとによって、彼・彼女らのおかれた困難な状況は伝えられているからだ。

私がこれから書いていくのはすべて「かわいそうランキング」下位の人びとの物語である。「かわいそうランキング」下位であるということは、ほとんどの人からかわいそうと思ってもらえないどころか、その存在を認知すらされず「透明化される」ことを含意する。場合によっては、「自己責任だ」「自業自得だ」と石を投げられることすらあるかもしれない。そうした人びとの、誰の目にも触れることのなかった小さな祈りを、本書の19編にまとめたつもりである。

「かわいそうランキング」下位である人びとの姿を実際に目の当たりにすると、しばしばかわいそうでないような気がすることがある。ともすれば「こうなってしまったのは当人の責任なのではないか」と感じてしまうことすらある。しかし繰りかえしになるが、そうした人びとを捨てておけるような時代は終わったのだ。すべての構造はやがて「強者 vs. 弱者」や「富裕層 vs. 貧困層」「マジョリティ vs. マイノリティ」といった、勧善懲悪的あるいは階級闘争的な構造を超えて「かわいそうな弱者 vs. かわいそうでない弱者」へと変移していくことになるだろう。

「助ける対象を自由に選べる社会」とは「助けない対象を自由に排除できる社会」と同時発生的である。排除された人間はそのまま消滅するわけではなく、目に見えにくいところで歪みをつくりだす。そして社会は「排除された人びと」の堆積にいよいよ耐えられなくなってきているのだ。

『かわいそうランキング』下位の者たちを、はたして救うべきか否か?」といった是非論を興すフェーズはもはや終わりを迎えている。彼らを社会から遠ざけ「サバルタン（社会的・政治的・文化的・地理的に疎外された人びと）」としておけば、政治的にも社会的にもとりあえずの安定が得られていた時代は過ぎ去った。トランプ政権の発足、西欧各国における国粋主義・極右政党の台頭がそれを物語っている。

本書は、それぞれは無関係に見える出来事の散逸した価値や論点をひとつひとつ取りまとめ、点と点を線で結ぼうと試みるものだ。現代社会が長年にわたって覆い隠してきた「矛盾」が一気に噴き出すであろうこれからの時代の簡易的な見取り図として本書を活用してもらえれば幸いである。

この「矛盾社会」を生きるすべての人にとって、何をよすがにして生きるべきなのか、その小さな手がかりとして、私はこれから「矛盾社会」の物語を綴っていくつもりである。

この章のまとめ

❶愛らしい姿の動物に人は同情心を寄せる。
❷絶滅危惧種の動物に寄せられる支援金などは、その動物がどれだけ「かわいそう」という感情を惹起できるかに影響を受ける。
❸動物に対してだけでなく、人間の救済についても同じ仕組みがある。
❹「かわいそう」と思ってもらえる質量の多寡によって、「弱者」は序列化される。
❺「かわいそう」の序列化構造（「かわいそうランキング」）で下位に落ちていった人びとは、長らく無視され透明化されてきた。
❻しかし、そうした人びとを束ねた政治的な一大勢力が台頭している。
❼「誰がよりかわいそうか」というテーマをめぐって、社会の分断はより深刻化する。

02　男たちを死に追いやるもの

本当は弱い男たち

かつて3万人を超えていた日本の自殺者数は、ここ最近は3万人を割り、着実に減少の一途を辿っている。警察庁の資料によれば平成27年度の日本の年間自殺者数は2万5千人弱である。自殺者の減少そのものは望ましいことではあるが、それでもなお2万人以上の人びとが毎年自らこの世から去ることを選んでいるという事実をわれわれは忘れてはならないだろう。

自殺者の性別を見てみると、男性の自殺者数は女性のそれよりも倍以上多いことがわかる。警視庁の調査によると、平成28年の自殺者数は2万1897人で、前年に比べ2128人（8・9％）減少した。性別では、男性が1万5121人で全体の69・1％を占めている。

図表を見ても瞭然であるが、あらゆる年代において、男性の自殺者数が女性より多いことが明らかとなっている。それも僅差ではなく、ほとんどの世代において倍以上の差があ

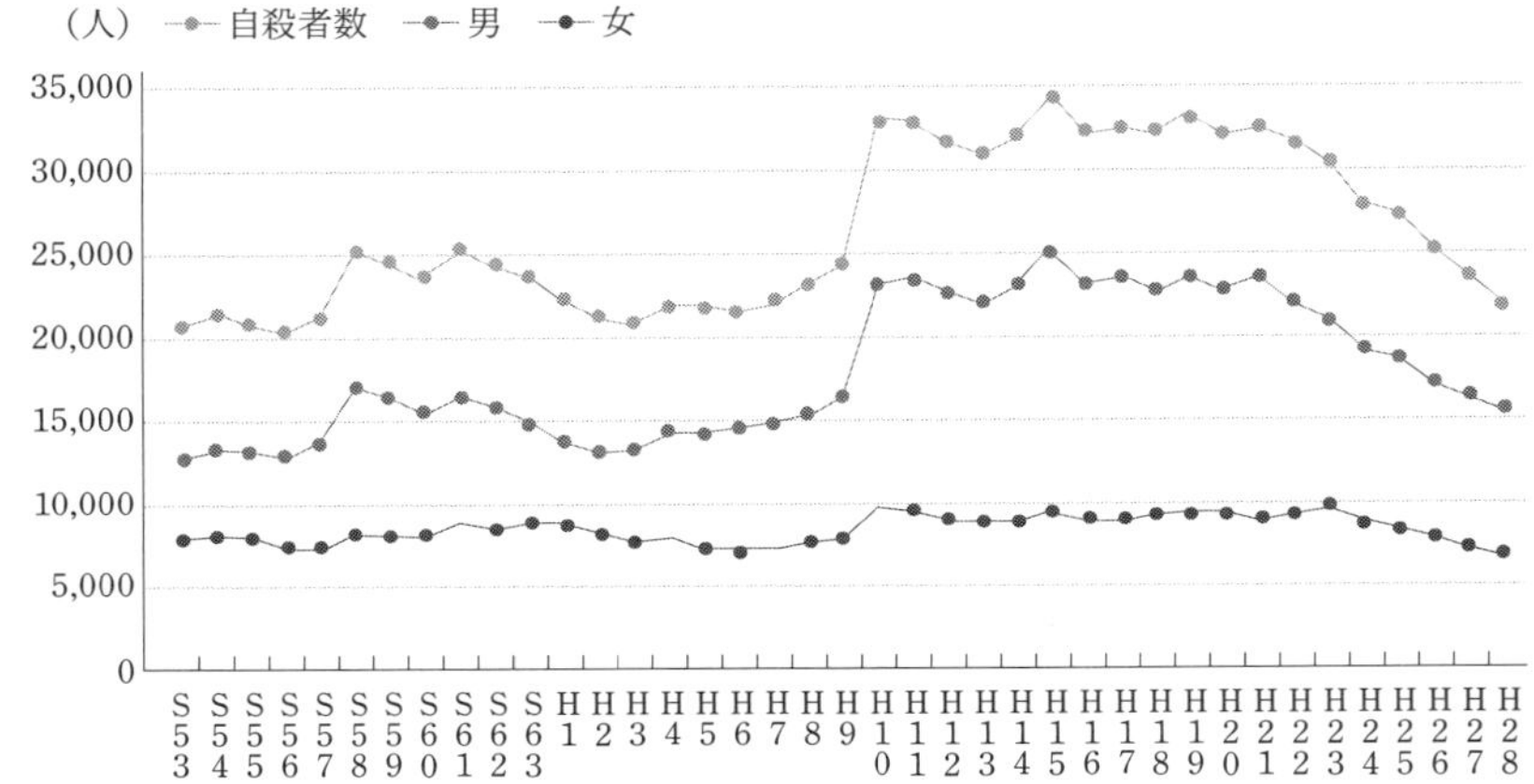

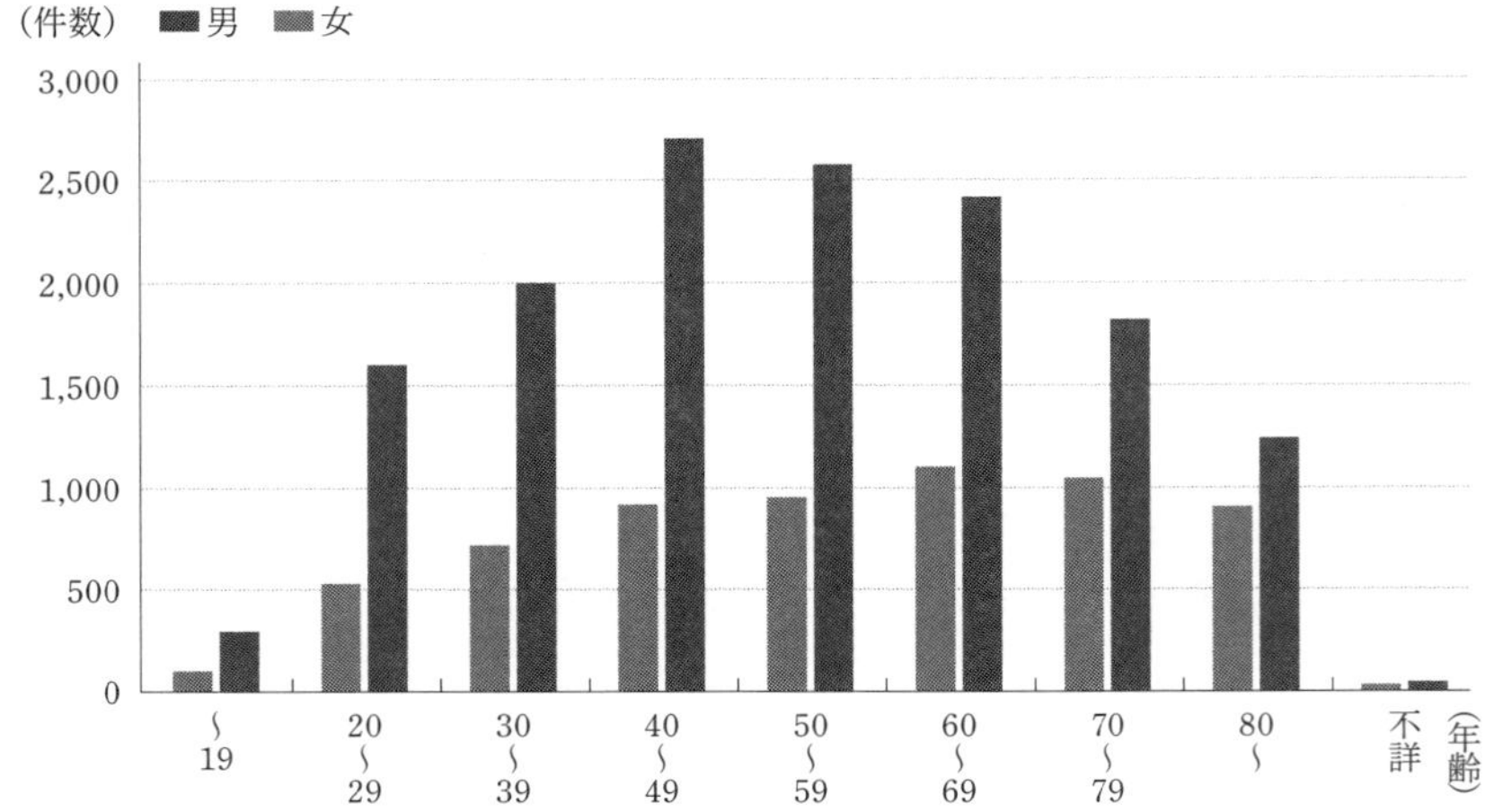

上：自殺者数の年度推移

下：男女別・年齢別自殺者数（2016年）

厚生労働省・警察庁「平成28年中における自殺の状況」より。

ることがわかる。

ここでひとつの単純な疑問が浮かびあがってくる──なぜ男性は女性よりも多く自殺するのだろうか。

よく用いられている指標として、世界各国における男女格差を測るジェンダー・ギャップ指数（ＧＧＩ）があるが、日本の２０１７年の順位は１４４か国中１１４位と低調となっている。この指数に基づいて考えれば、日本は男女平等が遅れ、女性を不当に抑圧し、ともすれば虐げているかのような社会であると思われる。しかし世界価値観調査などに見る日本人男性の主観的幸福度は女性より低いことが明らかになっている。

社会的・政治的・経済的に優位であるはずの男性のほうが幸福に感じる人は少なく、それどころかむしろ多く自死を選んでいることは、直観的な理解には反する事実のように思

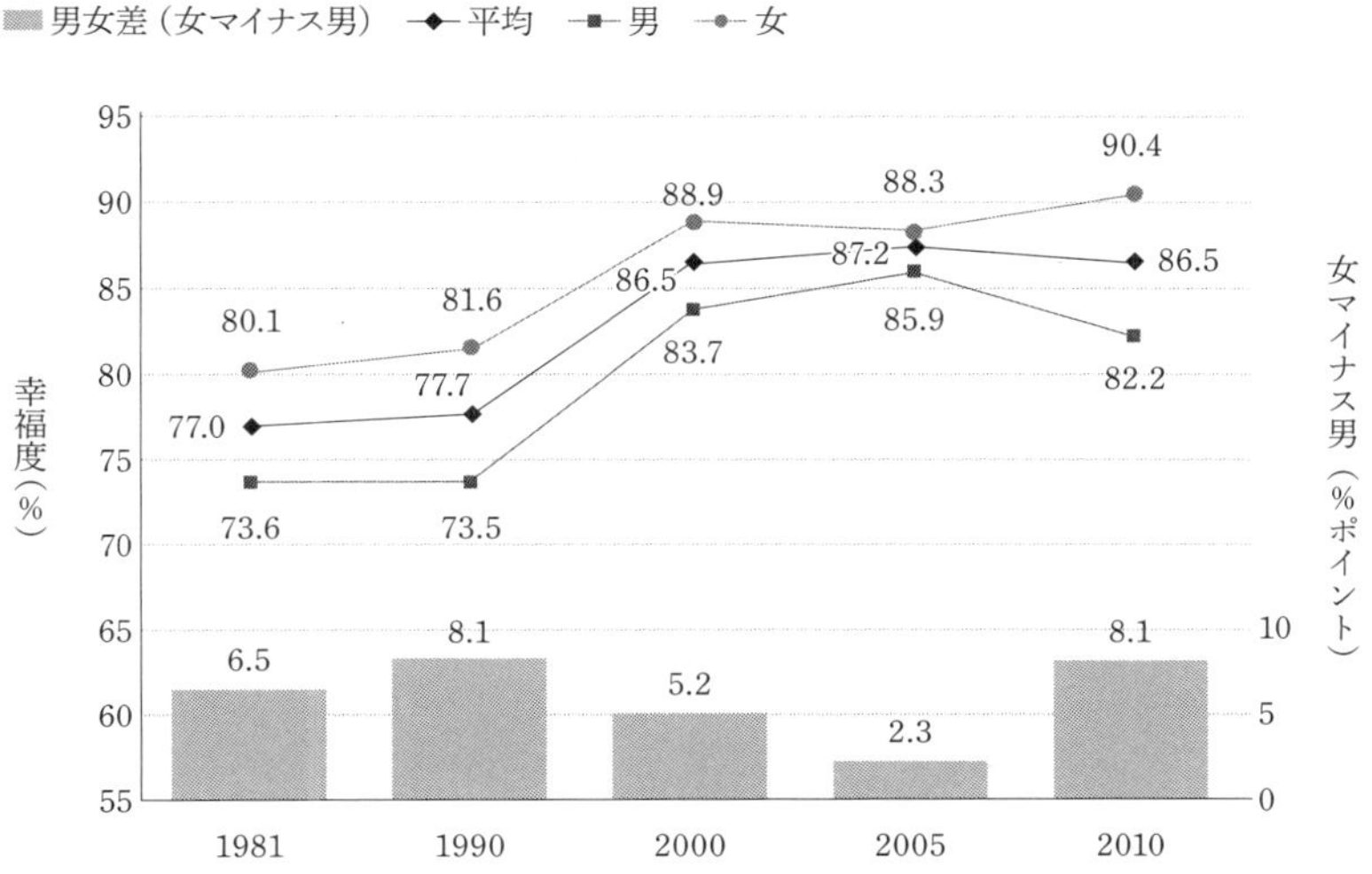

幸福度の男女差の推移（世界価値観調査の日本結果）
「社会実情データ図録」より。
幸福度は無回答を含む回答総数に占める「非常に幸せ」+「やや幸せ」の割合。

える。一見すると矛盾した現実はなぜ生じてしまっているのだろうか。この日本において、男性を積極的な死へと追いやるものはいったいなんなのだろうか。

「甲斐性」への期待がもたらす淘汰圧

「自殺者に男性が多い」という事実は、それなりに周知された事実である。その一方で、同居人のいないいわゆる「独居（孤独）」状態にある人間の自殺リスクが高く、とくに男性に顕著なリスクとして現れることはあまり知られていない。東京都大田区では、区内の自殺者のうち同居者・独居者の性差を調査したところ、独身男性の割合がきわめて高いことが明らかになっている。

もちろん、孤独によってすなわち死ぬと決まったわけではない。むしろ孤独や自殺は人が追い込まれた結果にすぎないだろう。そこにいたるまでの原因を推測する必要がある。

厚生労働省・警察庁が発表した『平成28年中における自殺の状況』によると、原因・動機特定者は1万6297人であり、そのうち原因・動機が「健康問題」にあるものが1万1014人でもっとも多く、次いで「経済・生活問題」（3522人）、「家庭問題」（3337人）、「勤務問題」（1978人）の順となっており、これらの順位は前年と同じである。

大田区自殺者 同居人の有無(2009-2014年)

年齢階級	性別	同居人の有無		
		あり	なし	不詳
計	計	495	359	11
	男	320	285	7
	女	175	74	4
～19歳	計	12	5	0
	男	6	4	0
	女	6	1	0
20～29歳	計	42	47	1
	男	25	41	0
	女	17	6	1
30～39歳	計	91	49	1
	男	60	34	1
	女	31	15	0
40～49歳	計	94	62	1
	男	64	55	1
	女	30	7	0
50～59歳	計	87	66	2
	男	59	60	1
	女	28	6	1
60～69歳	計	83	64	3
	男	55	50	2
	女	28	14	1
70～79歳	計	60	47	1
	男	34	31	1
	女	26	16	0
80歳～	計	26	19	0
	男	17	10	0
	女	9	9	0
不詳	計	0	0	2
	男	0	0	1
	女	0	0	1

内閣府「平成21～26年累計 自殺統計原票 内閣府における特別集計」より。

自殺者の原因・動機

	家庭問題	健康問題	経済・生活問題	勤務問題	男女問題	学校問題	その他
平成28年	3,337	11,014	3,522	1,978	764	319	1,148
平成27年	3,641	12,145	4,082	2,159	801	384	1,342
増減数	-304	-1,131	-560	-181	-37	-65	-194
増減率(%)	-8.3	-9.3	-13.7	-8.4	-4.6	-16.9	-14.5

		～19歳	20～29歳	30～39歳	40～49歳	50～59歳	60～69歳	70～79歳	80歳～	不詳	合計
合計	計	493	2,310	2,932	3,987	3,796	3,596	2,867	2,095	6	22,082
	男	319	1,665	2,070	2,920	2,696	2,391	1,760	1,169	5	14,995
	女	174	645	862	1,067	1,100	1,205	1,107	926	1	7,087
家庭問題	計	93	260	465	666	524	510	478	340	1	3,337
	男	52	175	314	455	331	289	293	201	1	2,111
	女	41	85	151	211	193	221	185	139		1,226
健康問題	計	109	748	1,145	1,723	1,718	2,074	1,962	1,531	4	11,014
	男	61	427	646	1,049	1,008	1,232	1,155	845	4	6,427
	女	48	321	499	674	710	842	807	686		4,587
経済・生活問題	計	11	345	494	774	914	679	237	67	1	3,522
	男	10	310	445	699	817	603	187	42		3,113
	女	1	35	49	75	97	76	50	25	1	409
勤務問題	計	29	389	448	511	436	140	22	3		1,978
	男	25	333	396	469	386	126	21	3		1,759
	女	4	56	52	42	50	14	1			219
男女問題	計	45	242	237	154	58	17	9	2		764
	男	30	159	163	107	43	12	7	1		522
	女	15	83	74	47	15	5	2	1		242
学校問題	計	151	164	4							319
	男	104	137	3							244
	女	47	27	1							75
その他	計	55	162	139	159	146	176	159	152		1,148
	男	37	124	103	141	111	129	97	77		819
	女	18	38	36	18	35	47	62	75		329

上：原因・動機別自殺者数
下：年齢階級別、原因・動機別自殺者数(2016年)
厚生労働省・警察庁「平成28年中における自殺の状況」より。
遺書等の自殺を裏付ける資料により明らかに推定できる原因・動機を自殺者一人につき3つまで計上可能としているため、原因・動機特定者の原因・動機別の和と原因・動機特定者数(16,297人)とは一致しない。

同資料において自殺の原因として男女差が顕著なものは「経済・生活問題」と「勤務問題」である。

経済問題と生活問題と勤務問題は、それぞれが独立した無関係の問題とはいえない側面があるだろう。経済的な問題の背景には、就労の問題が隠されているだろうし、生活面での行き詰まりには、経済的な問題や仕事上の問題がかかわっていることは想像に難くない。

男性に経済的・職務的な要因が偏在していることは、つまるところ、男性に対しては経済力や職責に対する社会的な期待値（あるいはプレッシャー）が重くのしかかっていると考えられる。「男は甲斐性」とはよくいったもので、やはり経済力があったり社会的立場（責任）のある男性が異性から好まれる。男性自身もまたそれが望ましいあり方であると、ある種の規範意識として内面化している。

男性が経済的・職務的なステータスを期待されることについて、ここではあえて、「男性＝稼ぎ頭・大黒柱モデル」と称しておく。

「男性＝稼ぎ頭・大黒柱モデル」は「男性に対する経済力や職務能力に対する期待」と述べたが、あえて厳しい表現をすれば「稼がない・まともな職のない男性には社会的な存在価値がない」というバイアスであるともいえる。一般的にもよく知られているところではあるが、女性は経済力があることや安定した職業であるかどうかをパートナーの要件として重視することがいくつもの統計で明らかになっている。

さらに換言すれば、稼得能力や職務能力は男性にとって一種の「淘汰圧」として機能しているともいえる。「よく稼ぎ、よく働く」という期待が篩《ふるい》となり、それらで劣る男性は、異性とのパートナーシップ形成が困難になるばかりか、同性からも見放されて仕事上の信用やつながりを築くこともできず、公私ともに孤独へと陥り、死のリスクが高まっていくからだ。

「弱さを見せてはいけない」

「男性はすべからく〝男らしく・強く〟あるべき」という規範意識は、本来ならば男女に分け隔てなく用意されているはずのセーフティネットをすら素通りさせてしまうことがある。

心療内科や精神科にかかり「うつ病」の診断を受ける患者の割合（有病率）の男女比は1：2といわれている。しかしながら、うつ病が女性に多いことは、すなわち男性が女性に比べて精神的にタフであることを必ずしも意味するわけではない。有病率は、あくまで「医療機関で診断を受ける」ことが統計データに載る前提条件となっているからだ。

残念ながら現時点では確たる推計データは存在しないが、精神疾患の有病率には男性側に相当の暗数が存在しているだろう。精神疾患からの回復には早期発見・早期治療の重要性が説かれており、一般にもこうした事実が浸透しつつあるものの、依然として男性の受診率には改善の余地が大いに残されているといえる。

男性が受診をためらい、精神疾患の診断を受けたがらない——その背景には、「退職や休職を余儀なくされ、働けなくなった男性には社会的な存在価値がない」という淘汰圧があることはいうまでもないだろう。精神疾患の治療には「休養」が重要であることは論をまたないが、しかしその「休養」とは「男性＝稼ぎ頭・大黒柱モデル」のなかにある男性にとっては、そこからの脱落（敗北）を意味する。

休職や退職を選択すれば、これまで築きあげてきたキャリアを失うばかりか、働けなくなってしまえば経済力も失ってしまう。結果として、男性の主たる自殺要因（自死リスク）として挙げられていた「経済の問題」「仕事の問題」「生活の問題」すべてが同時に上昇してくることになるのだ。

要するに、男性は早期に受診しておけば避けられたかもしれない自殺リスクを、別のリスク（仕事と経済力を失い孤独に陥るリスク、またそれらによって高まる自殺リスク）と引き換えに犠牲にせざるをえない状況にあるのだ。どちらにせよ自殺リスクを高めることになっているのだから、引き換えもなにもあったものではないではないか——という声が聞こえてきそうだが、まさにそのとおりで、返すことばもない。だがこれが現実なのだ。

また、世間一般において男性は仕事以外でのコミュニティ形成が女性に比べて苦手であるとされるが、おそらくこれは経験上だけでなく統計的にも事実であると思われる。多くの自治体や企業の統計によれば、カルチャーセンターや習いごと教室に通うのは（進学塾などを除けば）女性が圧倒的多数となっている（多くの場合3：7程度の男女比率で、場合によっては1：9という極端な地域もある）。

男性にとってのコミュニティ形成は就労と密接不可分になっている。逆にいえば、仕事を失うことは「自分とかかわりを持つ他者の喪失」を同時に意味するのである。東京都の調査による資料『東京都23区における孤独死の実態』によれば、男性は仕事のリタイア年齢となる60代から爆発的に孤独死件数が増加している。これはつまり、男性の人間関係とは結局のところ、そのほとんどが仕事上の関係を基礎として成り立っていることを示唆している。仕事上の付き合いで休日も行動をともにする人がいたり、終業後に積極的に食事に行ったり飲みに行ったりする人がいる。しかし仕事がなくなってしまえば、そうしたつながりはたちまち失われてしまうのだ。

前述のとおり、孤独になった男性の自殺リスクは高まることが示されているが、それと同時に孤独死のリスクも高まっていくことがわかる。また、同資料には、さらに注目すべきデータも存在する。孤独死した遺体が発見されるまでの平均日数には男女間でおよそ2倍の開きがあるのだ。女性側のように死後平均4〜6日程度で発見されるということは、日ごろ顔を出しているコミュニティに姿を現さなくなったことを心配され、発見にいたる事例も少なくないことが推測される。しかしながら、男性側のように発見までに12日近くを要するとなると、遺体発見のきっかけは他者からの心配によるものではなく、遺体の腐

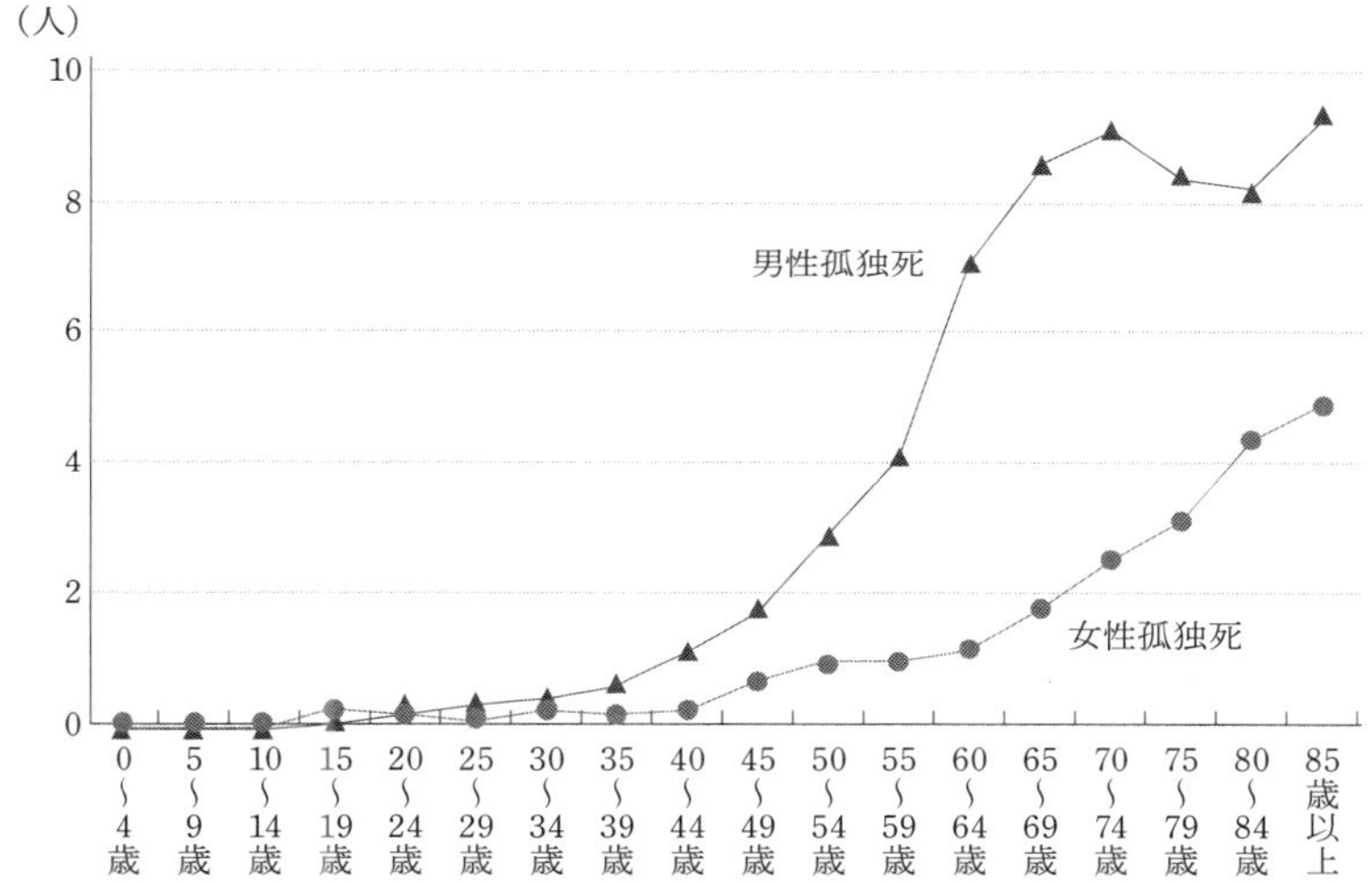

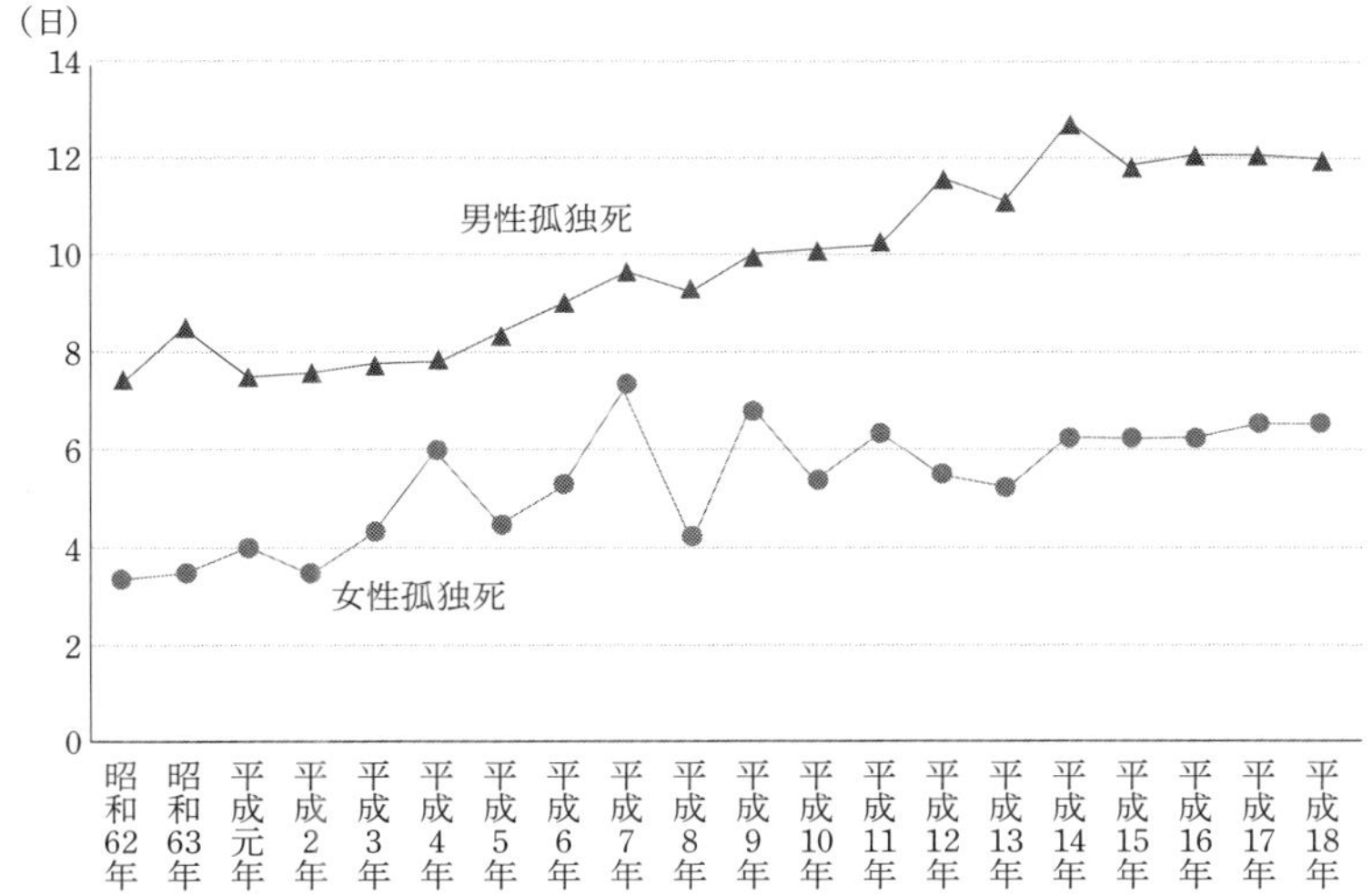

上：男女別・年齢別の孤独死率（1000人あたりの人数、2005年）
下：孤独死例での死後発見の平均日数
東京都監察医務院「東京都23区における孤独死の実態」より。

敗による異臭や、投函物がまったく回収されないといった、住環境の外見的な異変がほとんどであることは想像に難くない。

ある男性が社会から姿を見せなくなったとしても、それを気にかけたり心配するような結びつきがあまりにも脆弱であることが読み取れる。仕事を失いたちまち孤独と親交を深める男たちは、社会から文字どおり「捨ておかれる」のである。

死のリスクを「分散」できるか

これまでの議論をまとめると、次のような話になる――多くの男性にとって、仕事を失うことはコミュニティの所属を失うことをも意味する。失業は経済力の喪失をもたらし、友人知人といった人間関係はもちろん、家族的なパートナーシップ形成や維持にも支障をきたす。経済力のない男性が女性から相手にされないことはおろか、失業した男性が妻から離婚を宣告されることもそう珍しいことではない。

また、うつ病などによる休職や退職は、男性にとってキャリアの中断や途絶を意味する。キャリアアップや経済力の上昇を重要視する「男として評価される生き方」においては、医療機関の受診を避けることにインセンティブが生じてしまい、精神疾患の早期発見を遠ざける。こうして二重三重にも死のリスクを背負いこんでいくのだ。

ここまでの話によって、ようやく「男たちを死に追いやるもの」の輪郭がおぼろげながら見えてきたように思われる。国や自治体のデータでは「経済」「仕事」「人間関係」「生活」などと自殺の原因を紋切り型に分けているが、実際はそう単純ではない。それぞれは密接に関連しているのだ。

では、男性を死から遠ざけるにはどうすればよいのだろうか。

少し発想を変えて「女性を死から遠ざけているものは何か」を考えてみよう。先ほどの資料によれば、男性とは対照的に、女性は経済的・職業的な理由による自殺の割合がきわめて低い。つまり、女性は男性ほどパートナーシップ形成あるいは、社会的な承認獲得の要件として「稼得能力への期待」や「社会的地位の確立」が課されていない。そのため経済力や職務能力の劣位がただちに社会的な存在価値を毀損する可能性が低いと推測することができる。すなわち——非常に皮肉的で、ともすれば「不都合な真実」とさえもいえるが「大黒柱になること（の社会的要請）それ自体が死のリスクを高める」ことを意味していることが示唆される。

したがって「大黒柱的な役割」の要求値を男女それぞれに均すことが、男性の自殺者数の減少に寄与する可能性は高いだろう。より簡潔にいえば「女性が自分と同等以上の男性を求めることをやめれば（それと同時に男性側も女性より優位でなければならないという考えを捨てれば）男性は余計に死なずに済む」という考えを受容し、広めることが男性を死の呪縛から解き放つ第一歩となるだろう。

男性ががむしゃらに働きつづけることと余暇時間はトレードオフである。「稼得能力の期待」を均すことは、男性からがむしゃらな労働への強制力を取り去り、余暇時間＝コミュニティ形成および社会参加に割く時間の確保にもつながる。これならば、男性を経済的な重圧からも、孤独による侵蝕からも救うことに一定の効果をあげることだろう。

しかしながら、こうした解決法にはひとつ大きな問題がある。いくらもっともらしい理由を並べたてようが、結局のところ「大黒柱の役割（＝稼得能力への期待・就業能力への期待）が死のリスクを高める」という前提があることには変わりはない。この事実を知りながら、はたして女性側はこれを均すことに合意するだろうか。自分たちの自死のリスクを高めてまで、男性にのしかかる重荷を、自分たちの背中に分けて移すことに賛成してくれるだろうか。

「精神に変調をきたしているにもかかわらず、だましだまし消耗した挙げ句に身体を持ち崩し、金もなく、仕事もなく、地域社会にも顔を出さない、孤独でいまにも死にそうな男たちのために、みなさんの命が危険にさらされるリスクを少しずつ高めてはいただけませんでしょうか？」という要求に、はたして社会はどのようなアンサーを返すのだろうか。

男は女に比べてとくべつ強いわけではない。「強くあれ」と求められているからこそ、そうしているにすぎないのだ。そして、誰にも気づかれないところで、ひとり自死を選んでいるのである。

「男性の弱さ」を隠さなくて済む社会に

男性を精神疾患の問題から遠ざけてしまう（あるいは男性自身が遠ざかってしまう）現状の解決には、「（主に当事者たちが）男性の弱さをもっと積極的に訴えかける」だけでは、おそらく達成困難であると思われる。「精神疾患の問題によって男らしさの競争から脱落した男性」たちからの声を大きくするだけでは、男性ジェンダー・ロールの勝者（強い男性）に優位性を付与する（「メンタルもタフで成功を手にした俺はすごい」という結論を補強する）ばかりであり、彼らはそうした「脱落者たち」を殴りつけるだけで、自分の優位性を相対的に誇示できるというインセンティブが生じてしまうからだ。

つまり、社会から不可視化されていた「負け組」が明らかになればなるほど「勝ち組」の相対的なプレミアが上昇するため、当て馬として取り込まれてしまう可能性があるのだ。そのため、脱落せず生き残っている男性を「男らしさの競争」から降ろす試みも必要になるだろう。

イギリスの俳優であるエマ・ワトソンは、２０１４年の国連でのスピーチで、「男性も〝男らしさ〟から解放されることではじめて自由になれる」と述べた。これまでフェミニズムの文脈では「不当に優位な男性、不当に劣位な女性」の二項対立軸による不平等解消の議論が営まれてきた。しかしながら、男性に課されてきた「男らしさ」には、たしかに男性に（女性と比較して）経済的・社会的優位性を授けてきたかもしれないが、その代償として彼らから「弱さを吐露する機会や猶予」を奪い去ったといえるだろう。エマ・ワトソンのスピーチは、これまで絶対的に敵視され、打倒すべきものとしてとらえられてきた男性の優位性に関して、その隠された負の側面を（部分的にではあるが）公の場ではじめて言及した歴史的一歩であると評価することもできる。

こうした「相対的に正負両側面を検討する営み」が、男性の精神疾患、ひいては自殺の問題の解決を次のステージに進めるためには欠かせないだろう。男性が弱い存在であることを隠さずに共有すること、弱さを示すたしかなデータが存在することをひたすらに伝えつづけるほかない。道半ばで倒れたものたちの骨をも拾いあつめ、その墓標を社会全体に知らしめる必要がある――それが社会の常識になるまで。

あらゆる命は掛け値なしに大切なものである。この社会の根幹にあるその建前を守るために――カネや地位のためなら人の命を軽視してもよいという考えを勢いづかせないために、いまなすべきことを考えなければならない。

「男性は強くたくましく、頼りがいがあってこそ価値がある」という社会的な男性像とは裏腹に、統計上は自殺や孤独死は男性のほうが多いのだ。自らの弱さを認め「男らしさ」の重荷を降ろし、カネや地位の裏側で精神疾患や自殺のリスクに苦しむ人びとに思いを馳せ、社会全体が彼らの存在に寄り添う努力が必要になるだろう。

この章のまとめ

❶ 男女の自殺者数には大きな差がある。

❷ 自殺の要因にも性差がある。

❸ 男性は金と仕事によって死に追い込まれる。

❹ 「男は甲斐性」という大黒柱の役割を求められることは、男性を死に近づける。

❺ 仕事・稼ぎ優先の生き方は、心療内科にかかったりする機会を遠ざける。

❻ 男女平等においては「大黒柱としての役割を均すこと」すなわち、金と仕事による死のリスクを女性側にも負担してもらうという側面がある。

❼ 強い男性でなければ包摂されない、弱い男性は見向きもされない、この現実が男性を死をも顧みぬ競争に駆りたてている。

03 「男性〝避〟婚化社会」の衝撃

結婚したがらないのは誰か

『人口動態統計』から算出される２０１６年の平均初婚年齢は、男性が31・１歳、女性が29・４歳であり、晩婚化が進行している。

また、婚姻件数そのものも減少を続けている。１９７８年から２０１０年までは年間およそ70万組台で増減を繰りかえしながら推移してきたが、２０１１年以降は年間60万組台に入り２０１６年は62万０５３１組と過去最低となった。婚姻率（人口千人あたりの婚姻件数）も５・０と過去最低となり、１９７０年代前半のおよそ半分の水準にまで落ち込んだ。

非婚化・晩婚化を引きおこした理由については、若年世代の所得水準が全体的に落ち込んでしまったことをはじめ諸説あるが、「いまどきの女性は結婚をメリットに感じていない。むしろデメリットに感じている。なぜならば、家事負担・育児負担が重いからだ（男性が非協力的だからだ）」という論調がある。たしかに、この国の出産・育児環境は十分

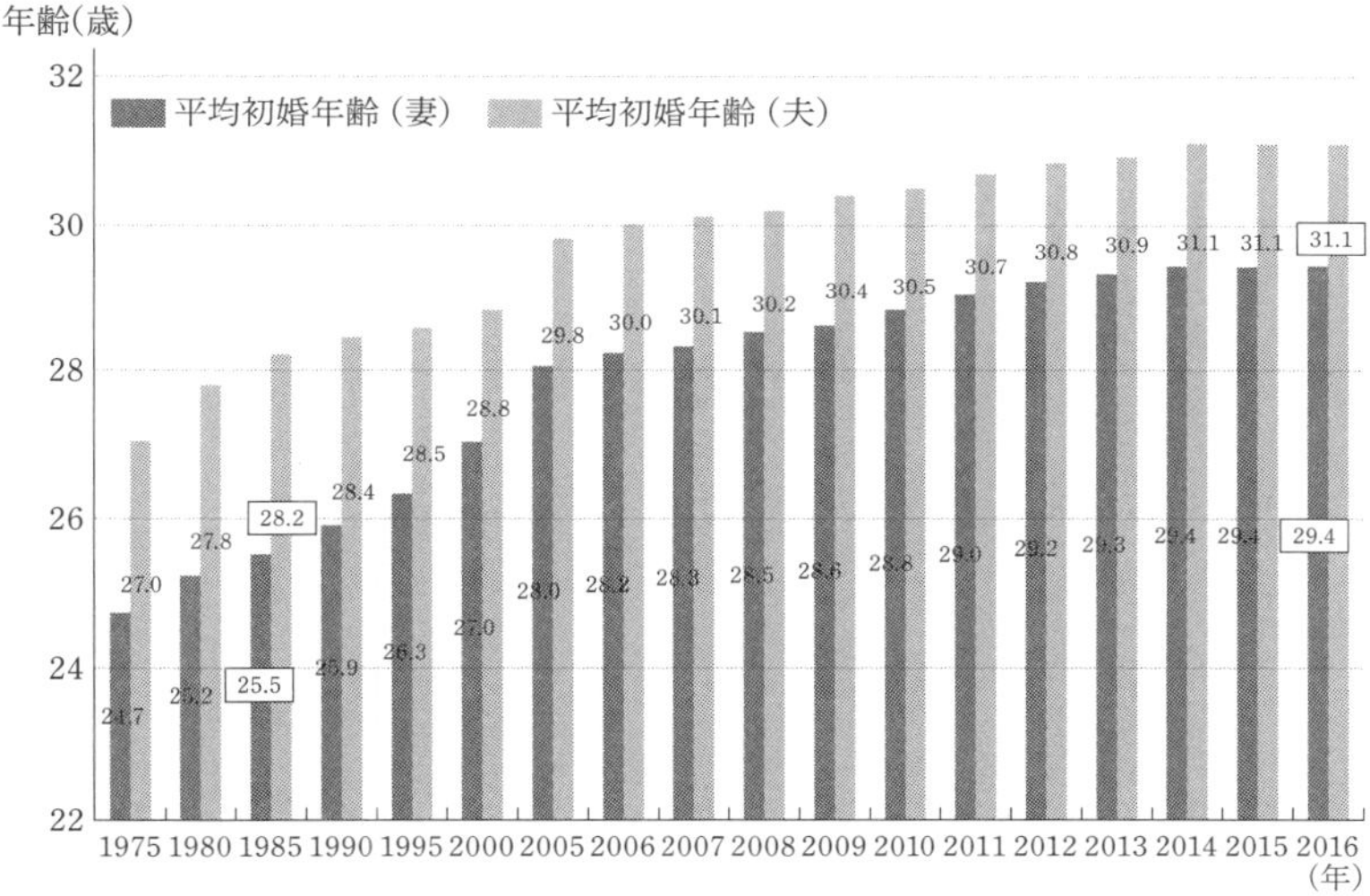

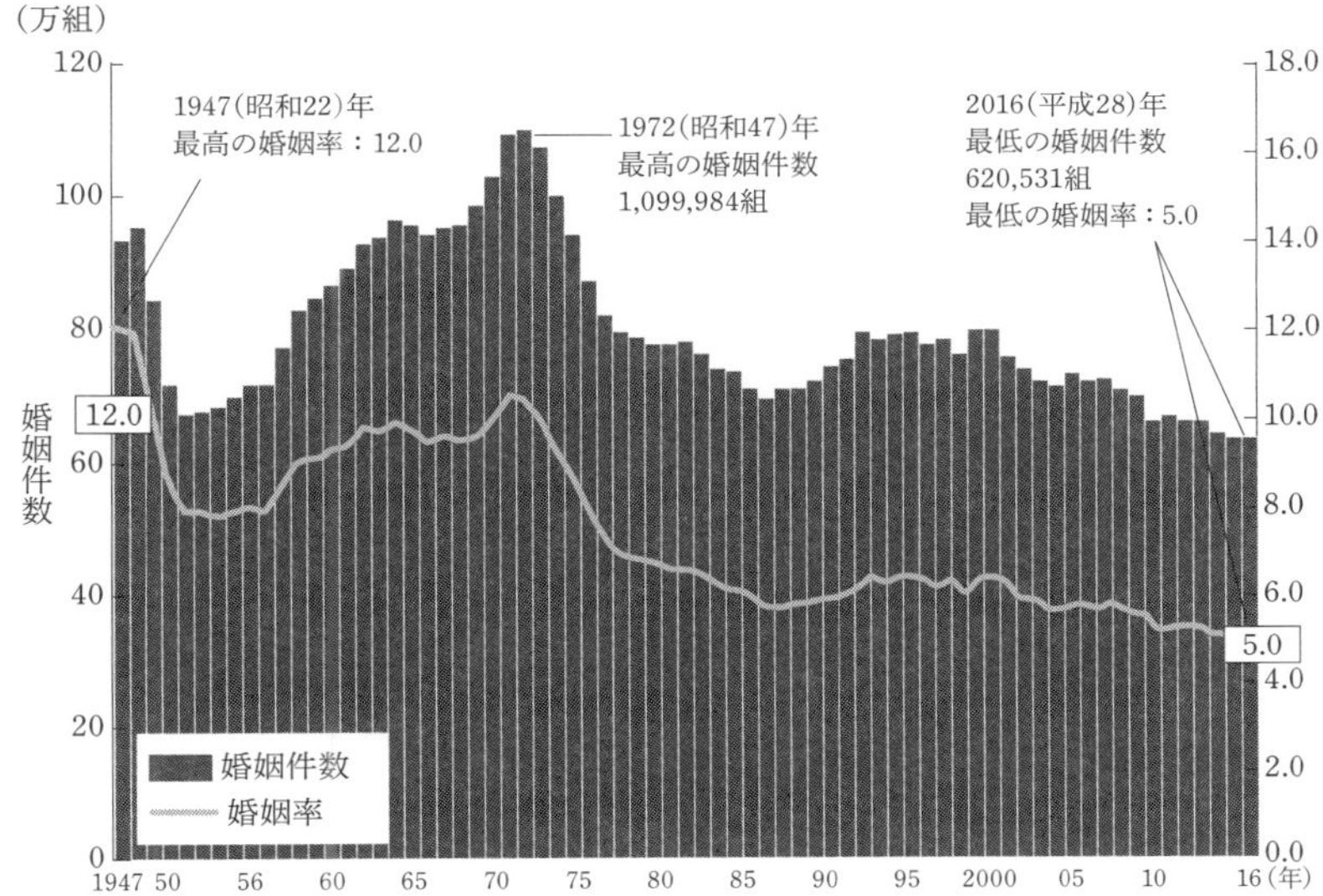

上：平均初婚年齢の推移

下：婚姻件数の推移 厚生労働省「人口動態統計」より。

に整備されているとはいいがたい。共働きの夫婦ともなれば、仕事が多忙であることで家事や育児に割く時間的リソースの捻出は容易ではない。そのうえ日本の男性（夫）の家事負担割合は他の先進国に比べて低い。

そうした事実を抽出して考えれば、「日本の家庭は女性に家事負担割合が集中している。よって、女性にとって結婚は負担増を強いることになり、女性は結婚にデメリットを感じるようになった」という論立てができなくもない。

だが、おそらくこれは事実の一側面だけを（その情報を好んで受けとりたい層、おそらく女性・主婦層に）都合よく解釈あるいは加工したものにすぎないだろう。いわゆる「テレビ向け、お茶の間向け」の言説とは裏腹に、結婚を忌避しているのは、むしろ男性のほうであるという不都合な真実が、さまざま

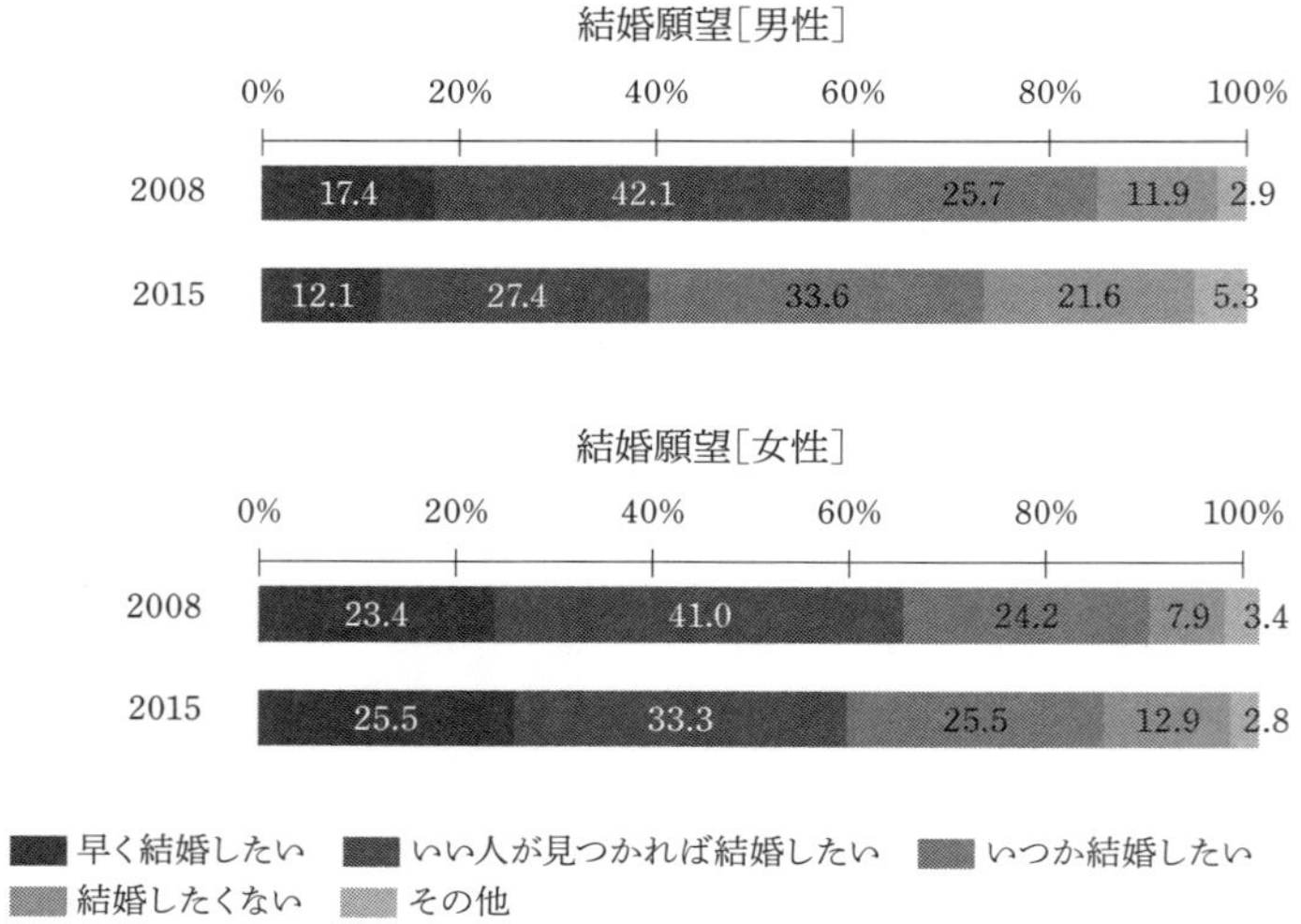

結婚願望の推移

国立青少年教育振興機構「若者の結婚観・子育て観等に関する調査」より。

独身でいる理由

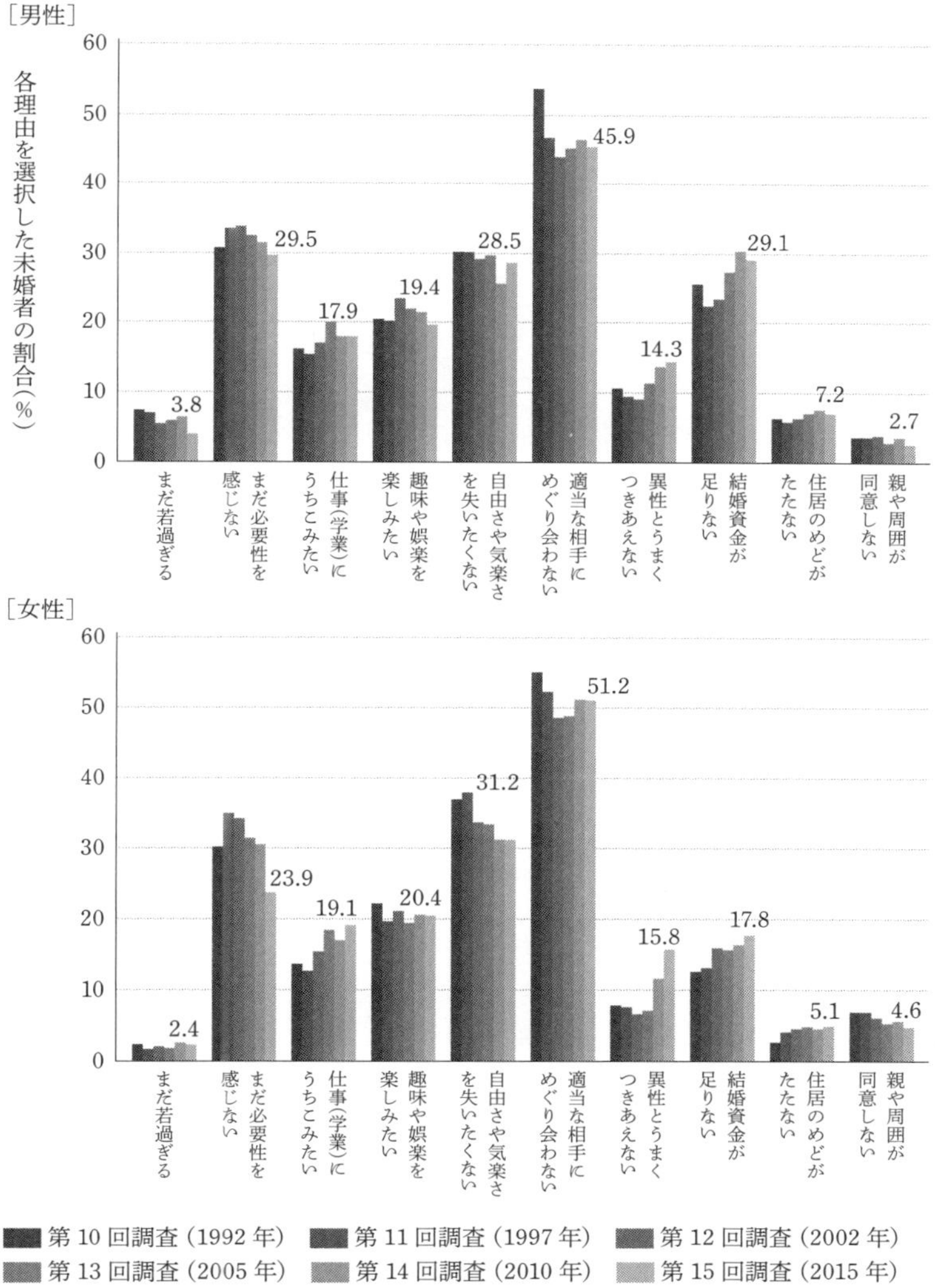

国立社会保障・人口問題研究所「出生動向基本調査(独身者調査、2015年)」より。
対象は、25～34歳の未婚者。未婚者のうち何%の人が各項目を独身にとどまっている理由(三つまで選択可)としてあげているかを示す。グラフ上の数値は第15回調査の結果。

なデータによって示されているからだ。

国立青少年教育振興機構の調査によると、2008年から2015年にかけて男女の結婚願望の変遷を調べたところ、「結婚したくない」と考える人びとの割合は男女とも増加しているものの、その割合がより大きくなっているのは男性であり、女性の倍近くなっている。一方、女性は「早く結婚したい」と考える層はむしろ増加しており、両者の結婚に対する願望が対照的になりつつあることを示唆している。

少なくとも「女性が結婚にデメリットしか感じなくなっている（だから結婚したがらなくなった）」という言説は、わずかに増加した「結婚したくない」層のみをフォーカスしたものだろう。むしろ「結婚を希望する女性の割合は全体としては大きく変わらず、結婚したがらない男性が大幅に増加した」というのが実情に近いといえる。

また、国立社会保障・人口問題研究所の『出生動向基本調査（独身者調査、2015年）』によれば、25〜34歳の独身男女が結婚せず独身でいる理由を調査したところ、「まだ必要性を感じない」と答えた女性は調査を重ねるごとに減少していることが明らかになっている。男性でとくに高いのは結婚資金に対する意識である。男性の生涯未婚率は年収と反比例の関係性を描いていることからも、経済的問題が婚姻形成の足かせになっていることが推測される。

また、厚生労働省の調査によれば、生涯未婚率の将来推計では2035年には男性の3割が生涯未婚となる計算となり、女性とは大きく差があることが示されている。もちろんこのデータでは「結婚したくてもできない人」と「結婚をしたがらない人」の区別はつけられていないが、この中にはかなりの数の「結婚に対して魅力を感じなくなった男性」が存在していると考えるのが自然だろう。

男性が結婚を積極的に望まなくなった社会の背景にあるものはいったいなんだろうか。「女性が結婚をしたがらなくなった」という俗説の影に隠れがちな男性の非婚化ならぬ避婚化にフォーカスして考えてみることにしよう。

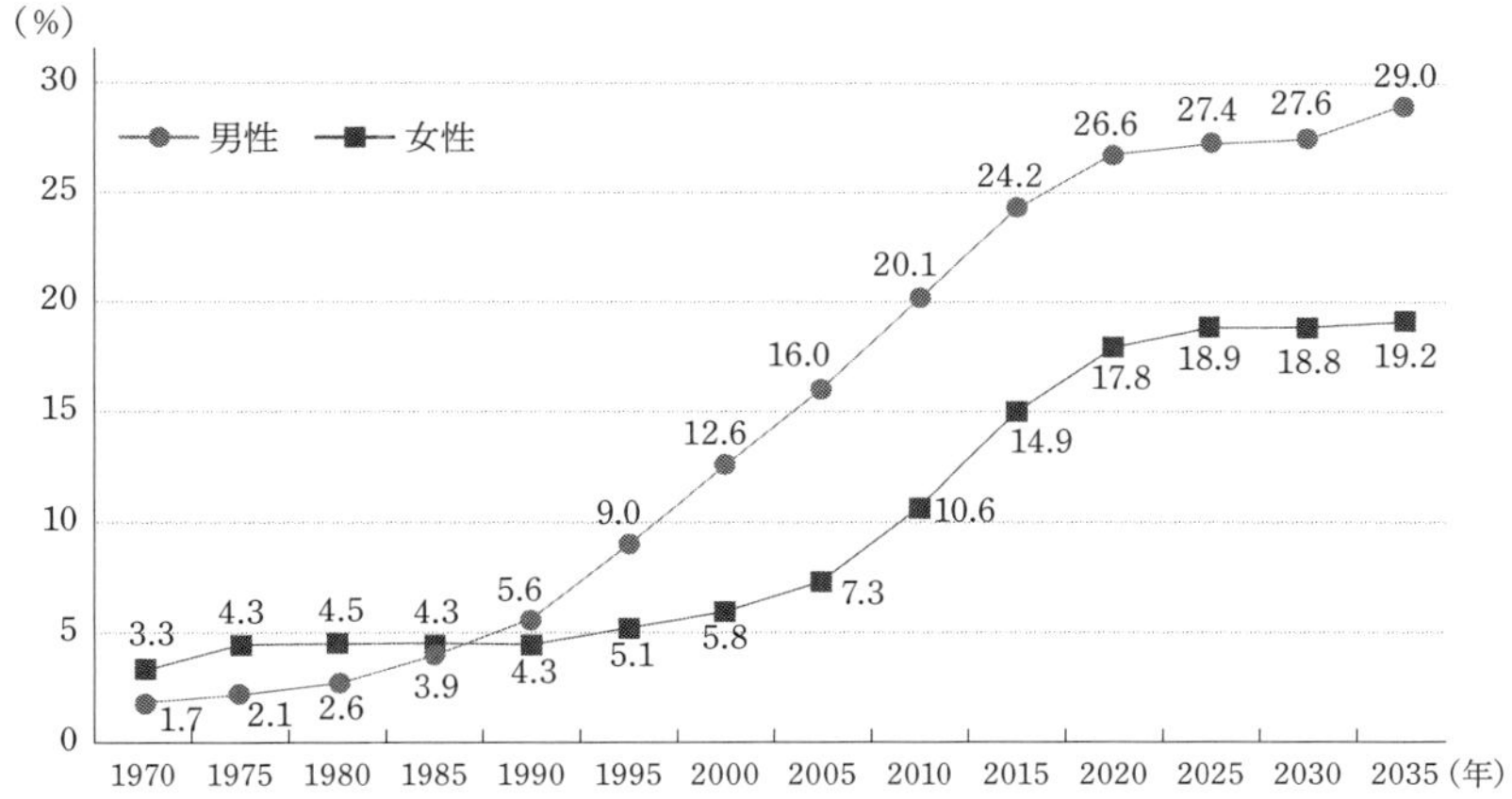

生涯未婚率の推移（将来推計含む）

国立社会保障・人口問題研究所「人口統計資料集（2015年）」、「日本の世帯数の将来推計（全国推計2013年1月推計）」より。

生涯未婚率とは50歳時点で1度も結婚をしたことのない人の割合。2010年までは「人口統計資料集（2015年）」、2015年以降は「日本の世帯数の将来推計」より、45〜49歳の未婚率と50〜54歳の未婚率の平均である。

夫婦の時間的負担は平等である

「女性が結婚をしたがらなくなった」という説における頻出の論拠として「女性は育児・家事の時間的負担が大きい」というものがある。実際の統計的なデータからも、そのことについてはとりわけ誤りはない。

しかしながら、この事実をもって「男性に比べて女性の負担が重くのしかかり、抑圧を受けている、不当な扱いを受けている」という結論を導出することはいささか飛躍した論理といわざるをえないだろう。というのも「男性の労働時間＋家事時間」の合計は「女性の労働時間＋家事時間」の合計とほとんど等しいことが、総務省統計局の資料によって明らかになっているからだ。

また、その傾向は子どもがいたとしてもほとんど変わりはない。それどころか、子育てがもっとも忙しくなる時期は、男性にとっても仕事がもっとも忙しくなる時期と重なっていることが、総務省の『労働力調査』における統計によっても明らかになっている。年齢別就業時間が週60時間以上の男性就業者の割合の推移を示したのが次のグラフである。これを見ると、30代～40代の育児や教育にもっとも忙しくなる時期に、労働負荷が強まっていることがわかる。

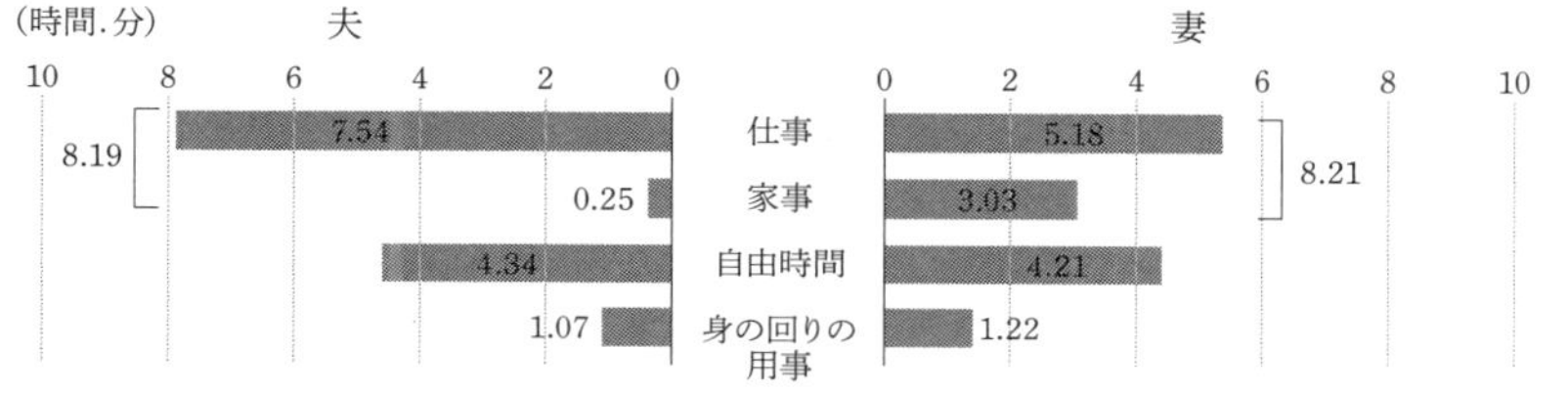

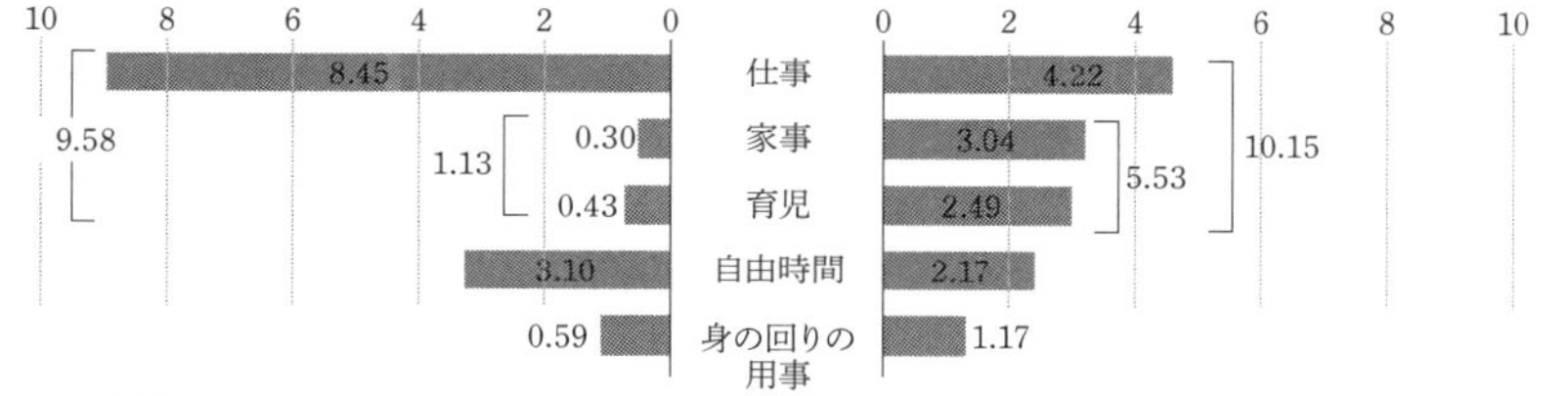

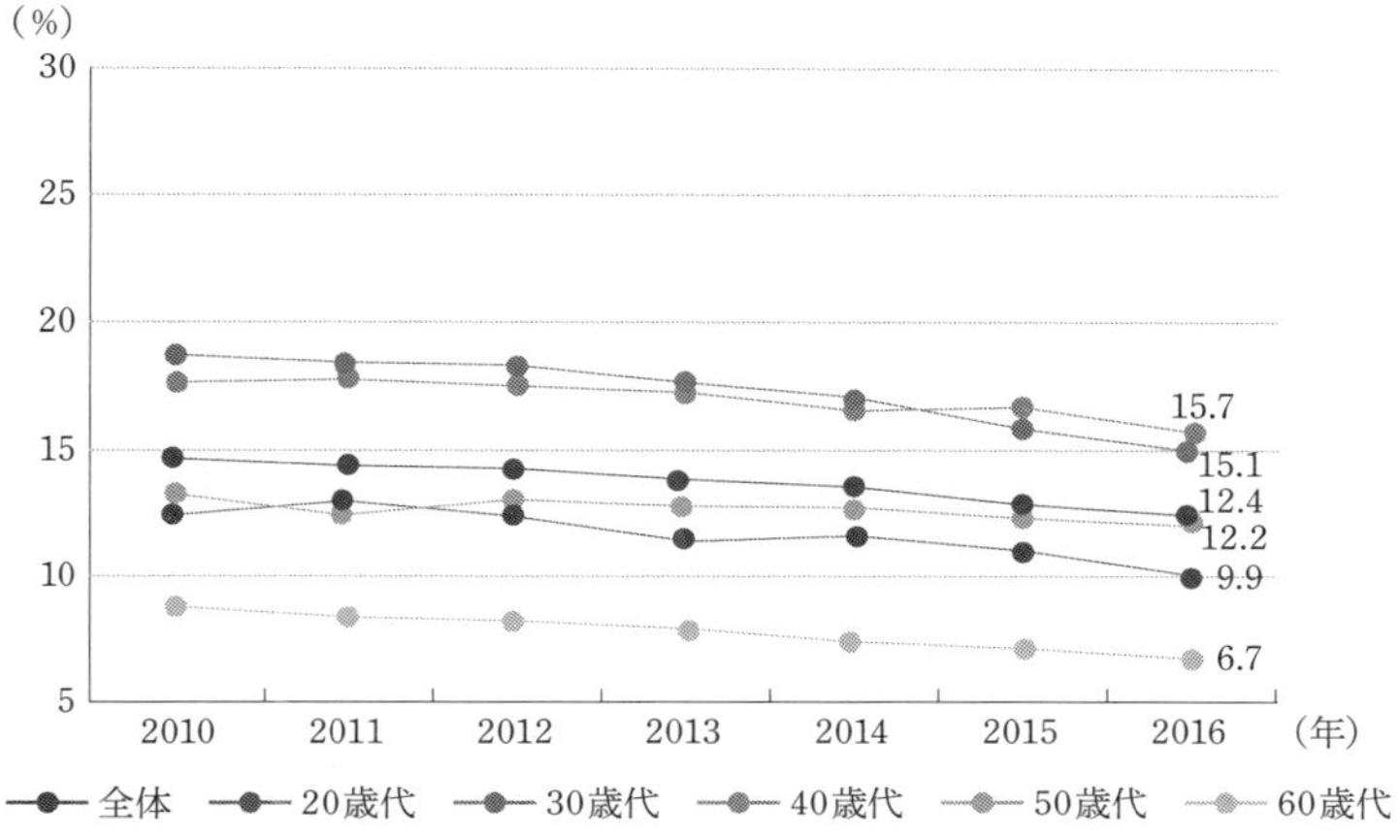

上：共働き世帯(夫婦のみの世帯)の夫・妻 主な行動別生活時間

中：末子が3歳未満の共働き世帯の夫・妻 主な行動別生活時間

総務省「平成18年社会生活基本調査」より。

「仕事」時間＝「仕事」＋「通勤・通学」の時間／「家事」時間＝「家事」＋「買い物」の時間／「自由時間」＝「テレビ・ラジオ・新聞・雑誌」＋「休養・くつろぎ」＋「趣味・娯楽」＋「スポーツ」＋「交際・付き合い」の時間

下・年齢別就業時間が週60時間以上の男性就業者の割合の推移

総務省「労働力調査」より。

・数値は、非農林業就業者(休業者を除く)総数に占める割合。

・2011年の値は、岩手県、宮城県及び福島県を除く全国結果。

したがって「男性に比べて女性の負担が重く、抑圧を受けている、不当な扱いを受けている」という俗説の裏には、「男性が家事育児に参加したくても、労働時間が長すぎて参加できない」という側面が隠されているのだ。「諸外国に比べて男性は家事育児にコミットしない。それは妻に『ワンオペ育児』を強要する『ブラック夫』である」というような言説では、労働時間の国際比較は無視されていることが多い。

男性を悪しざまに描出して溜飲を下げたい人びと向けのメディアにとっては、こうした事実は都合が悪いのかもしれない。しかし残念ながら、ものごとの一側面だけを見て善悪が断定できるほど、家事育児に関する問題は単純ではないということだ。

国際的に見ても、日本の男性の労働時間は異常な水準である。ＯＥＣＤ各国の労働時間比較において、男性が諸外国に比べて異常な長時間労働を課せられていることは、もはやおなじみのデータかもしれない。

それに加えて、純粋な実労働時間だけでなく、残業時間で見た場合も、やはり日本は突出していることは特筆に値するだろう。アメリカやフランスといった「イクメン先進国」の男性たちに比べて、日本の男性の残業時間が3倍近い数字となっている（しかし女性の残業時間は短く、残業ゼロの労働者の割合は高い）。この状態を改善しないまま、家事育児の時間的コミットを増やせという要求を男性に突きつけるのは、あまりに残酷な物言いではないだろうか。

「海外ではイクメンなんて当たり前、家事を手伝うなんて考えがそもそもない。家事は平等に負担するものという観念が当たり前のように浸透している！」と意気込むのは結構だが、「日本人男性は（イクメンともてはやされる海外の男性たちと比べて）異常な重労働を課せられている」という事実を都合よく捨象した申し立てはアンフェアというものだろう。いうまでもないことだが、ここまでに紹介してきた種々の統計やグラフには、いわゆる「サービス残業」と呼ばれる無賃の違法労働は計上されていない。日本においてはサービス残業が常態化していることはすでに多くの人が知るところであり、統計に表れない重労働を課される男性は決して少なくない。こうした労働時間の国際比較には日本の労働環境には「統計上現れない労働」が暗数として含まれていることを考慮しなければならない。

　こうした環境要因を（意図的かどうかはともかく）無視して、女性被害者・男性加害者の善悪二元論的な言説を持ちだすのは、いささかながら誠実さに欠けた議論といえるだろう。

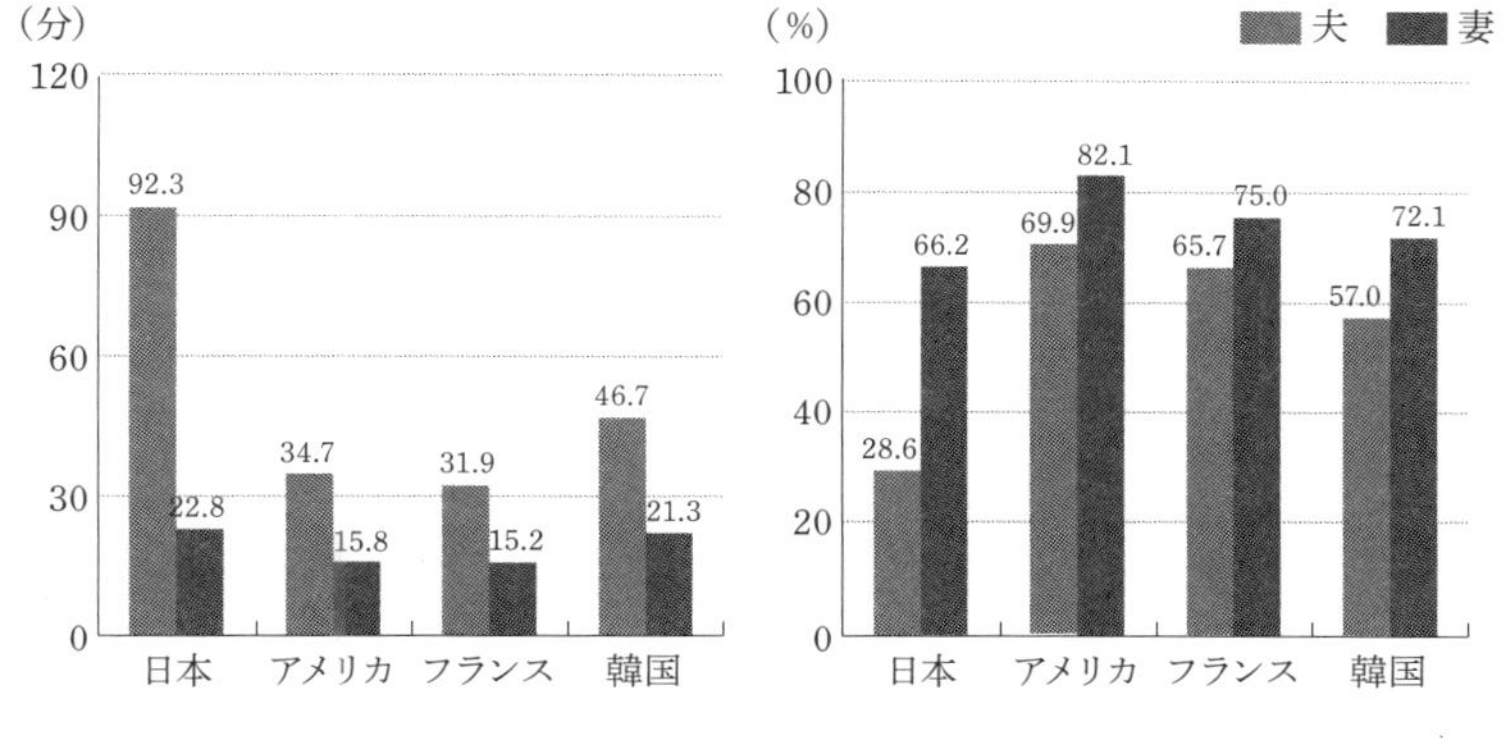

左：残業時間（1日あたり・平均）　右：残業時間が「0分」の割合

連合総研「生活時間の国際比較 日・米・仏・韓のカップル調査（2009年）」より。雇用者が回答。

離婚後のリスクの不均衡

日本の男性は、離婚後に親権を取れない。日本では慣習的に親権者の8〜9割が母親になるといわれている。離婚後の子どもの生活においては、生活環境の維持が重視されることによるとされている。父親は経済力があるかもしれないが、子どもの生育環境の維持に努めてきたのはおおむね母親であるという傾向性を反映したものであるともいえる。一方で、たとえばアメリカでは、親権は共同親権・共同養育権という仕組みが一般的で、養育に関する費用だけをひたすらに負担させられる日本の男性とは対照的である。

できれば避けたいのはもちろんだが、仮に離婚した場合に親権を取れる見込みが希薄であるということは、男性に対して家事や育児に積極的に関与するインセンティブを喪失させてしまいかねない。婚姻関係にあるときはいくらイクメンともてはやされようが、いざ離婚してしまえば男性には親としての立場も権利も残らず、ただただ毎月の金銭的負担だけが課せられるとなれば、誰があえて「父親」としての役割を積極的に果たすだろうか。

女性側の経済的状況が子どもを育てるのに適切でない場合でも、女性が親権のほとんどを取ってしまう慣習が存在することで、女性本人はもちろん子どもにとっても不幸な結果を招いてしまうこともある。経済力が安定しないまま離婚することで、生活水準が悪化してしまうほか、それによって子どもの教育機会を失ってしまったりする。ひとり親に対する支援体制が十分に整っていない状況下では、離婚後の生活コストを両者が極端に負担することが、両者にとって、また子どもにとっても深刻なリスクとなってしまう。

離婚を選択した親によって人生を翻弄された子どもたちの境遇を目にすると、世間には「親になる資格がない」とか「育てられないなら最初から産むな」と非難する論調が生じる。それもわからなくはないが、離婚後の経済的リスクが男性に、養育リスクが女性にそれぞれ集中してしまう現在の制度を問いなおすほうが、より建設的な議論となるのではないだろうか。子どもにとっては、たとえ離婚していたとしても、どちらも親であり、どちらにも育てる権利と義務があるといえるのだから。

子どもが欲しくない男たち

先述した国立青少年教育振興機構の調査では、子育て願望についての調査がなされている。その調査によると、女性については「結婚したらすぐにでも欲しい」と考える層と「子どもは欲しくない」と考える層の二極化傾向が見られる一方、男性は「子どもは欲しくない」と考える層だけが増加傾向にあることが示されている。

一般的な理由としては経済的負担が大きいことが考えられる。先述したとおり、男性にとっては子どもを持つこと自体が「生涯完済不能な負債（離婚時に9割の確率で発生してしまう養育費負担義務)」のリスクを共起することは、男性の「子なし願望」の増加に一役買っていると考えられるだろう。

世間からも妻からも、自身に課せられた重労働に対して理解されることはほとんどなく、稼得能力の維持を求められる一方で「家庭をないがしろにして、家事育児の負担を妻に押しつけているブラック夫」となじられるようなダブルバインドにさらされ、耐えきれず離婚してみれば永久に消えない経済的コスト負担だけが課せられる——現代の結婚制度に、合理的な魅力を見出せと求めるほうが酷な話なのかもしれない。

マスメディアはもちろん、インターネットでも、これまで述べてきたような事実はほとんど示されず、女性の被害者意識に対して整合的なメッセージだけが送り届けられているようだ。見識あるジャーナリストや知識人

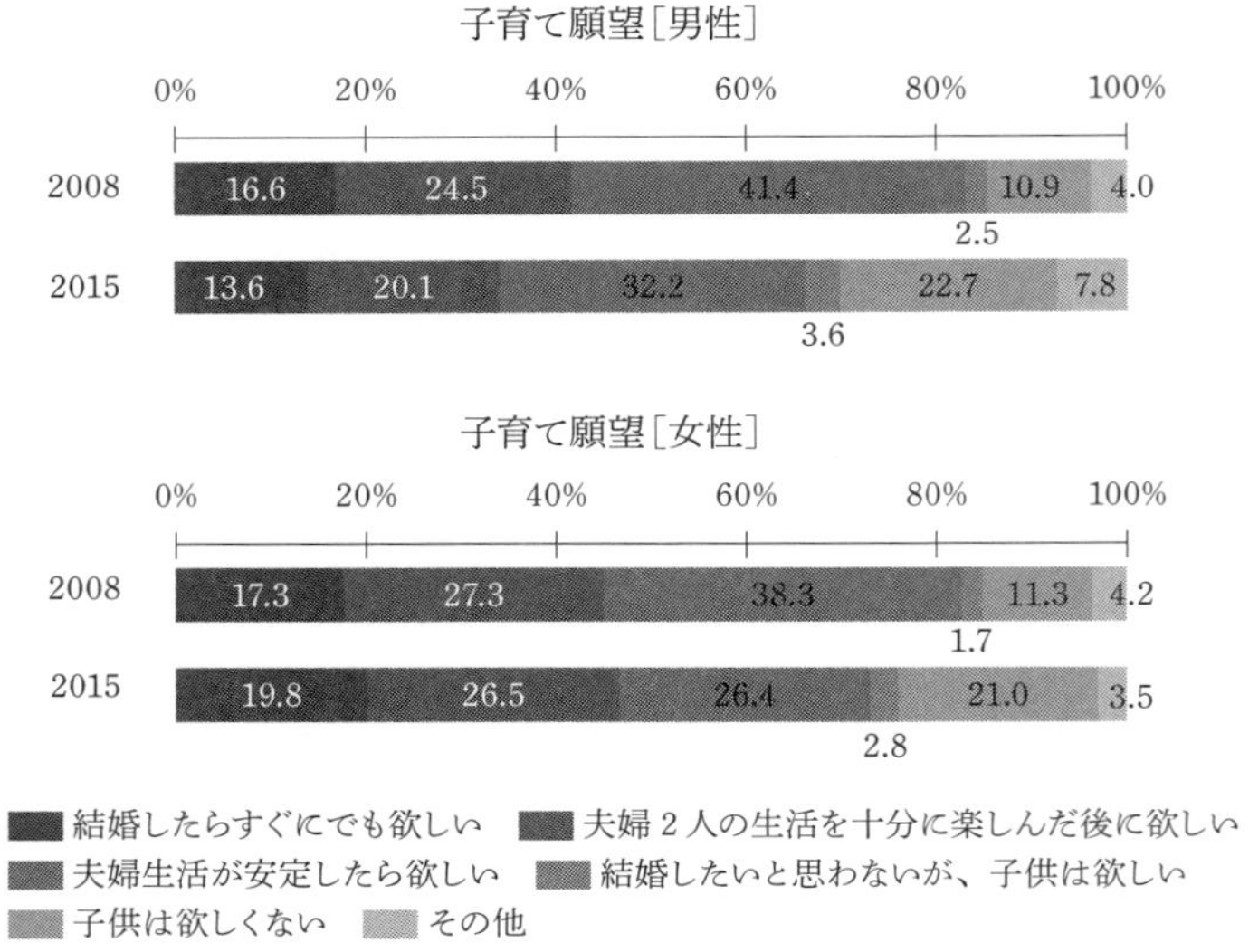

子育て願望の推移

国立青少年教育振興機構「若者の結婚観・子育て観等に関する調査」より。

が、統計資料をあたればすぐに見つけられるこうした事実を知らないはずもないが、あくまでオーディエンスのニーズに応えるために加工された言説を提供しているのだろう。非婚化社会、ひいてはその先に見据えた少子高齢化社会を問題視するのであれば、たとえその問題を言及する際には、俗説的な肌感覚とは反する事実であったとしても、あえてその事実に光を当てる作業を誰かが行わなければならない。

自ら被害を訴えることなく、ただひたすらじっと「夫」として「父親」として、謂われのない誹《そし》りに耐えて日々の責務をこなす人びとには、個人的には尊敬の意を表してやまないが、自らもそのような務めを果たしたいとはまったく思えない。おそらくそれは、筆者ひとりだけの思いではないはずである。

現代の日本の男性たちは、パートナーとなる女性たちに、自らの苦しさを理解されないどころか、抑圧者として叩かれる都合のよい藁人形にされてしまっている。これほどまで、夫として、あるいは父親としての尊厳がないがしろにされる時代があっただろうか。「働くお父さんの背中」に否応なしに尊敬のまなざしを送らざるをえなかった、最新の人権感覚的にいえば「まったくの時代遅れ」として唾棄されるかつての時代は、結婚・婚姻関係の秩序形成にとっては、一定の合理性があったのかもしれない。

「結婚できない」あるいは「結婚をあえてしない」といった考えよりもさらに急進的な「結婚を回避する」という考えを持つ男たちの増加は、男性（夫・父親）を無邪気にバッシングする世間の写し鏡でもある。

この章のまとめ

❶結婚したがらない男性が増えている。

❷「女性が結婚したがらないのは、男性が家事をしないから」という説はあまり説得的ではない。

❸男性が家事をしないのではなく、労働負荷が強すぎてできないと考えるほうが適当である。

❹経済的コスト負担が男性に、育児コスト負担が女性に偏りすぎている。

❺ひとり親を支える制度が十分でない以上、離婚は子どもの人生の経済的・社会的リスクを高めかねない。

❻男性にとって子どもは「負債」になりつつある。

❼少子高齢化問題には、非婚化・晩婚化が大きくかかわっており、避婚化の進行はこの問題をさらに深刻化し、解決可能性を引き下げる。

04 外見の差別・内面の差別

「地毛登録」の波紋

２０１７年10月、地毛が茶色である女子生徒が、黒髪への染色を強制されたことから不登校になり、女子生徒が自治体（大阪府）に対して、損害賠償を求めて提訴するという出来事があった。

案の定ネットでは火の手があがり、女子生徒を不登校に追い込んだ学校、あるいは教育システムそのものに対して問い糾《ただ》すような論調が目立った。

大阪府では、生まれつき髪の色が明るい生徒に対して「地毛登録制度」を導入する学校もあるという。「地毛登録」とはなんとも珍妙な響きの伴う文字列であるが、学校側は大真面目に取り組んでおり、登録した生徒に対して誤った指導をしないための策として説明がなされている。東京都の一部の公立高校では「地毛登録」と同内容の「地毛証明証」という仕組みも試みられているようだ。いずれにしてもかなり間抜けな制度名であるが。

外見で人を判断すること――もっといえば、外見を根拠に偏見や先入観をもって接することは、すなわち「差別」にあたるとされる。たしかに、恐ろしげな風貌の人が必ずしもそうとはかぎらないし、それだけを判断材料にしてその人を忌避したり排除したりするとしたら、それは差別にあたるだろう。

しかしながら、私たちは（仮にそれが差別あるいは差別的な意味を含んでいることがわかっていたとしても）往々にして、人を外見で判断するような社会生活を営んできてしまっている。むしろ、社会そのものが外見的判断を前提として構築されているのである。「人を外見で判断するのはよくない（差別だ／偏見だ）。」というのはもっともだが、私たちの身のまわりには、どれだけ多くの「外見的判断」が存在しているのだろうか。

イケメン・美人の効能

「※ただしイケメン（美人）に限る」というネットスラングがある。「ある行為について、それが好意的・肯定的に受け入れられるのは容姿がすぐれていることが前提である」ことを揶揄的に表現したものだ。しかしながら、これがまったくの放言であるというわけでは必ずしもない。実際のところ、ある人物の外見によって言動やパーソナリティの印象評価が影響を受けることは、多くの研究で示されてきたところである。

ダニエル・ハマーメッシュの『美貌格差―生まれつき不平等の経済学』などに代表され

るが、外見的魅力に起因する社会的評価や経済的格差を題材とした研究や文献は数多くある。それらの多くで報告されているのは、出世のチャンスや所得については、容姿のすぐれている場合はそうでない場合よりも高まるということだ。交際相手に恵まれる機会や子どもの数などにも容姿との関係性があることが示されている。容姿と人生の幸福度の関係性も男性に顕著であることは特筆に値する。見た目にすぐれた人間は、周囲から知的な印象を受けているという研究も存在している。魅力的な外見の持ち主は、ある対象を評価する際、目立つ特徴に引っ張られてその他の特徴についての評価が歪められる「ハロー効果」によって、外見以外にもすぐれたところがあると判断されやすいとされている。外見における肯定的な強い印象は、他の能力に対する印象にまでおおむね肯定的な影響を及ぼしている。

このように「外見的魅力の高い人物は、そうでない人よりも社会的に望ましいパーソナリティを有する」というある種の認知バイアスは「美人ステレオタイプ（physical attractiveness stereotype）」と呼ばれ、社会心理学やコミュニケーション学などの分野では、その存在を支持する先行研究がすでに多く発表されている。

こうしたステレオタイプの存在は、実社会における大衆感情に照らしあわせても理解しやすいだろう。たとえば「かわいい女の子は、きっと周囲から『蝶よ花よ』と大切にされたに違いない。だから育ちがよい・頭がよい・愛想がよい・性格がよい・誠実さがある・心やさしいに違いない」。不美人に対するバイアスもまた然り、「不細工な人間は周囲から大切にされることもなかっただろう。ゆえに、性格が悪い・陰湿・努力を怠る・不誠実に違いない」といった否定的評価を惹起しやすい。このような周囲からの評価を内面化してしまうことで、最終的にそれがバイアスでなくなる（現実のものとなる）可能性も示唆されている（予言の自己成就現象）。

しかしながら、美人ステレオタイプの概念では必ずしも説明が及ばない事象も存在する。たとえば科学者に対しては、容姿がすぐれていると能力が劣っていると思われやすいことが報告されている。能力主義であるべき環境に、能力以外のすぐれた要素を持つ人間が参入すると、先述した「ハロー効果」を周囲が高く見積もるあまり、かえって過小評価に振れてしまう可能性が考えられる。また、魅力的な外見の持ち主がよくない態度をとったり他人に悪い評価を下したりした場合、より深刻に心的影響を与えてしまうことや、魅力的な外見の持ち主が社会的に望ましくない言動を行ったときは、魅力的な外見の持ち主ではない人がそうした場合よりも、周囲からより厳しい否定的評価が下されることが明らかになっている。

「※ただしイケメン（美人）に限る」とは、容姿がすぐれていることに付随して起きる現象の一側面を評価したにすぎない。容姿がすぐれていることは「周囲の肯定的な評価を惹起する」というよりもむしろ「周囲からの評価を肯定的にせよ、否定的にせよブーストする」というほうが実態に近いだろう。

容姿とはなにも顔だけで決まるのではない。人の姿形に関して、背丈もまた重要な要素であることは論をまたない。いまでは死語になりつつあるが、女性が男性を選好する際の条件を表した「三高」ということばがかつて存在した。高学歴・高収入・高身長という、3つの「高」を備えた男性が、女性によくモテるための要件であるというものだ。「三高」のうち「高収入」と「高身長」には強い関係性があることが示されている。Persicoらの研究によれば、1インチ身長が高くなると、イギリス人男性では時間あたりの賃金が2・2％、アメリカ人の白人男性では1・8％高くなることが明らかになっている。日本でもアメリカ・イギリスと同様の傾向が見られることが他の研究によって示されつつある。

なぜ高身長は高所得と密接に関係するのだろうか。身長が高い人を見て、人はどのような印象を持つだろうか。体格の大きなオスが自然とリーダーシップを取るように、身長が高い人に対して人びとはほとんど無意識的に信頼を感じているのかもしれない。あるいは、別の可能性も考えられる。たとえば身長が高ければ、スポーツ・部活動に参加している可能性が高まることは想像に難くない。そうした経験が「忍耐力・努力・根気・統率力」といった、リーダーとしての素質を養うために適合的な環境を提供してくれる可能性も指摘されている。

シグナリングの是非

ほとんど同調圧力といってよいほどに、黒髪がよしとされる規範意識の強固な日本において、髪を黒以外の色に染色することは単に「髪を染色する」という以上に「あえて髪を染色する」という文脈を含意する。「あえて」とは「(社会の規範から逸脱し、それによって否定的評価を下される可能性が高まるにもかかわらず)あえて」という意味だ。「あえて」とみなされる事例として最たるものは、刺青・タトゥーといったいわゆる「彫り物」であろう。こうした意匠を身体に施すと、社会的評価が高まることはまずないどころか、公共性の伴う場面からの排除さえ生じうる。刺青を入れた人を公共の場や浴場から排除する際の論理として「容姿で差別してはならない。だが自分でそのリスクがあることを知ったうえで(つまり自己責任が伴う選択のうえで)不利益を引きうけた場合、それは差別にはあたらない」といった言明はしばしば用いられる。

しかしながら、こうした「アウトサイダーのシグナリング」として機能しうる外見的チューニングは、そのチューニングにいたるまでの背景が矮小化されているといえるだろう。というのも、そうしたチューニングを選択した彼らはあえてそうしたリスクを引きうけたわけではなく、社会のさまざまな側面・場面において包摂されなかった結果、規範あるいは常道から離脱している。

また、いわゆる「反社会的」な外見の人びとが差別されるのはいたしかたないとする論立てについては別の弱点もある。「自分の選択によってあえて『ある外見』を選んだ」ということは、逆にいえば「自分の選択によって『ある外見』から離脱できる」ことを含意する。離脱できるにもかかわらずそうしないのは、そのリスクを「あえて」引きうけることを合意しているのだ――というものだ。このようなロジックを立ててしまえば「不細工は整形すればよいのにしないのは、不細工として不当な扱いを受けることを合意しているのだ」といった論立てにも一定の妥当性が付与されてしまうことになる。アウトサイダーへの「負の烙印」を正当化する場合は、こうした社会的ジレンマの発生についても憂慮する余地があるのではないだろうか。

ところで、美人・イケメンとは対をなす、いわゆる「不器量な人びと」にはなんの得もないのかというと、必ずしもそうではない。外見的魅力の乏しい子どもは、外見的魅力の高い子どもよりも、作文課題において高く評価されやすいという研究結果がある。この研究において、評価を行ったのは教育学部の学生たちであり、外見的魅力の乏しい子どもに対して生じたなんらかの「教育的配慮」が、こうした認知バイアスのもととなっているのではないかと考察されている（「教育的配慮」というのも、実に多義的な含みのある表現であるように感じるが）。外見的魅力の乏しい子どもほど、努力や試行錯誤といった「過程的」な側面の評価軸がより強まるのではないだろうか。それは先述した不美人に対するバイアス（「不細工な人間は周囲から大切にされることもなかっただろう。ゆえに、性格が悪い・陰湿・努力を怠る・不誠実に違いない」）という先入観の裏返しであるように感じるが、そうした肯定的評価がなされる可能性があるという事実を、不器量な人間のひとりとして素直に喜びたい。

それでも、不器量な人びとはイケメン・美人に生じるような「肯定的・否定的評価のブースト」が生じる機会は少なくなるため、低リスクな社会生活になることが考えられる。外見的魅力によって能力が過大に見積もられたり、その逆に過小に評価されたりすることはあまりない。なにか悪事を犯したときに、その量刑が極端に重たくなるようなことを心配する必要もない。容姿がすぐれていないことは、むしろごく当たり前のことである。容姿がすぐれているというのは、文字どおり「目立つ（outstanding）」存在になることを含意する。それは、多くの研究やデータが示しているように、良くも悪くも自分の人生の明暗が通常より色濃くなることを意味している。

ペドフィリアは「治療」すべきなのか？

私たちの社会に存在する差別を外見による差別とは正反対の角度から見てみよう。すなわち、内面性に対する差別である。内面性とは、思考、意見、思想信条、嗜好といった「表面には表れないもの」をここでは指す。

内面性のなかで「差別されてもいたしかたない」とみなされがちなものの代表例が「小児性愛（ペドフィリア）」だろう。

小児性愛者の欲求コントロールのための「治療」を施し、これをもって小児性犯罪防止につなげようという試みがドイツでなされている。テレビやインターネットで「加害者になるな」のキャッチフレーズとともに大々的なコマーシャルを展開し、これまでに７０００人以上から問い合わせがあり、６５９人が実際にセラピーを受けた。うち２５１人が全プログラムを終了し、２６５人が現在治療中だという（２０１６年11月現在）。希望者には、投薬による化学的去勢も施される。

アメリカ精神医学会が刊行する、精神医学分野の症状を分類でまとめた書籍『DSM-5精神疾患の診断・統計マニュアル』では、ペドフィリアは小児性愛障害（Pedophilic Disorder）と定義され、性的嗜好障害のひとつであると分類されている。世界保健機関（ＷＨＯ）もそれに沿った形でペドフィリアを定義しており「行動に移さないかぎりは犯罪者ではない」との線引きを行っている。このように公的な見解においては、ペドフィリアは「心のなかで思うかぎり、犯罪ではない」とはされているものの、国を挙げて「予防医療キャンペーン」を行うことは「ペドフィリア＝犯罪者予備軍」であるということをほとんど認めるような形になるだろう。

しかしながら、実際の小児性犯罪者（チャイルド・マレスター）は必ずしもペドフィリアではないことが明らかになっており、実証的な研究でも相関性が示唆されるにとどまっている（つまり、小児性愛者であることが引き金となって、小児性犯罪に走るわけではない。定義としても厳密に区別されている）。そのため、仮に全国のペドフィリアに治療を受けさせることに成功したとしても、チャイルド・マレスター根絶にはいたらず、小児性犯罪者／被害者は新たに現れることになるだろう。そうなったとき「ペドフィリア＝性犯罪者予備軍」の認知が広まった状況下では、ペドフィリアたちに向けられる社会からの視線は、いっそう苛烈なものになると思われる。

社会的に逸脱・倒錯した属性を「矯正」しようとした試みは、かつて同性愛者に対しても行われた。同性愛を「犯罪」と規定し「治療」の対象として、社会的に矯正しようとした過去は、西欧文明圏にとっては記憶に新しい。コンピューターの父と呼ばれるイギリスの科学者チューリングも、同性愛の罪で逮捕されて化学的去勢を受け、最終的には自殺している。それは遠い昔の出来事ではない。

皮肉なことであるが、かつて西欧諸国では、同性愛者に対してこのような厳しい視線が投げかけられる一方、小児性愛者に対しては社会的批判がそれほど大きくなかった時代が存在していたのだ。「シュレーディンガーの猫」で有名な物理学者のシュレーディンガーは、自宅近隣の少女と関係を持つなどしていたが、彼がそれによって社会的地位や職を失うことは決してなかった。

仮に、本人の努力で対応が困難な属性を持つ——つまり先天的ななんらかの気質や疾患を有する——ある個人が、それがもとで罪を犯したとき、それを裁くことは、すなわちその人が生まれたこと自体を罰しているのとほとんど違わないのではないだろうか、という議論がある。

たとえば、日本の刑事施設入所者の平均知能指数は一般人に比べて明らかに低く、軽度知的障害・中度知的障害が多くを占めていたという統計資料が存在する。彼らの先天的な要因（ここではすなわち、知的機能が障害として取り扱われる程度には低いこと）によって社会から包摂されず、結果的に社会が規定する常道（法）を逸してしまったとすれば、それを罪に問うことは彼・彼女らの「あり方」そのものを罪に問うことと、ほとんど接近した議論であるように思われる。

重大な犯罪傾向と結びつきやすいといわれている「サイコパス」と呼ばれる一群も、後天的にそうなったわけではない。彼・彼女らのあり方を「犯罪」として規定しているのは社会であり、その社会は多数派の安寧秩序（公共の福祉）を守るという論理のもとで「法」を規定してきたのだ。

同性愛者と小児性愛者は、どちらも先天的な性指向に

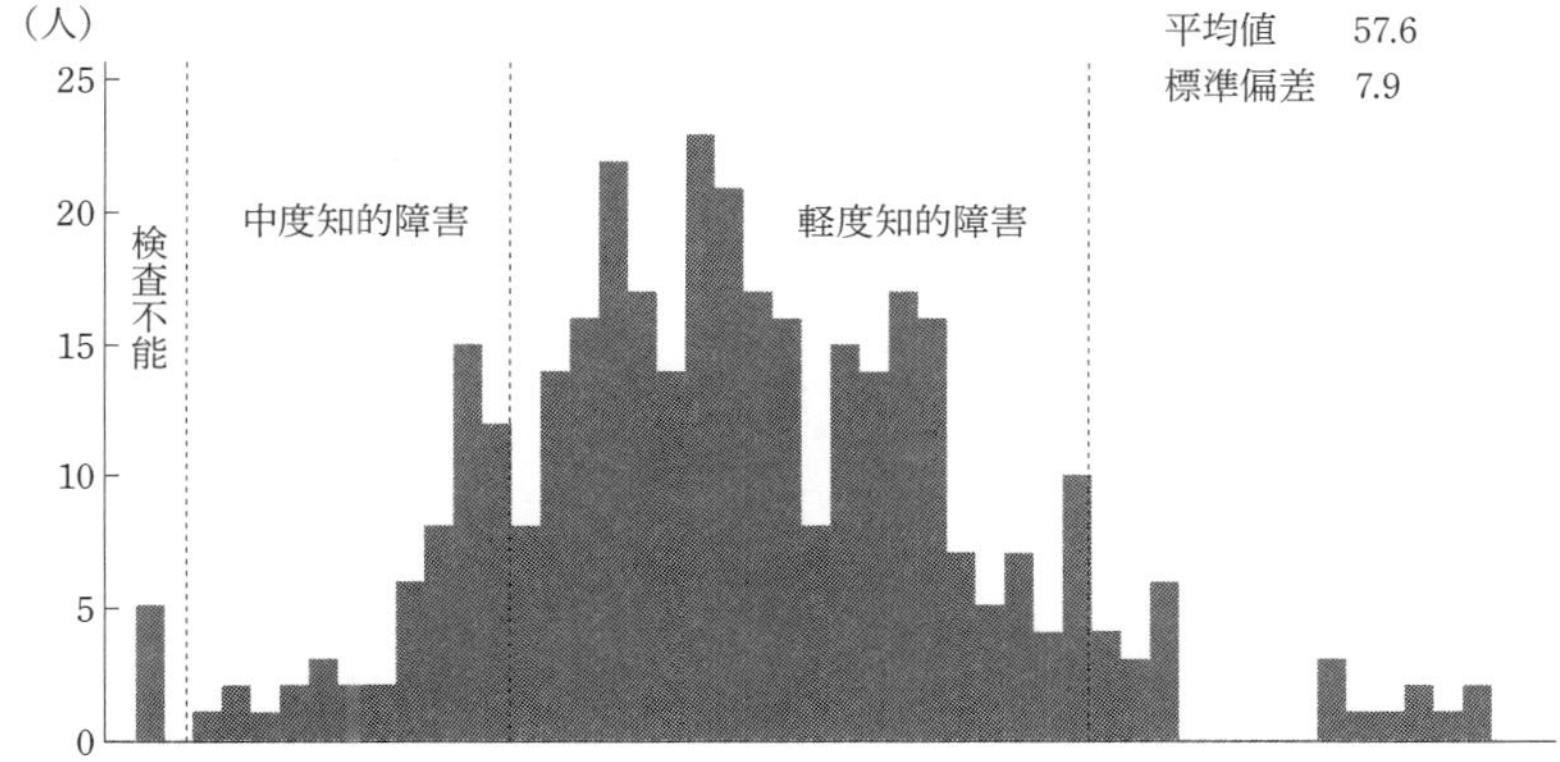

刑事施設入所者の平均知能指数

「法務総合研究所研究部報告52」(2014年)より。知的障害の水準は、1CD-10の基準による。

よって規定されるものだが、前者の人権が擁護され、後者が犯罪者予備軍として忌避される、その隔絶にはどういった理由があるのだろうか。後者が行動すれば無垢な子どもたちが犠牲になる（前述のとおり小児性愛者は必ずしも小児性犯罪者ではないがあえてここでは差し置くとして）からだろうか。かつて同性愛者も「同性愛者が行動すれば、普通の人（異性愛者）が被害をこうむる」という論理のもと排除されてきた。対象を変えて同じことを繰りかえしているにすぎないのではないだろうか。

ドイツで推奨されているような「治療キャンペーン」は、幼い子どもたちのかけがえのない命や尊い人権を守る一方で、小児性愛者を性犯罪者予備軍として規定し、おそらく治療がある程度の規模まで浸透したとしても続発するであろう小児性犯罪事件により、彼らの社会的プレゼンスを脅かすことになるだろう。

多くの小児性愛者は自らの性的な欲求が他者を傷つけかねないことを自覚しており、悩み、苦しんでいる。そのような状況下で「自分たちの存在や権利を認めてほしい」とは思っていないだろう（よしんば思っていたとしても、到底、社会に訴え出ることはできないだろう）。小児性犯罪による実際の被害者がいること、またその被害を未然に防がなければならないことには疑いの余地はない。しかしながら、ある特定の属性を持つ人間を「治療」するという「近代的な結論」にいたることには、慎重な検討が必要なのではないだろうか。それはかつての西欧諸国の同性愛者に対する仕打ちについての現在の反省の姿勢と矛盾してはいないだろうか。

この章のまとめ

❶美人・イケメンは良くも悪くも、行動の結果を大きくブーストする。

❷美人・イケメンは得をしているというわけではない。

❸先天的な要因によって利益・不利益に傾斜がつくのは「差別」である。

❹しかし「こうした先天的要素で不利益を受けても仕方ない」とされるようなものが存在する。

❺その代表例がペドフィリアやサイコパスである。

❻その人が生まれ持ったなんらかの要素が「社会的規範」を逸脱するものであったとして、社会的制裁や排除を加えたりすることは、はたしてフェアだといえるのだろうか。

05 「非モテの叛乱」の時代？

「不本意な禁欲主義者」たち

カナダ・トロントで起きた無差別連続殺傷事件の容疑者の動機が「非モテ（「モテないこと」を意味するネットスラング）の恨み」であると目され、大きな話題を呼んでいる。

カナダ・トロントで23日、バンが歩行者を次々とはね、10人が死亡し、15人が負傷した事件で、アレク・ミナシアン容疑者（25）が犯行直前にフェイスブックに投稿していたことが分かった。投稿では、2014年に米カリフォルニア州で無差別殺人を行ったエリオット・ロジャー容疑者（事件時に死亡）を称賛し、インターネットの女性蔑視グループに言及していた。

BBC NEWS JAPAN《容疑者は女性嫌いのグループに言及　トロント・バン暴走》2018年4月25日

多民族国家であるカナダでは、このような事件が起こった場合、犯人の民族的・宗教的バックグラウンドが軽率に取りざたされることはまずない。今回の容疑者アレク・ミナシアン（25）についても、SNSのコメントなどで言及されただけで、民族的・宗教的な関連は報道されていない。実際、テロ組織との関連もないようだ。

しかしながら、ミナシアンも所属するといわれる別の過激思想団体が急激に注目を集めている。主にインターネット上で集う、「インセル」と呼ばれる女性蔑視主義者だ。


ニューズウィーク日本版《トロント バン暴走事件の動機は性的欲求不満？女性蔑視主義者「インセル」とは？》2018年4月27日

容疑者は、インターネット掲示板「Reddit（レディット）」で「インセル（Incel）」と称する非モテグループに所属していたことが伝えられている。インセルとは「involuntary celibates（不本意な禁欲主義者）」の略称だ。性行為経験がなかったり、交際経験がなかったりするなどの、いわゆる性的魅力や対人コミュニケーション能力の欠如を中心とした議論を交わすグループだ。報道では、インセルは女性蔑視（ミソジニー）があるといわれるが、実際のところは女性に対する非難、モテる男性に対する非難のどちらも根強い。

北米圏のみならず、日本や韓国でも同様のコミュニティは存在する。日本では、インターネット匿名掲示板である「5ちゃんねる（旧：2ちゃんねる）」の「嫌儲板」や、「したらば掲示板」の「男嫌いの喪女板」が、韓国では「メガリア」が、男女それぞれの異性嫌悪の一大拠点として存在している。こうしたコミュニティでは、根底では性的な欲求を満たしたい、人間関係において性的な承認を得たいと願いながらも、それが充足されないどころか、むしろそうしたフィールドから排除・不可視化されてきた人びとの憎悪や怨念が堆積している。あえて詳細は言及しないが、興味がある人は検索してアクセスしてほしい。非モテがため込む社会への敵愾心《てきがいしん》は、ある意味で普遍的、人間社会に共通する問題であると考えられる。

たしかに、非モテとされる人びとは、自らが社会的に、あるいは人間関係的に疎外されていることに対して（暴力的な手段に訴えるかどうかは別として）強い憎しみや復讐心を抱いていたとしても不思議ではない。本件の容疑者は自身の犯行を「叛乱がはじまったのだ」と述べた。

ミナシアンは事件前、フェイスブックに「インセルの叛乱はすでに始まった！　すべての『チャド』と『ステイシー』を襲ってやる。最高紳士エリオット・ロジャー万歳」と書き込んでいる。

前掲ニューズウィーク日本版記事

ちなみに、「チャド」と「ステイシー」とは、インセル内でのスラングである。「いかにもモテそうな男性・モテそうな女性にありがちな名前」を象徴化してそのように呼ぶ。容疑者が言及している「エリオット・ロジャー」とは、同じくインセルに参加していた人物で、カリフォルニアのアイラビスタで無差別殺傷事件を起こした。フェイスブックで「すべての『チャド』と『ステイシー』を襲ってやる！」と息巻くさまは、かつてコロンバイン高校に重武装で乱入し「ここにいる『ジョック（学校社会のヒエラルキーにおける最上級階層）』は全員立て！」と叫んだふたりの男たちと相似形だ。

——彼のいうように、社会に対する「非モテの叛乱」が本当に始まったのだろうか。「非モテの恨み」がこの社会に鬱積し、こうした社会的動揺を引きおこす事件の誘因となる危険水域にまで達したのだろうか。

「非モテ」は、なにも現代社会になってはじめて生じた現象ではない。日本では高度成長期頃は「皆婚」をほとんど達成していた社会であったことからやや実感に乏しいかもしれないが、時代をさかのぼれば、ほとんどの人が当たり前のようにパートナーシップに恵まれていたわけでは決してないことがわかる。

モテ・非モテは往々にして「勝者総どり」の傾向性が色濃く生じるもので、男性にとって顕著にその構造が現れるものだ。幕末期の江戸では16〜60歳の男性（一般的な町人）の有配偶者率は、地域により多少のバラつきはあるものの、およそ半分程度であると見積もられている。石器時代までさかのぼれば、自分の遺伝子を残すことができたのは、女性17

人に対して男性は1人であったともいわれる。非モテとは現代に特有の社会問題ではなく、むしろこれまでも当たり前に存在していた「構造上」の事象のひとつであったのだ。

しかし、いま非モテがあえて「構造上の必然性」の前提を超えて議論されるようになった。それは、かつてといまでは非モテをとりまく環境に、ある決定的な相違点があるからだ。

他者アクセスの自由化、他者サクセスの可視化

いまと昔では、他者へのアクセシビリティ（近づきやすさ）が根本的に異なる。かつてはほとんどの人が自分が生まれてから死ぬまでコミュニティを選択的に移動したりすることは（絶対に不可能というわけではないが）困難であったし、何より他者との通信手段（コミュニケーション手段）がかぎられていた。いまは情報通信技術が発展し、他者にアクセスする手段がきわめて多様であるし易化したといえるだろう。いわば「他者アクセスの自由化」である。

人びとが自分の出自や生まれた場所といった、地縁・血縁的な土台に紐づいた人間関係に必ずしも拘束されなくなり、自由に他者との離別・接近を試みてよい時代となった。他者へのアクセシビリティ（自分という人間のモビリティ）が向上したこと、それは裏を返

せば「人間関係」「パートナーシップ形成」の市場競争がより強まることを意味する。人気者にはこれまで以上に人びとが殺到し、そうでないものには誰も接近しようとしない。モテと非モテの二極分化（あるいは断絶といってもいいかもしれない）を、アクセシビリティの向上がつくりだしたのだ。考えてもみてほしい。少しインターネットを探せば、自分にとってより好条件の人を見つけだすことができるというのに、誰があえて「身近でイマイチな人」で済ませるというのか。

「より自由に他者を選べるようになった社会」を換言すれば「より自由に他者を拒否できるようになった社会」ともいえる。現代社会では他者にアクセスしやすくなったことばかりがもてはやされているが、それと同じかそれ以上に、アクセスされなくなった他者が存在することは忘れられがちだ。アクセスされなくなった他者は人びとの視界から文字どおり不可視化される。「他者とつながりやすくなった社会」という文脈には、かなりの生存バイアスが及んでいることを考慮すべきだろう。

現代社会は他者へのアクセシビリティのみならず、情報へのアクセシビリティも飛躍的に向上したことは論をまたないだろう。それは単に情報収集の効率性が上昇し、人びとの生活の利便性向上に資しただけではない。不快な情報、見たくない情報に出くわす確率も相対的に向上したことを含意する。

とりわけSNSでは、自分の認知的不協和や生理的不快感を惹起するような情報を目にする機会が少なくない。古くから存在していたはずの「モテ・非モテ」の分断もインターネットによってより顕在化されたといえるだろう。すなわち、誰かが楽しそうに異性と遊んでいたりパートナーシップを形成したりしているような様子を、否応なく見せつけられる世界の到来である。現実社会では交際経験や婚姻経験のない人の数が増加の一途を辿り、やがては社会の半数近くになると推計されている。現実ではそのような予測がある一方で、しかしながら、主観的には「モテる者」と「モテない者」の格差意識はよりいっそう強まっているのではないだろうか。これまでは物理的・社会的距離によって目にすることのなかった他者の成功が、問答無用で「情報」として視界に入る社会となったからだ。これを私は「他者アクセスの自由化」と並立して生じた「他者サクセスの可視化」と位置づけている。

「幸せそうにしている誰かがいる」という事実を突きつけられるばかりに、幸せに生きられないどころか、敗北感や劣等感にさいなまれながら生きることを強いられる人がいる――知らぬが仏とはよくいったものだ。そのことを知りさえしなければ幸も不幸もなかったはずの人が、遠い場所の誰かの一喜一憂に心をかき乱される社会になってしまったのだ。

「他者サクセスの可視化」がもたらす苦しみは、幸せそうにしている人が自分では到底かなわない、いわゆる「完璧超人」であるときにはあまり生じない。イチローや福山雅治の成功に激しい嫉妬心や劣等感を覚えることはあまりないだろう。それは彼らがあまりにも卓越した存在で、ほとんど現実的な想像力の及ばないほどの名声を手にしているからだ。

その苦しみはむしろ、自分と能力的・社会的にそれほど距離感のない（ように自分の視点からは見える）他人が幸せにしている姿を見せつけられるときにひとしおとなる。

自分もあいつには劣ってなんかいないはず、むしろあいつみたいなのが成功して、なんで自分がうまくいかないのか――と、多少見下しているくらいの人びとが幸せそうにしていることが、何より耐えがたい劣等感を惹起するものだ。また「他者とのパートナーシップを形成することができなければ一人前とはみなされない」という皆婚社会に由来する社会的規範意識の影響が（現代社会が価値観の多様化を迎えているとはいえ）いまだに根強く存在していることも否定できない。

自分は他人より劣っていないはず、しかし自分より劣っているように見えるあの人は、それほど他者との関係性構築に苦労していないように見える（もちろん、それには多分に生存バイアスがかかっているのだが）。自分はひとりぼっちのまま、永久に社会に承認されず、一人前とも見てもらえないのか――他者にアクセスしやすく、またその成功が視界に飛び込んでくる社会は、「結婚しない生き方」「法定婚以外のパートナーシップを選ぶ生き方」「不特定多数との関係性に基づき暮らす生き方」といった、人間関係の多様化の時代にあっても、インセルのような「被差別者」「被害者」としての意識を強く持つ人びとの層と恨みを大きくするのである。

性的魅力の格差

今回の件によってクローズアップされたインセルの主義主張は「Reddit」を端緒としながらも、もはやその枠を飛び越え国内外の大手メディアを巻き込みながら大きな論争を引きおこしている。

彼らの主張は単に「モテないのがムカつく」というもので結論づけるべきものではないだろう。「論ずるに値しない、負け組の妬み・嫉み・僻み」という具合に片付けてしまうのでは、少々解像度の粗い議論になってしまう。

問題は性的魅力によって得られる報酬が社会的承認や個人の幸福に分かちがたく紐づいていることだ。性的魅力の決して少なくない要因が生得的なものである。身長や顔立ち、体型といった容姿や、出身地や国籍・民族といった生まれ育ちが、性的魅力と強い関係性があることは多くの研究でも明らかになっていることだ。容姿は美容に投資したり、根本的な解決を望むなら整形すればよい——といった主張があるが、それは結果的に、経済的格差や機会の格差、文化的・社会的な格差を棚上げした議論となってしまうだろう。

たとえ後天的な努力によって、大なり小なりの変化を与えられたとしても、先天的な要因によって生じる格差の存在を棄却するわけではない。先天的要因によって、その後の社会的な承認や幸福に傾斜があることは、「差別」と呼ばれる問題ではないだろうか。運悪く顔のパーツの配置や筋肉の付き方が悪く生まれてしまった人が、他者から疎んじられ遠ざけられるのは、差別ではないだろうか。

インセルと呼ばれる人びとが社会に抱く「不公平感」には、こうした「自分たちの力ではどうすることもできない不利益」が存在していることは否定するべきではないだろう。というのも、そこを否定してしまうと、外見的特徴を根拠にして他者を排斥することは差別であるとしてきたこれまでの大義名分を揺るがしてしまいかねないからだ。

「性の再分配」という論点

アメリカの大手新聞社であるニューヨーク・タイムズに「The Redistribution of Sex（性の再分配）」と題されたセンセーショナルな見出しの記事が掲載され、物議を醸している。記事の筆者いわく「所得の再分配」と同じように「性あるいは性的充足もまた再分配されるべき資本であるとみなされるべきではないのだろうか」というものだ。この記事を出発点として、議論は非常に広範な領域に拡大している。

前述のとおり、性的関係性の構築は現代社会の「人間的価値」や「社会的承認」と分かちがたく重なりあっており、性的関係性の構築の可否にかかわる「性的魅力」は、生得的な部分が少なからず含まれている。「性の再分配」を、ミクロ的な観点から検討した場合、社会への恨みや憎しみを蓄積するインセルのような分子を減らすことには成功するだろう。インセルの行動原理はまさしく、性的な人間関係からの疎外に由来するからだ。

本人の努力によってはどうすることもできない要因による不公正や不利益は、通常であれば「差別」とされるものだ。肌の色が黒いから敬遠されたり、皮膚に病変が生じる疾患によって忌避されたりすることと、基本的には同じ線の上にあるものだ。両者を異なるものとしているのは、どこからが差別でどこからが自助努力の範囲とされるかという「線引きの彼岸」でしかない。

「性の再分配と富の再分配を並立的に論じることはばかげている。なぜなら、性的な存在として自分を他者にあずけることは、それは人権にかかわることだからだ。富の再分配は、それがないこと（貧困）で人権が脅かされるからこそ行われるものだ」――たしかにこの指摘は一定の妥当性があるだろう。仮に、性の再分配をなんらかのシステムとして実施するとしたら、それは「望まない他者との半強制的なパートナーシップ形成」を要求するものであり、人権（幸福追求権、性的な自己決定権など）を侵害するものだからだ。

一方で、この記事に対して一定の理解を示す考え方には次のようなものがある。「幸福になる権利が誰にでもあるはずだが、モテない人びとはその権利を侵害されているとはいえないか。彼のような人を『気の毒だが、捨てておく』とするならば、こうした暴力的な発露も――極貧に生まれた人が国家に革命を仕掛けるように――社会の必要なコストとして私たちが引きうけなければならないのではないか」――他者の人権とのコンフリクトを生じる「モテない人びとの幸福」を、仕方なく諦めていただくしかないのであれば、彼・彼女らにはせめて別の形でもなんらかの補償が与えられてしかるべきだろう。それもしないのであれば、今回のような社会的動揺をもたらすような凄惨な事件も「コラテラル・ダメージ（政治的・社会的に甘受せざるをえない副次的被害）」として、たしかに引きうけなければならないのかもしれない。

当然のことだが、人は誰でも、人権でいちいち保障されていなくても、幸福になりたいと望むものだ。その幸福がかなえられないとき、人は必死にもがく。その「もがき」が、たとえ他者を脅かし、社会を動揺させるものだったとしてもだ。

人権的な意識が高まりつつある現代社会で、こと「モテる／モテない」といった性的・社会的な人間関係の構築に関しては、いまだにその生得的要因を過小評価し、ほとんど自己責任論によっているのは、いささかバランスに欠けているように思えてならない。

欧米の人間関係

とはいえ、単純に「モテる／モテない」の議論を、日本社会におけるそれと同一のものとして検討すると、この問題を十分に理解できないかもしれない。場合によっては「たかがモテないくらいのことをインセルと称される人びとは、何を大げさに語っているのだろう」とすら思えてしまうのではないだろうか。

インセルや「性の再分配」をめぐる議論が北米を中心に（次いで西欧で）起こっていることは決して偶然ではないだろう。なぜなら西欧社会におけるモテない、パートナーがいないということに対する軽蔑意識や劣等感は、日本のそれとは比較にはならないためだ。

専門の飲食店があるほど「おひとりさま」にやさしい街づくりが進んでいるのは、おそらくこの世界で東京が最高峰である。北米の都市部の暮らしのデザインは、基本的に「パートナーがいる」ことを前提にしている。非常に強固な「カップル文化」があり、地域コミュニティや都市デザイン、商業施設にいたるまで、その文化を暗黙の前提にしている。

アメリカは個人主義・独立主義の国であると同時に、パートナー文化が強固に存在する国でもある。高校の卒業パーティー（プロム）には必ずパートナーと同伴で出席することは日本でも広く知られているが、社会人になっても会社のパーティーやクリスマスのお祝いにはパートナーと一緒に出席することがほとんど当たり前になっている。

休日に同性の友人とふたりで（同性愛指向などの事情がないかぎりは）一緒に食事に出かけたりすることはあまりなく、基本的にはカップルで出かけるのだ。暗黙の前提とされている社会的ユニットの最小単位は、ひとり（solo）ではなく、ふたり組（pair）なのだ。

「個人主義社会で自立した人同士のパートナーシップ（によって形成された愛情）」が北

米圏での社会的基盤である。「自立した個人である」ことと「パートナーがいる」ことは矛盾しているように見えるかもしれないが、つまりは「自立した個人（として尊重されるに足る人）であるからこそパートナーがいる」という図式が成立しているということだ。

加えて、北米圏・西欧圏における「モテる／モテない」は日本以上に強固な「努力主義」をベースにしている。筋肉質な男性がモテたり、女性の身体的魅力において下半身のトレーニングによって形を整えやすいヒップラインの評価が重かったりするのは、努力主義の表れでもあるといえる。

こうした基盤が存在する社会において「モテない人間」がどのようなまなざしを向けられるかは想像に難くない。自立しておらず、周囲から尊敬されず、対人的な魅力に欠け、つまらない人間だとみなされる。街を歩けば「かわいそうな人だ」と軽蔑と哀れみの視線に刺され、インターネットを開けば、カップルの華やかな日常風景を否応なく見せつけられる――インセルと呼ばれる人びとの内面に渦巻く社会への激しい憎しみは、「おひとりさま」にやさしい日本では正確に想像することは困難だろう。

しかしながら、北米でも婚姻率は低下しており、社会通念と現実が乖離している可能性が考えられる。実際には着実に数を増やしつつある独身者に対して、依然として強固なパートナー文化による差別的な扱いが続くようでは、今回の事件の容疑者を称賛するような人びとは増えつづけ、同じような事件はまた起こることになるだろう。

モテない人びとに性的・人間関係的幸福感を諦めてもらい、代替的な包摂手段を検討せず「本人の努力が足りないせい」と突き放す選択をするということは、「幸せそうな人びとが集まっている街を襲撃し殺すかもしれない人間の登場を社会的リスクとして抱える」ということを意味する。それは実に性質《たち》の悪いロシアン・ルーレットともいえよう。

非モテの叛乱、ならぬ非モテの氾濫の時代にわれわれはどのような社会を望むべきなのだろうか。トロント無差別殺傷事件の容疑者の主張や道理を称賛し、犯罪行為を称賛する人びとがいることを、少なくとも「単なる負け犬の遠吠え」なとど矮小化したり無視したりするべきではないだろう。

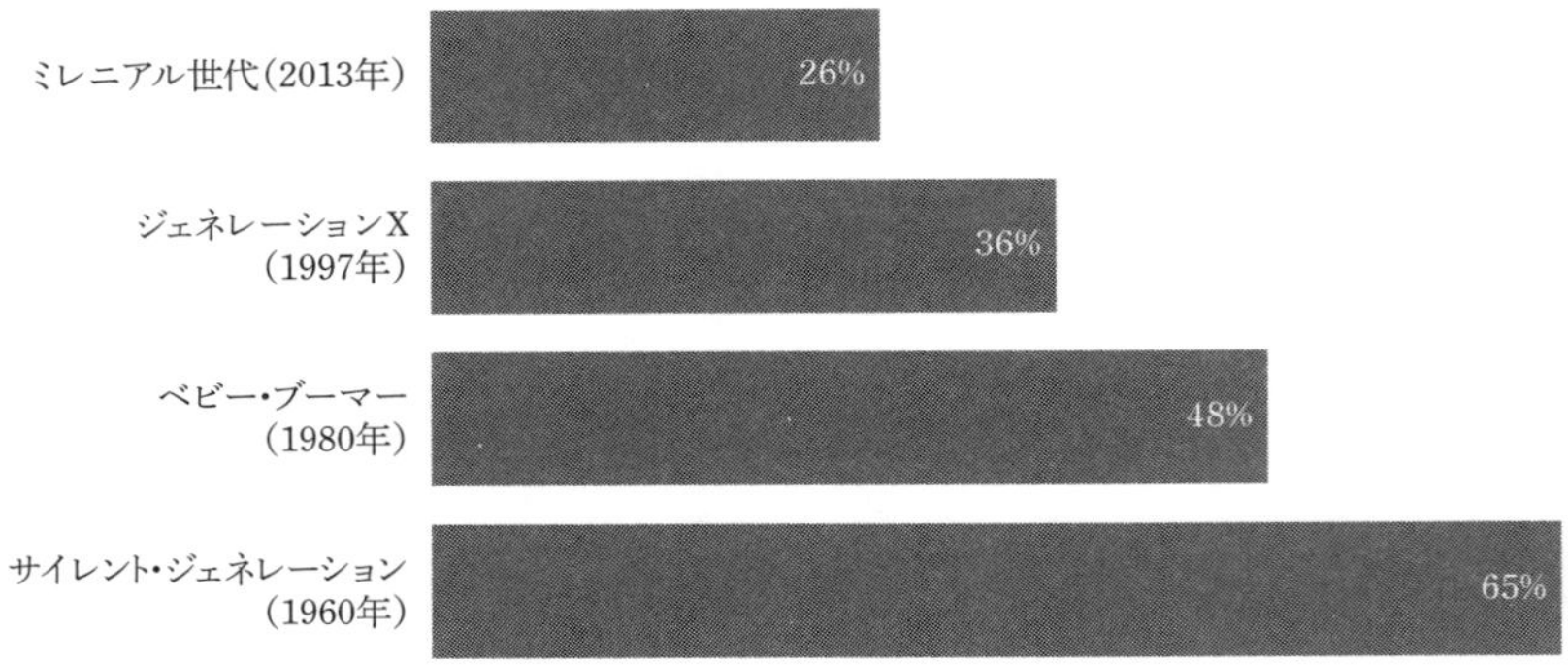

アメリカにおける世代ごとの婚姻率比較

ピュー・リサーチ・センターの調査より。

18歳から32歳の婚姻率。

この章のまとめ

❶異性にモテない人びとが、社会に対して激しい憎悪を抱いていることがある。

❷モテる／モテないとは、単に「性的に充足できる／できない」ということを意味するわけではない。「人として認められている／認められていない」という、社会的承認と重なりあう部分がある。

❸性的魅力は、顔立ちや立ち振る舞い、生まれ育ち、賢さといった「生得的要因」を多分に含んでいる。

❹性的魅力がかかわる「モテ／非モテの格差」とは、差別問題といえないだろうか。

❺しかし、社会的には、人間関係構築は差別ではなく能力や自由、権利の領域として処理される。

❻人間関係から疎外された人たちは、社会の安定的秩序に協力的であるとはかぎらない。

❼彼・彼女らを包摂しない（つまり、彼・彼女たちに接近される人びとの側の人権をより尊重する）のであれば、今回の事件のような社会的動揺をいわば「必要経費」として今後も定期的に支払わざるをえなくなるだろう。

06「ガチ恋おじさん」――愛の偏在の証人

「はじめてやさしさを与えてくれた人」

「ガチ恋」ということばをご存知だろうか。

「ガチ（真面目）な恋愛」という意味では決してない。「アイドルに対して真剣な恋愛感情を抱き、それをモチベーションにアイドルのファンであることを継続し、また積極的にイベントに参加する行為、またはその人」のことを指すスラングだ。ファンというものは大なり小なりアイドルに疑似的な恋愛感情を抱いているものだろう。しかしアイドルに対して恋心を抱いたところでそれが成就するはずがないことは、他人にいわれずとも「ガチ恋」をする本人が誰よりも知っている。

しかしそれでも彼らはガチ恋をやめられないのだ。いったい何が、彼らをかなわぬ恋に駆りたてるのだろうか。

２０１７年１月、あるひとりの「ガチ恋おじさん」に話を聞くことができた。彼は２００３年から現在に至るまでの足掛け14年間にわたり、たったひとりの女性アイドルに「ガチ恋」しつづける30代なかばの中年男性である。当時そのアイドルは野球選手と交際中との報道があり、さらには結婚も秒読みではないかと噂されていた時期だった。

彼から聞かされた、ガチ恋の契機、不安、苦しみ、希望、絶望、報い——単なるほろ苦い思い出話などではない。そこから見えてきたのは、人の身勝手なやさしさと冷酷さが生みだした現代社会の不条理そのものであった。

——いつごろから「ガチ恋」になったんですか。

「はっきりとは覚えてないです。足しげくイベントに通っているうちに、気づいたら恋心を抱いていました」

——「ガチ恋」というのは、通常のファンとは違うものですか。

「うーん……まぁ、違いますね。周りから悪く思われることはあっても、よく思われることはまずないです」

——悪く思われるとは、いったいどういうことですか。

「いやその……説教されるんですよ。『もっとまともな恋愛しろよ』とか『いい加減目を覚まして彼女つくれ』とか。アイドルを恋愛対象として見たり、性的に見たりすること自体、汚らわしいっていうか、ただしくないものとして思われがちですね」

——ファン同士でも、アイドルをどういう対象で見るかで意見が分かれるんですね。

「はい。まともな恋愛しろみたいな説教をぶちかましてくるのは、たいていの場合、恋人がいたり、所帯持ちだったりする人ですね。ファンの間でも「家族や恋人がいるのにファン活動してててえらい！」みたいな風潮があって、そういう人のほうがファンのなかでも地位が高かったりするるんですよ」

——ええっ。なんだかまるで会社組織のようですね。結婚している人のほうが信用がある、責任のある立場だとみなすような。

「いやぁ、なんていいますか、そういう実社会での『男として一人前かどうかの指標』が、アイドルファンのコミュニティでもそのまま用いられたりするんですよ。たとえば、ちゃんとした仕事についているとか、交際相手がいるとか、妻や子どもがいるとかですね。そういうステータスがある人のほうが、ファンのなかでも自然と上位の存在になってくる。僕みたいに、彼女なんか一度もできたこともない、まともな仕事についていない、おまけにアイドルに真剣な恋心を抱いているような人間は、そういう人たちからは格好の説教対象になるんですよ。また、アイドルのファンは男性だけではなく、当然女性ファンもいるんですけれど、彼女たちも「ガチ恋」に対してはおおむね批判的で、気持ち悪がっている人も珍しくないです」

——理不尽な話のように聞こえます。というのも、その人たちは、実社会で自分の「愛」や「恋」を受け入れてくれる人に恵まれたから、そんなことがいえるわけでしょう。

「そうですけど、仕方ないんですよね。世間的にただしいのはそういう人たちで、僕のようなガチ恋おじさんは明らかに間違っているんですから。『アイドルを好きになったって報われないからやめろ』ってよくいわれるんですが、そんなことは好きになったそのときからわかってますよ。それでも恋心は止められないじゃないですか。

そもそも、僕はいままで他人に恋心を向けて、それが報われたことなんか一度もなかったんですよ。それどころか、僕みたいな存在が、誰かを好きになっていること自体、大っぴらに表明することもよしとされなかったんですよ。好きになられた側が迷惑するからって。僕が『好きだ』と恋心を伝えて、それを迷惑がらないでいてくれたのは、いままでの人生で、アイドルだけだったんですよ。

自分の恋心を迷惑がらないでいてくれる相手にたまたま恵まれた人が、そうならなかった人を正論で殴るのなんか、僕はフェアじゃないと思っています。そもそも、恵まれている人が恵まれていない人を殴ることは、本来なら世間的には批判されることでしょう。『パンがなければお菓子を食べればいいじゃない』といってることは同じなのに、ガチ恋おじさんに対してはそれが許されるのなんか、心の底では納得してないですし、怒りを感じていますよ」

――「怒り」とのことですが、とくに怒りを感じるのはどういうときですか。

「僕がガチ恋しているアイドルは数年前に熱愛が報じられたんですが『本当に好きな相手なら、おめでとうっていえ。いままで夢を見させてもらったのだから、それが礼儀だ』みたいなことをいう人がいるんですよ。たいてい既婚者だったり彼女持ちだったりするわけなんですが。自分が応援しつづけてきたアイドルに交際相手がいて悲しくならない男なんてまずいないはずなのに、そんな風にしれっとスマートな正論をいえるのは、自分の心のなかに生じた悲しみや絶望を受けとめてくれる、あるいは相殺してくれる誰か・何かを持っている証拠なんですよ。僕には悲しみを和らげるクッションみたいなものはなにもないんです。この身ひとつでその悲しみや苦しみや不安や絶望を受けとめなければならないんですよ。こんな非対称性があるのに『おまえはファンとして間違っている。悲しみを出すな』みたいなことをいってくるんです。

また、先ほど女性ファンの話をしましたけど、彼女たちも熱愛報道には好意的というか、『おめでとうというのがただしい』みたいな考えが強いんですよね。女性同士だから共感しているのかもしれないですが。女の子は、僕みたいなおじさんと比べて、圧倒的に他人からやさしくしてもらえるじゃないですか。女性ファンって、アイドルファンのコミュニティではオタサーの姫みたいに男性ファンからもちやほやしてもらえますし。そうやって他人からやさしくしてもらえる人に、他人からの好意を受けとる側でいられた人たちに、ガチ恋のことを気持ち悪がられるなんて、正直腹が立つんですよ」

——ガチ恋おじさんとして、他のファンに、あるいは世間に伝えたいことはありますか。

「もっとやさしくしてほしい——これに尽きます。御田寺さんも前にいってましたけど、みんながみんな、自分の好みの相手にやさしさを与えていったら、ひとりで何人分もやさしさを集めてしまう人が出てきちゃうじゃないですか。イケメンとかかわいい女の子とかがそうでしょう。それって裏を返せば、誰からもやさしさを受けとれない人がいるってことじゃないですか。そういう人が、人生ではじめてやさしさを与えてくれた人を好きになって何がいけないんですか。あなたたちは、人からやさしくされることに慣れているから、そう簡単に人を好きになったり、惚れっぽくなったりしないのかもしれないですが、僕は違うんですよ。やさしくされたことなんていままでなかったんだから、やさしくされたら人を好きになるんです。やさしくしてくれた人が、みんなとは違って、僕はたまたまアイドルだった、それだけの話です。それを異常だとかまともじゃないとか正論をいって気持ちよくなるのは勝手でしょうけど、それは生まれつき足の不自由な人に『もっと速く走れないのか？』と訊くのと何か違いがあるのか、よく考えてほしいです」

——残酷なことを尋ねるようで恐縮なのですが、いまガチ恋しているアイドルは熱愛中とのことですが、もし彼女が結婚したら、そのあとはどうしますか。

「……いや、わからないです。……ガチ恋は、やめるかもしれません。さすがに、結婚している人に恋しつづけるのは、心がもたない気がします。それで、そのあと……、衝動的に死んだりするかもしれません」

——いやいや、死なないで。

「あ、すいません。はい、死なないようにがんばります。でも、そのあとのことは……、本当によくわかりません。ただ……、またひとりになったんだなって、寂しいな……って気持ちだけが残るような気がします」

――アイドルである彼女を好きになったことに後悔はありますか？

「それはありません。……ありませんけど、もしも、僕の恋心を受けいれてくれる人がこれまでの人生でたったひとりでも現れてくれたら、こんな人生ではなかったんじゃないかなと、ときどき思うことはあります。もちろん、彼女のファンであることには違いなかったはずです。でも、ガチ恋はしなかったでしょうし、熱愛報道を見てから今日までずっと苦しい思いをしないで済んだんじゃないかなと思います」

後日談

この取材が終わってちょうど一週間が経ったこの日、一本の報せが入った。取材に応じてくれたガチ恋おじさんのガチ恋相手のアイドルの婚約発表であった。婚約者はかねてから交際が報じられていた野球選手であった。

すぐに彼に連絡をとった。彼は恐怖と不安のあまり、テレビもネットも極力閉じ、ニュースから目と耳を塞いでいた。精神安定剤を飲んでいた。私は安否を確認した。彼はひとまず無事であった。だが、彼の心はもはや無事ではないだろう。彼が以前語ったように、これからは寂しさを抱えて、またひとりきりで生きていかなければならなくなった。かけることばが見つからなかった。

自分が好きになった人が、自分のことも同じように好意を持ってくれるとはかぎらない。それは当たり前のことだ。当たり前のことだが、こんなにむごいことはない。この世界は彼にこんなにもむごたらしい結末を与え、彼の心に大きなうねりを与え、彼の感情をさざなみのなかに飲みこんでいく。

人は誰でも、誰かにやさしさを向けることができるが、誰もが平等に誰かのやさしさを受けとるわけではないのだ。

報道で結婚の予定日とされていた3月13日、そのアイドルは婚姻届を提出したようだ。アイドルとは文字どおり「偶像」である。自分にとっての偶像を伴侶にすることなど無理だということは誰でもわかっていることかもしれない。理屈ではわかっていても、誰もがその理屈にのっとった行動をとれるわけではない。

人は、やさしさの欠如よりもむしろ、やさしさの偏在に気づかされたときに深く傷つく。

07 「無縁社会」を望んだのは私たちである

叩かれる「キモい人」

『「ちょいワルジジ」になるには美術館へ行き、牛肉の部位知れ』と題された記事が2017年6月上旬のインターネット世界に出現し、またたく間に火の手があがった。雑誌の創刊にあたり編集長にインタビューした同記事では以下のような記述があり、その箇所がとくに可燃性が高かったようだ。

女性を誘うなら、自分の趣味や知識を活かせる場所を選ぶのが賢い「ちょいワルジジ」の策です。

創刊号では「きっかけは美術館」という企画を予定しています。「美術館なんて出会いの場所になり得ない」と思うかもしれませんが、実は1人で美術館に訪れている女性は多い。しかも、美術館なら一人1500円程度だからコストもかからない。

まずは行きたい美術館の、そのときに公開されている作品や画家に関する蘊蓄を頭に叩き込んでおくこと。

熱心に鑑賞している女性がいたら、さりげなく「この画家は長い不遇時代があったんですよ」などと、ガイドのように次々と知識を披露する。そんな「アートジジ」になりきれば、自然と会話が生まれます。美術館には〝おじさん〟好きな知的女子や不思議ちゃん系女子が訪れていることが多いので、特に狙い目です。

会話が始まりさえすれば、絵を鑑賞し終わった後、自然な流れで「ここの近くに良さそうなお店があったんだけど、一緒にランチでもどう？」と誘うこともできる。もちろん周辺の〝ツウ好み〟の飲食店を押さえておくことは必須です。

女性と夕食を共にする機会ができたら、これは長年培ってきた知識を活かすチャンス。

たとえば、料亭などで出される「鮎の塩焼き」の食べ方をいまの若い人は知らないことが多い。尾ヒレを外してから、横にすぽんと骨を抜き、塩がたくさん付いている方から順に食べる。

こういう粋な作法は経験していないとわからないから、教えてあげると若い女性は感心するわけです。

ＮＥＷＳポストセブン《「ちょいワルジジ」になるには美術館へ行き、牛肉の部位知れ》２０１７年６月10日こうした記述に対し、ツイッターでは女性を中心にして「気持ち悪い」「セクハラだ」などと声が多くあがり、当時のタイムラインはさながら「キモいジジイによる被害体験共有会」の様相を呈していた。

たしかに、この手法を本当に実践している高齢男性がいたとしたら、話しかけられた女性にとってみれば嫌悪感を惹起する可能性がまったくないといえば嘘になるだろう。しかしながら、実際には存在していないあくまで筆者の想像上の手法の一例を挙げたにすぎない記事に対して「こんなジジイは最悪」「こんなジジイは消えろ」と、さまざまな意見が噴出する様子には、正直なところ身の毛のよだつ思いがした。

「私はこんなキモいジジイの被害体験をした。これを見ている若い男たち、次のアドバイスを守れ。第一に……」といった訓戒めいた話、「こんなステキなお爺さんもいた」という経験談――すべての男性が（夭逝しないかぎりは）分け隔てなく体験することになる人生の果ての姿に対して、女性たちの遠慮ないことばが洪水のように溢れ、流れていった。エピソードはさまざまであったが、いずれにしても「キモいジジイは嫌い・不愉快・消えてほしい」という「生理的な嫌悪感」が根底にあることはほとんどの発言者に共通していたようだ。生理的な嫌悪感を惹起する存在を叩くことについては、いささかの疑問も差し挟む様子が見られない、無慈悲なタイムラインが続いた。

一般的に、「社会的あるいは関係性の文脈的に望ましいコミュニケーションがとれない様子あるいはその人物」を「キモい」とか「不気味」とか「嫌い」とか「生理的に受けつけない」などと形容して、人びとはそのコミュニケーションの主体を忌避する傾向がある。しかしながら、そういった「キモい」人間を叩きまくり、爪はじきにしていった果てには、いったいどんな社会が待ち受けているのだろうか。

高齢世代の「孤立化」「無縁化」そして「孤独死」が深刻な社会問題になりつつある。誰とのかかわりも得られずに社会の外縁部で不可視化され、ひっそりと孤独な死を迎える老人たち。彼らに共通するのは他者とのつながりやコミュニケーションの希薄さ、すなわち社会活動や社会参加の乏しさであるが、内閣府の調査によれば、友人がいない60歳以上の高齢者は25％にものぼり、4人にひとりが友達ゼロの状態なのである。また、いわゆる「親しいご近所付き合い」も年々減少傾向にあることが報告されている。

いかに社会の無縁化を避けるかという議題のもと、「他者とのつながりを持つことが大事」「地域のネットワークの強化」「人と人とのコミュニケーションの再評価」など、さまざまな意見が各所から持ちよられている。だが、そうした無縁社会への処方箋は、「キモい人間（とりわけ、キモいジジイ）を叩いて爪はじきにしてもよい」とする風潮とはまったく相容れないものだ。実際に、東京都監察医務院によれば、孤独死の男女比は7：3となっており、また60～70歳代の男性に最大のピークがあることが報告されている。

「こんなジジイがキモい」「こんなジジイが最高」など、貶すのでも褒めるのでもどちらでもかまわないが、「このようなコミュニケーションが、お前が他者とのつながりを持つためには必要な資格である」という前提のハードルが高まれば高まるほど、そういったコミュニケーション・コードが守れない人間は社会の外側へと疎外され不可視化されていくことになる。今回の「ジジイ叩き」は、コミュニケーション・コードを守れない高齢男性が、他者からどのような扱いを受けるかを端的に示した一例といえるだろう。

多様性のなかの排他性

はからずも大炎上を招いてしまった冒頭の記事の筆者であるが、その炎上を踏まえてインタビューを受けている。

——ネット上で批判が巻き起こっているが

「把握している。日本もいろんな人がいていいと思うんです、多様化の時代ですから。前世代のじいさんのように神社仏閣をめぐってもいいし、盆栽を愛でたっていい。でもそれだけではなくて、バブル時代を経験し豊かさを知っている新世代の50〜60代に向け、雑誌を立ち上げることにしたのです」

——「気持ち悪い」などといわれていることについてはどう思う

「うーん、まぁ（書いてある内容は）シャレのひとつですから。それに雑誌は買っても買わなくてもいいわけですよ。公共放送だったら話は別ですけど」

zakzak《「美術館ナンパ」指南で大炎上！「ちょいワル」元ＬＥＯＮの名物編集長を直撃》２０１７年６月15日

同記事の筆者は、「多様性の時代だ、いろんな人がいてもいい」と主張している。たしかに、社会が多様な人びとを包摂することがこれからの時代のキーワードであることは疑いの余地もない。しかしながら「多様な人を包摂するべきだ」とするその一方で「キモい人間は叩いて排除してもかまわない」という二重思考的な社会的合意が存在することも、今回のことで明らかになったといわざるをえないだろう。

要するに、現代社会で頻用される「多様性」とは、社会が包摂するのにふさわしい、ポリティカル・コレクトな個性（アイデンティティ、パーソナリティ）が共存することであり、「若い女性にモテたいと願い、行動するキモいジジイ」のような、ポリティカル・インコレクトな個性はそのかぎりでないということだ。絆や多様性といった、社会から疎外や孤独を減らし、人びとを包摂するかのような響きを持つことばこそ、それにそぐわない人間に対して、強烈な排他性を併せもつのだ。

現代社会は自由を遵守すると同時に、その振る舞いにポリティカル・コレクトネスが伴っていることが求められるようになった。しかしながら「誰もが望ましいコミュニケーション（ポリティカル・コレクトなコミュニケーション）」のハードルの高まりと、社会から疎外される人や孤立化の度合いにはトレードオフの関係があるだろう。

今回の記事で安易に「ジジイ叩き」に参加した人たちも、やがて来る老いを避けることはできない。人間関係は乏しくなり、社会的なつながりは若い頃より当然希薄になるだろう。そうした状況下で、他者との関係、コミュニケーションを再構築しようと試みたときにはじめて気づくのだ――かつて投げつけていた石が、自分めがけて跳ね返ってくることに。無縁社会を促進していたのは、コミュニケーションがキモく、拙く、しょうもない人間に遠慮なく石を投げつけていた、若かりし頃の自分たちだったことに。

「無縁社会」に生きる40代ひとり暮らし

無縁社会とは、なにも高齢者にかぎった問題ではなくなってきている。無縁化が中年世代を蝕《むしば》みつつあることを示したのが、NHKの特集番組『AIに聞いてみたどうすんのよ⁉ニッポン』だ。AIに社会問題を分析させ、その提言を用いてそれらを討論するという番組であった。この番組でAIによってなされたいくつかの提言のうち、何よりオーディエンスをざわつかせたのは「40代ひとり暮らしが日本を滅ぼす」という提言だった。番組取材では、狭いアパートで節約生活に精を出す独身男性がクローズアップされ、その生活から漂うわびしさや閉塞感に視聴者は息を詰まらせたようだ。

「少子化が進んでしまう」「社会保障の担い手がこんな体たらくではだめだ」――SNSではそんな感想が飛び交っていた。番組の結びでも「40代ひとり暮らしを減らすのではなく、彼らを支える仕組みが必要」とされていた。だが、世間の人びとは――ひいては社会全体は――はたして本当に彼らのことを憂慮しているのだろうか。

「40代ひとり暮らし」といえば、ポスト団塊ジュニア世代といわれ、バブル崩壊直後の「就職氷河期世代」でもある。彼らは不況のあおりを受けて不安定な雇用条件を強いられ、決して高いとはいえない所得のまま暮らし、結婚にまで辿りつけない者が少なくない。

就職時の経済動向や社会制度の影響が、その後の人生に影響しつづける現象は「世代効果」と呼ばれる。彼らは負の「世代効果」を日本社会に顕在化させたはじめての存在であり、20歳当時の彼らがこうむった世代効果が「40代ひとり暮らしの増加」として、20年後のいま現れているのだ。

番組内で「40代ひとり暮らし」と連動するとされた「自殺者数」「餓死者数」「空き家数」などについては、その関係性のメカニズムははっきりとは明らかにされなかったものの、種々の統計データからは少なくとも独身・独居の自死リスクが（とくに男性に対して）高いことは明らかになっている。

先述のとおり、40代独身が日本を滅ぼすとした提言を受けて「少子化が進んでしまう」と嘆く人びとは多かったようだ。しかしながら、端的に問いたい。もしテレビ画面に映しだされたような人びとが結婚しようと必死に行動するようになったら、世間の人びとはそれを「歓迎」するだろうか。あたたかいまなざしを向けるだろうか。「そんなダメな人と結婚する人がかわいそう」とか「甲斐性も将来性もないのに結婚しようなんて甘い。将来不安じゃないの?」などといって、彼らをパートナーシップ形成のフィールドから排除してきたのは、今回のテレビ放送で彼らの姿を憂えた人びとだったのではないだろうか。

「少子化になるのは困るけれど、かといってそんな負け組と結婚するのはごめんこうむる」——ことわっておきたいのは、この理屈を非難しようというのではない。個人の厚生を考えるのであれば、むしろ至極もっともな理屈だ。だが、この社会の誰もがその「もっともな理屈」を用いた結果が、彼らのような存在ではないのだろうか。

「自由恋愛」という考え方そのものは古くから存在していたわけではなく、人口に膾炙してきたのは大正時代以降であるといわれている。それ以前の時代は縁談によってパートナーシップを形成することが一般的であったとされる。自由恋愛といえば聞こえはよいが、つまるところは人びとに選り好みする機会を付与してきたにすぎない。多少条件が悪くてもそれを呑んでパートナーとなっていた時代と、(自分が任意に掲げた)条件にかなわない人間をどんどん切って捨てていける時代、どちらがより幸せかを比較することは詮ないことだ。しかしながら、少なくとも自由恋愛の社会を謳歌する一方で、独身者が社会を蝕むとする言説を憂えるのは、矛盾した態度であるといわざるをえないだろう。

とりわけ戦後、女性が両親の決めた縁談などによって半強制的に婚姻関係を結ばされていた時代から、パートナーとなる男性を自由に選ぶことのできる時代への変遷は、「イエ」

的な制度からの解放という文脈もあいまって、望ましいものとして歓迎されてきた。しかしながら、先ほども述べたとおり「自由」といえばもっともらしいが、それは誰もが他者を選り好みして篩にかける世界の到来にほかならない。その苛烈な競争から脱落した人はどうするのか――すなわち、人びとがそれぞれ自由を行使した結果として生じる「代償」について省みられたことは少なかったのではないだろうか。

現代は「社会的に望ましいコミュニケーション・コード」の要求値が、過去とは比較にならないほどに高まっている。それは、対人関係における加害的な側面を軽減することが期待される一方、人権感覚のアップデートが追いつかない人（ドメスティックな領域に関していえば封建的・家父長的な規範意識に基づいた言動を展開する人など）に対する排除を伴うものである。そんな「未開の野蛮人」は孤独に死んでも仕方がないとする社会的合意がなされていれば、多くの人にとってそれは問題ですらないのかもしれないが……。

「せっかくいろんな人との出会いに恵まれる社会になったというのに、何が悲しくて誰もが忌避するようなタイプの人（いわゆる「地雷」）の伴侶にならなければならないのか」――その申し立てはまったくもってただしい。それを否定することは、人それぞれが持つ権利（幸福追求権）の侵害であるとすらいえるだろう。だからこそ、人びとがその「ただしさ」によって担保された権利を享受するためには、必ずといっていいほど、幸福を追求できない人の存在が必要となってしまうのだ。

誰もが選べる社会であるがゆえに、誰からも選ばれない人を抱える社会になることは避けられない。暗い夜道をフラフラと歩く不審者には誰も近づかないのと同じように、この社会で生きるのに不利な条件を持っているような人間は、人びとの自由な選択（誰と親しくなるかは自分たちが決める自由がある）の名のもとにはじき出されてしまうのだ。

もうすぐ自由のツケを払うときが来る

話をＮＨＫの番組に戻そう。とにもかくにも、ポスト団塊ジュニア・就職氷河期世代は、再生産年齢（生物学的な意味で親となることが可能と推定される年齢）の範囲からいよいよ外れようとしている。彼・彼女らは孤独なまま死を迎える——と思われるだろうが、実際はそうではない。人間は誰しも、死ぬまでに他者の力を多く借りることになる。病院にも行くし介護サービスも利用する。彼らが利用する医療・介護サービスの財政を支えるのは、「自由」を謳歌して彼らを遠ざけてきた「自由な社会」の勝者たる人びと（と、その子どもたち）である。勝者とはいえ、ますます少なくなっていく子どもたちに、ポスト団塊ジュニアという日本社会最後のマス層の社会保障費を負担してもらうのだ。

ふざけたことをいうな、自己責任だ——という向きもあることだろう。しかしながら、彼らは社会のみんなが自由を謳歌するために、自由が生みだす矛盾やしわ寄せを一身に受けてくれたのだ。社会のみんなが恋愛や仕事に充実した日々を送っていたとき、テレビで映しだされていたとおり、彼らは安アパートの一角で今日の食費をいかに節約するかをあれこれ思案していたのだ。彼らこそが、他の大勢が安穏として暮らす社会を人知れず支えてきた英雄なのではないだろうか。

社会は、時代の英雄たる彼らを手厚く歓待し、せめてその老後を慰労するべきではないだろうか。まさか彼らに「ひっそり誰にも迷惑をかけず死ね」などと、冷酷無比な台詞を吐き捨てることはしないだろうと思いたいものだ。

自由な社会において「何か・誰かを選ぶ」ということは「選ばれない何か・誰か」がセットになって生じるということを、往々にして人はあまり認識しない。人びとがそれぞれの立場、それぞれの視点で日々行っている「選ぶ」という行為の積みかさなりによって生じたのが「40代ひとり暮らし（＋独身・貧困・男性）」なのだ。

人は誰しも、自分自身の幸せを考えて暮らしている。そのことが悪いわけでは決してない。ましてや誰かと一緒に暮らしたり結婚したりすることで、不幸になりたいと考える人などいないはずだ。そんなささやかな願いをかなえるためには、彼らのような存在は必要な犠牲なのだ。彼らは時代の波に飲まれた不運な犠牲者ではない。この社会で暮らす人びとの願いから生まれた殉教者である。

ときに「自由」とは、弱きものに強きものが施すのではなく、弱きものが強きものに施しを与えるような、歪な現実を平然と世に現出したりする。しかしながら、そうした「歪さ」をしばしば招いたとしても、多くの人にとって「自由」とは何物にも代えがたい価値があると思われている。だからこそ、「自由な社会」を維持するための、いわば生贄《いけにえ》として「40代ひとり暮らし」が「自由」という神に捧げられてきたのだ。

この章のまとめ

❶「無縁社会」とは「自分が好まない他人との接触を自由に拒否できる社会」となったことで必然的に生じたものだ。

❷「他人を自由に選んでよい社会」で、誰があえて「嫌な人」とお近づきになるだろうか。

❸あなたが敬遠した人は、きっとほかの誰かも敬遠している可能性が高く、そうした人は少しずつ社会の外縁部へと押しやられる。

❹無縁社会をなんとかしなければならないというが、無縁状態に陥らざるをえなかったような背景を持つ人が「このままではいけない」と一念発起し、誰かとの縁を得ようと接近してきたり努力したりすることを、世間は——あるいはあなたは——歓迎するだろうか？

08 「お気持ち自警団」の誕生と現代のファシズム

ツイッターの氷河期

２０１７年9月8日、ツイッター日本支社（Twitter Japan 株式会社）前で、ヘイトスピーチに反対する団体によるデモが行われた。新聞各社の取材によれば、「ヘイトスピーチ」と思しきツイートが印刷された紙が用意され、それを路上に貼りつけて踏みつけるなどのパフォーマンスを行ったという。

このデモでは「ヘイトスピーチを削除・規制せず、野放しにしている」という、彼らが主張するツイッター側の姿勢への批判を示したかったようだ。参加者はそれぞれ「ヘイトツイート」なるものが印刷された紙を踏みつけにして「ゴミ箱（を模した容器）」に投下し、大いに盛り上がったようだ。

しかしながら「踏み絵」とされたツイートには、どうやら必ずしも「ヘイトスピーチ」に該当するのかが疑わしい内容が散見されたようである。そのことで、「本当にヘイトスピーチなのか？　単に自分の気に入らない言説や批判を「ヘイト」という雑な括りに封入したにすぎないのではないか？」という異論も少なからず生じていたようだ。たとえば芸術家のろくでなし子氏によるマイノリティへの条件付きの批判を含んだツイート（「マイノリティ特権を振りかざしてワガママを言う人、世間から気の毒がられたい人は、動物愛護団体かキリスト教会にでも行って慰めてもらえばいい。私はボランティアじゃない」）も踏みつけにされていたが、内容的に歴然たるヘイトスピーチとは到底いえない代物だ。

ツイッターは世界でもっとも活発なＳＮＳのひとつであり、日本人にとっても非常になじみ深いもののひとつである。日本国内のユーザー数は２０１７年10月時点でおよそ４５００万アカウント、単純計算では日本人の３人にひとりがツイッターユーザーであるという計算になる。直接の面識がない人同士も含めたコミュニケーションツールとして、ツイッターはもはや日常のインフラとして機能しているといえるだろう。

ところが近頃になって、ツイッターではアカウントが凍結（永久的に使用禁止）される事例が多くなった。最初は、攻撃的・侮辱的なアカウント、性的な（とくに児童ポルノとみなされるような）画像やイラストを公開するアカウント、差別的な言説を繰りかえすアカウントなどを対象にして行われていたように見受けられる。

しかしながら、なかには必ずしもそのガイドラインに抵触しているわけではないアカウントも含まれており、凍結の判断基準そのものがあいまいで、ともすればツイッター社員の感覚的なものさしで決められているのではないかとの批判も少なくない。

また、こうしたツイッターのガイドラインを悪用する形で、気に入らないアカウントを凍結に追いやっている人がいるのではないかとも囁かれている。つまり、アダルトでもなければ差別的でもないアカウントの過去の発言（たとえば親しい友人の間柄で、冗談として交わされる文脈を含んだ「バカやろう、死ねよ（笑）」などといったものなど）を切りとって通報し、凍結に追い込む手法がとられているというのだ。

ツイッター日本支社はこの件については把握しており、「ルール違反行為を減らすために行っている施策が予期せぬ方向へ働いたもの」であるとして、運用ルールの間隙をつくような通報行為については対応策をとるとのコメントを発表している。

いずれの事象についても特徴的であるのは「傷ついている当人ではなく、傷つくかもしれない誰かを想定・仮定して、その表現を過度にバッシングする人びと」の存在である。広告にせよ、イラストレーションにせよ、文章にせよ「傷つく人がいるかもしれないのだから、その表現は間違っている」という申し立ての力が増している。こうした風潮は遠からず、現代社会に巨大な怪物を招来することになるだろう。

「被害の配慮」と「被害の閾値」

もっとも、「傷つく誰かがいるかもしれない」論法は、必ずしも間違っているわけではない。たとえば、ヘイトスピーチや差別的言説に対する批判については、まさしく「傷つく誰かがいるかもしれない」ことの想定と被害の見積もりがその論拠として妥当性があるからだ。他者への慈しみや同情的なまなざしそのものを捨てさればよいという話では決してない。われわれは、「傷つくかもしれない、傷ついている誰かがいるかもしれない」という配慮を失ってはならないことはいうまでもない。慈しみや同情がなければ、社会の厚生を悪化させるだけでなく、私が本書全体のテーマのひとつとしている「透明化された人びと」をさらに無色透明にしてしまうことにつながるからだ。

問題はその論法ではなく、その論法を用いる人間の「閾値設定《いきち》（何が被害で、何が被害でないかを判断する線引き）」である。想像してほしい。どんな些末なことに対しても「誰か傷つく人がいるかもしれない」あるいは「私はそれにひどく傷ついた。不当だ。取り下げるべきである」という申し立てがなされ、その主張が通ってしまう社会だとしたらどうだろうか。一般的な人よりも「被害を感じるライン」が低い、繊細で傷つきやすいメンタリティの人びとの申し立てを、社会はどこまで受け入れるべきなのだろうか。

労働問題を論じる際に「ブラック企業」という用語は頻繁に用いられる。しかしこの「ブラック」の部分が「悪いという意味で『ブラック』」ということばを用いるのは、黒人への配慮が足りない」という申し立てをする人が現れたことがあった。「ブラック企業」の「ブラック」に「黒人」の意図がないことは明白だが「そのように受けとられる可能性がある」という申し立ては実際にあったのだ。

「閾値設定」がきわめて低い人からの申し立てに対して、人びとは何気ない言説や表現に対しても、細心の注意を払ってまで行うだろうか。社会的制裁やネット炎上といったリスクがあると考えれば、そもそれ自体を公にする前に引っ込めることになるだろう。傷つく誰かがいるかもしれないという論拠は、主張者の恣意性と切り離すことが厳密にはできないという性質がある。

社会はいま、そうした「被害者意識」の閾値設定がかぎりなく低い人びとに飲みこまれつつある。繊細な感受性を持つ一部の人びとの被害感に最大限寄り添うことが是とされている。クレームに応じる形で企業は広告を取り下げ、自治体は企画を中止し、個人はアカウントを凍結される。これはつまるところ、「自主規制の形で表現が制限される社会」ともいえるだろう。

だが、逆説的ではあるが「表現の自由」に保障されたこの社会では、このムーブメントに対して対抗する手段がほとんどない。誰かが表現物を発表することが「表現の自由（日本国憲法第21条）」で守られているように、誰かによって発表された表現物を批判する行為もまた表現の自由で守られている。フランスの哲学者であるヴォルテールの言であるとされる「私はあなたの考えに反対だ。だがあなたがそれをいう権利は命を賭してでも守ろう」ということばにあるとおり、たとえ一般的な感覚からすれば過剰とみられるレベルの「お気持ち」や「被害者意識」に基づいた批判・非難であったとしても、それをすること自体は原則的には自由なのである。

しかしながら、「過剰なお気持ち・被害者意識」に対して、ポリティカル・コレクトネスという社会的正義に正当性が付与される環境では、表現の自由の名のもとに「傷つく（かもしれない）人」への配慮（≒表現の制限）が際限なく求められる状態を許してしまうことになるのだ。表現の自由への制限は必要最低限とされることは、表現の自由としばしば折衝する「公共の福祉」や「明白かつ現在の危険」の文脈において語られることであるが、実社会においては、表現者や表現を流通させる企業の「自主規制」という体裁で、無制限の表現規制は進んでいくことになる。

「お気持ち自警団」の誕生とＩＳＩＬ

「ビジランテ（vigilante）」ということばがある。もともとは「自警団」を意味することばだったが、現在では「法的な制裁の及ばない悪や不正に対して正義を行使する人びと」という意味で用いられることが海外では多い。

ビジランテの行動は基本的に私的制裁が伴うものだ。私的制裁といえば校庭や体育館の裏に誘い込んでするような暴力行為を連想させるが、ビジランテ的な行為（ビジランティズム）はそれらとは異なる。ビジランティズムの急先鋒となっているのは、いわゆるフェミニズム的な文脈にのっとった告発行為だろう。

２０１７年12月、ニューヨークのメトロポリタン美術館に展示されているバルテュスの名画『夢見るテレーズ』に対して、作品の撤去を求めておよそ1万人の署名が集まった。署名活動の発起人（女性実業家）によれば「セックスを連想させるポージングを、幼い少女がとっていることに対して不安を覚えた」という。同人はこの署名活動を通して、作品の完全な撤去、あるいは性的な内容が含まれる作品であることを明記するラベルを添付するなどの措置を美術館に求めた。

２０１８年１月には、モータースポーツのＦ１（フォーミュラ・ワン）が、その年のシーズンから「グリッドガール」を廃止すると発表した。フェミニスト団体からの「女性蔑視・女性差別的である」という批判への対応措置とみられる。これに対しては、現役のグリッドガールからも抗議の声があがっている――「私は自分の仕事を愛している。私は尊敬され、そして良い収入も得た。私が働いてきたチームを誇りに思っている。これは誰にとってもただしいことではない。いうまでもなく〝フェミニスト〟たちが私たちの仕事を判断した。そして彼ら／彼女らは多くの女性から仕事を奪うことになった。ここでいう平等と権限は、いったいどこにあるのでしょう？」

こうした、とくに女性の性的表現が含まれる事物に対する「傷つく人がいるかもしれない」という申し立ては増えていくことになるだろう。しかしながら、性差にとらわれない職業選択の自由を擁護してきたフェミニズムが、かつて自らが対峙してきたパターナリズムに親和的になっていく姿は、なんとも皮肉な光景である。

「自警行為（私的制裁・リンチ）ではない。これは差別の告発行為だ」――このような反発の声が聴こえてくるかもしれない。だが、本当にそうだろうか。

過去の事物に対して、自らの規範意識を絶対化しながら判断を下す有様（そして、そうした対応に対してほとんど省みない態度）は、世界中が非難した、イスラム教過激派テロ組織である「タリバン」や「ＩＳＩＬ」による、歴史的史跡の爆破・破壊行為を連想させる。彼らもまた、自らの教義を絶対化し、バーミヤン峡谷やニネヴェの遺跡群は、いまを生きる彼らにとっての社会的規範では、決して認められないものなのだ。彼らが遺跡を破壊した根拠もまた彼らの社会的正義によるものであり、ビジランティズムのあらわれのひとつでもある。

民主主義的・自由主義的な西欧文明圏に属する社会は、パターナリズム的な異議申し立てについて、どのように向き合っていくべきだろうか。また、そうしたパターナリズムに基づく「社会的正義」を行使するビジランティズムに対して、いかなる態度を示すべきなのだろうか。人は往々にして、自らが擁護したい・肩入れする事物に対しては絶対的な価値を確信し、そうでないものに対してはそのときどきの規範意識、人権感覚によって相対的な価値判断を下す傾向がある。しかしながらそれは、西欧文明圏の社会が対峙することになった、テロや独裁者の支配の根拠となっているものと大きな違いはないように思われる。

まさしく現代は「傷つく人がいるかもしれない」という言明をある種の旗印にして、法や人びとの規範意識がなかなかリーチしない、社会的不正義（とみなしたもの）に制裁を加える「お気持ち自警団」が台頭する社会となったのである。

リヴァイアサンの召喚

絶対的なビジランティズムを根拠にした「お気持ち自警団」の台頭により、われわれの暮らす現代社会は「傷つくかもしれない誰か」の代弁者からの非難や告発をきらって、誰もが口をつぐむ息苦しい社会へと変貌してゆくだけではない。お気持ち自警団の存在は別の自警団の登場を促すことになる。自警団が林立し、それぞれが「絶対的なただしさ」をめぐって相争う、「告発者たちの時代」へと移行していくのではないだろうか。

現代社会は「被害感・不快感の申し立てなどの比較的に気軽な方略によって、自分の見たくないものや気に入らないものの存在を放逐しうる社会」である。その手続きがきわめて簡易であるがゆえに参入障壁が低く、そのような効力を発揮したい人びとの参入・便乗を止めることができない。

ありていにいえば、「あいつらが◯◯を気に入らないって（本心を隠してもっともらしい理由を並べたてた）だけで潰せたんだから、だったらこっちは××が気に入らないんだよな」という論理を打ち破る手段やその妥当性を失ってしまう。ＩＳＩＬがやっていることはまさにそれである。

こうして誰もが自分の被害感・不快感の表明でもって、相手の表現を破壊しようとするインセンティブが無制限に生じてしまうのだ。社会は、他人の表現や言論に対する被害・不快の訴えばかりが増え、そしてそれらを振りかざすビジランティズムによって、やがて不毛の土地となることだろう。

イギリスの哲学者であるホッブズは主著『リヴァイアサン』で、人びとがほしいままに自由を行使すれば、その果てに「万人の万人に対する戦い」にいたると述べた。現代社会でもまさしく「万人の万人に対する戦い」が到来しようとしている。ただしその戦いは、ホッブズが述べたような「自然権」を旗印としておらず、いうなれば「不快な存在を放逐する権利」をめぐる戦いとして行われる。

他者のなんらかの表現や言論を、被害者を想定することによってその加害性を見積もり、容易に告発できる社会は、さらなる告発のインセンティブを次々に生じさせるため、告発のインフレーションを生じさせる。そのインフレーションのなかから「人びとの人権に寄り添い、その感情的・尊厳的損失を最小限にする」という名目のもとで、警察をはじめとする政治的な権力による表現規制・相互監視の道が開かれることになるだろう。松文館裁判（松文館から発行された成人向け漫画の猥褻性をめぐる裁判。警察ＯＢである衆議院議員への投書があったことから捜査に発展し、取り調べの際に検察官による違法な捜査が行われていたとの証言も存在する）のような出来事がそれほど珍しくはなくなってしまうかもしれない。いまはまさにその端緒である。

「お気持ち自警団」の台頭により、ほどなくして人びとがお互いの不快感をめぐって相争う社会が到来する。その争いに疲れきった人びとは「誰もが不快にならない社会」を願うことだろう。その多くの人びとの願いに応える形で、大きな統制権力――リヴァイアサン――が召喚されるのだ。

民主的な社会を守ろう、言論の自由を守ろう、表現の自由を守ろう、人間が近代に勝ち得た「自由」と「公権」を擁護しようとする人びとは、歴史的にはその批判の矛先を国家あるいは警察権力にしばしば向けてきた。しかしながら「誰もが告発者となりうる社会」では、むしろ民主的に警察国家が支持されうることを危惧しなければならないだろう。今後、自由や民主主義を擁護する人びとがもっとも警戒するべきなのは、保守的な政治権力による言論統制や検閲よりも、他者を黙らせるために易きに流れる人びとの心情である。

次なるファシズムは反ファシズムの美名のもとにやってくる

ビジランティズムによる異議申し立てについて留意しなければならないのは、「何がヘイトスピーチであり、誰がいつそう決定したのか」という主体が、ほとんどの場合きわめてあいまいであることだ。「ヘイトスピーチに反対する団体」内の「雰囲気」――空気や同調――によって、誰が決定したわけでも、音頭をとったわけでもない、ただなんとなく「ヘイトは許さない」「差別は許さない」「女性蔑視は許さない」といった旗印に「共感」

した人びとが、それぞれの定義で持ちよった「社会的正義」を束ねて集めているにすぎない。

「差別反対！　傷つく人がいる！」などと叫び「ヘイトスピーチに表現の自由は当てはまらない」とする――「ヘイトスピーチ」ということばを漠然とした定義のもとで反対意見を封殺する口実に用いるのは、まさしく「お気持ち自警団」の時代精神ならではの行為といえるだろう。憎悪の追放を訴えるものが憎悪を手段として用いることには、矛盾を通りこして、もはや悲喜劇的な趣がある。

それにもかかわらず、彼ら自身はその至極あいまいな定義に違和感を表明することがない。外部からの批判も「現代の規範からはありえないものだ」と一蹴してはばからない。

ファシズムや差別に反対したい気持ちは誰もが同じである。しかしながら、ビジランティズム的な手段によってそれを達成することに賛意を示す人びとは多くない。ビジランティズム的な手法を批判、拒絶することは、必ずしも差別主義に賛同することを意味しない。だが批判を受けた側はおそらく、批判者のことを差別主義者と声高に罵ることだろう。ビジランティズム的行為に異を唱えることで「反・反差別（＝差別主義者）」の烙印を捺されてしまいかねないのだ。そのリスクを恐れて人びとは沈黙してしまう。

現代のファシズムは「反ファシズム」の名のもとに、着実にその版図を拡大している。

この章のまとめ

❶「傷つくかもしれない人への配慮」は、社会を健全に運営するために不可欠である。

❷「傷つくかもしれない」閾値は人によって異なる。

❸「とても傷つきやすい人」への配慮は、時として他人の表現や言論に制限をもたらしうる。

❹そうした制限は「ビジランテ」によってもたらされる。

❺ビジランテが増えれば、やがて「政治権力」によって表現や言論の統制がなされやすい土壌が形成される。

❻次なるファシズムは「差別反対」の名のもとにやってくる。

09　デマ・フェイクニュースが「必要とされる社会」

終わりの見えないデマとの戦い

２０１１年3月に発生した東日本大震災以降、福島第一原子力発電所事故、あるいは、それによる放射能漏れにまつわるさまざまなデマ・流言飛語が飛び交ったことはいまだ記憶に新しい。「3・11」を端緒とするデマの風評被害はいまなお収束しておらず、事故から7年を経た２０１８年になってもなお、新たなデマが後をたたない状況となっている。

「悪貨が良貨を駆逐する」というよく知られたことわざがある。名目上の価値は等しいが、実質的な価値が異なる2種類の貨幣が同時に社会に流通すると、質のよいほうの貨幣の使用を人びとは惜しみ、質の悪い貨幣だけが社会に流通するようになる「グレシャムの法則」を表したものである。また転じて、悪がはびこると善が滅びるたとえにも使われる。

この法則は「情報」にもおおよそ当てはまる。「真実」になく「デマ」にはある、いくつかの性質によって、この社会はデマを追放できないばかりか、かえって真実が駆逐されかねない脅威にたえずさらされているのである。なぜこの社会はデマを放逐することができずにいるのだろうか。

もっとも基本的で、なおかつ非常に重要なことであるが、「真実の情報」とは原則的にきわめて入手困難なものである。一次情報へのアクセスのために多くの人員の多大な労力が費やされ、またそうして得られた一次情報についても、その真実性をめぐってさらに多くの人びとによって緻密な検証作業が行われ、厳密な裏付けがとられることになる。多くの人びとの手によって濾過《ろか》され研磨された情報が、ようやく真実として社会あるいは公共の場に送りだされることになるのである。

しかしながら、専門家によって真実が丁寧に抽出されていたとしても、その「丁寧な抽出」を読解するためには相応のリテラシーが必要であることが多い。丁寧だが往々にして複雑な様相を呈する真実の隣に「マスメディアが伝えない衝撃の真実」などといった踊り文句とともにキャッチーな情報が流れ込んできたらどうだろうか。真実を丁寧に読み解くことが苦手、面倒な人びとはそちらを選好するのである。メディア・コミュニケーション論においては、こうした送信者と受信者の知識量や情報量の差によって生じる情報処理や能率の格差を「インフォメーション・ギャップ」と呼んでいる。

真実は、多くの人びとが多角的な検証を行い、またその検証の事跡を記録することが不可欠であるため、受容側にとっては理解をすることの難しさやアクセシビリティの悪さが付きまとう。しかし、その性質は決して排除したり軽量化することはできない。この工程を簡略化すればするほど、情報のなかに「不純物」が紛れこむ可能性が高くなってしまうからだ。

一方で、デマとは情報源が不明、あるいは情報源があってもその真実性や妥当性がきわめて不明確、あるいは低いものである。誰かから聞いた話、ネットの掲示板に書いてあった話など、一次情報からはほど遠い情報ソースをもとに、あたかもそれが真実であるかのように語られることが多い。適当なルートで入手可能な情報であり、当然ながら専門家による「濾過」が行われていないため真偽性がろくに検証されず、きわめて安易な形で情報が送受信されるのである。真実性の高い情報とは対照的に、デマは読解することに対して多くのコストを要求しない。

送受信が容易であるというデマのモビリティ、アクセシビリティの高さは、なんらかの理由で真実の情報を入手するための労力を割くことのできない人びとに対してきわめて親和性が高い。送信することと同じくらい受信側にも多大なコストを強いる真実の情報が持つ性質は、それゆえに生じた間隙をデマにつかれてしまうのである。

真実の情報を入手するための労力を割くことのできない「なんらかの理由」とはなんだろうか。ひとつは、時間的な制約である。ある出来事に関して、丁寧に真実を読み解けるだけの豊富な時間を持つ人間は、現代社会においてあまり多いとはいえない。ほとんどの人は大なり小なり「ダイジェスト化」された情報を受信し、それを消化せざるをえない。昼夜を問わず大量の情報が高速で飛び交う時代だからこそ、手っ取り早く情報を得なければならないからだ。情報がダイジェスト化されればされるほど、その正確性はトレードオフで低下していくことになり、デマが付け入るスキも大きくなっていく。

もうひとつの理由は、能力的な制約である。先述のとおり、同じ情報を与えられたとしても、それらを読解する能力には個人差がある。その差はおおむね学力や社会的地位と関係している。ありていにいえば、頭のよい人は情報の吸収効率が高く、すでに得た情報をベースにして、加速度的に情報を収集することができるが、逆にそうでない人は、非効率な情報収集を延々と続けることになる。結果的に、デマに翻弄されやすいのは情報の取捨選択能力や読解能力に劣る人びと――すなわち「メディア・リテラシー」に劣る人びと――ということになる。

デマは心情に寄り添う

「真実の情報」とはおおむね客観的なものである。より正確にいえば、真実たりうるには、客観的であることが要求される。端的に事実だけを積みあげて論証していく作業こそが、「真実の情報」を生成する過程だからだ。逆にいえば、客観的かつ目的指向であるがゆえに「その情報を求める人がどのような気持ちでいるのか」「どのような気持ちに応えるべきなのか」といった、シンパシーを介在させることができない。これもまた、「真実の情報」が持つ決して排除できない性質である。

この性質を排除しようとすると、テキストのそこかしこに、私小説のような「作者の気持ち」が登場することになる。情報をただしく取捨選択できる人にはそれでもかまわないのかもしれないが、主観が加わることでバイアスが生じる可能性は高まるだろうし、何より個人のイデオロギーが強く反映されることが予想される。

デマやフェイクニュースが流布されるとき、多くの場合、なんらかの社会的不安が生じている状況であることが少なくない。そのような状況下では、人びとは「客観的な（冷たい）真実」よりも「主観的な（あたたかい）嘘」のほうになびいてしまいがちになる。ひとりで抱えるには不安が大きすぎるほど、大勢の人と思いを共有できる状態になれることを望むものだ。

これは心理学的には「集団ヒステリー」と呼ばれる状態である。東日本大震災以降、「放射能デマ」が生じ、そのデマに賛同的な人びとが集まり不安を持ちよることで、よりデマを拡散していくといった一連の流れを思い起こしてほしい。デマとは必ずしも純然たる悪意や害意であるとはかぎらない。不安や苦痛を和らげたい――言い換えれば、理由・原因を早く知って安心したい――という願いを土壌に芽吹き、広がっていくことも少なくないものだ。

国や自治体だけでなく、報道機関やジャーナリズム、学者などさまざまなセクションの人びとが異口同音に「緊急時、混乱期こそ、客観的で冷静な情報収集が必要」という。もちろん、それはまったく間違いではない。たしかに間違いではないのだが、緊急時・混乱期に人びとが欲しているのは、第一に「あたたかい共感」なのである。「真実を丁寧に読み解く」ことのできる、いわゆるインテリ層はそうした人びとのことを侮ったりバカにしたりするかもしれないが、そうした時期に不安に駆られている人にとって、情報（あるいは情報交換）の主たる役割とは、冷静な判断材料ではなく、シンパシーを得るためのツールにすぎない。

「時間をかけて正確に処理すること」が求められる真実に対して、「とりあえず共有して不安を和らげること」に特化した情報は、たとえそれが疑わしい情報だとしても、「不安を取り去ることが第一である」という、混乱期の人びとのニーズに応える形で、またたく間に拡散していくのだ（余談ではあるが「不安を取り去りたい」という人びとのニーズに応じる形でデマが爆発的に拡散していく事例として、ツイッターを中心に巻き起こったデマ拡散現象の「パーナさん事件」が挙げられる。当時の不安とデマの拡散模様はログに保存されている。こうした問題を考えるうえで非常に参考価値が高いため、興味のある方は検索してもらいたい）。

デマを否定するためのコスト

先述したように、デマやフェイクニュースはその送受信にかかるコスト負担がきわめて軽い。それにもかかわらず、そのデマを否定するためのコストは比較にならないほど高い。この非対称性が、デマを駆逐できない最大の要因となっている。

デマを否定するためには、真実をぶつける必要がある。だがこれも先述のとおり、「真実」は多くの人間の労力が割かれてようやくできあがるものだ。送受信のコストの圧倒的な格差があるゆえに、「真実」があるひとつのデマを駆逐する間に、そのデマをもとに別の10個のデマができあがり拡散されていることだろう。さらに厄介なことに、デマが広まれば広まるほど、本来なら「真実」の抽出に費やされるべき見識ある人びとのリソースが、デマ拡散にはからずも加担してしまった個々人を説得して回るなど、有害な情報が拡散することを防ぐためだけに費やされることになる。

そういった、まさしく「イタチごっこ」――それも真実側が著しく分が悪いゲーム――に付き合わされているうちに、「真実」の追求・公表にかかわる人びとは疲弊してしまう。ひとり、またひとりと脱落し、最後にはデマが勝利することになる。「真実」をコツコツと紡いできた人びとの営為を、ささやかなデマがまるごと吹き飛ばす。「真実」は脆く壊れやすく、デマは力強く壊れにくい。

デマやフェイクニュースとは、とるに足らない簡単に覆せる戯言《たわごと》では決してない。しばしば「真実」よりも力強く人びとの心に響き、「真実」より受け入れられ、広まってゆくのだ。それらを倒すためには、ゆるぎない「真実」をひとつつくるよりも多くの労力がかかる。

偽りの「真実」が生じるとき、すでにその社会では、虚構が広がるのに有利な条件が整っているのである。不安なときこそ、ただしい判断を――2011年以降繰りかえされてきた正論だけが虚しく響き、今日もデマは真実に勝利している。

近頃では「ニセ医学批判」の潮流もますます大きくなっている。医師の近藤誠氏による、反・ワクチン的な立場を支持する内容の『医者に殺されない47の心得』、『ワクチン副作用の恐怖』といった書籍や、医療系情報サイト『WELQ』に不特定多数のライターによる信ぴょう性に疑いがある記事が多数掲載されていた問題などに対する批判はすさまじいものとなった。

ニセ医学やデマに踊らされてしまったことで、せっかくの人生を、もっといえば命そのものを危険にさらしてしまうことは、たしかに避けたいことであるし、これをもって金銭的利益を得ようとする行為は道義的な観点からも褒められた行為ではないだろう。

現代はさまざまなツールで容易に多様な情報へとアクセスできる便利な時代だ。しかしながら、それゆえにただしい情報に辿りつくためのリテラシーの要求値が高まったことは否めない。もちろん、価値ある情報を得ることが誰にとっても難しい時代になったわけではない。高いリテラシーを持つ人間にとっては、自らの情報検索効率を何倍にも高められる時代が訪れたことをも同時に意味しているからだ。

だが、その「情報効率化社会」のベネフィットを拡大してきた結果、ある途方もなく大きな怪物を生みだしてしまったのだ。

インターネット上の情報が飽和する時代には、検索ワードの入力ひとつとってみても、十分な工夫がなければ目的の情報にアクセスしづらくなっている。したがって、文字どおりの「ただしい知識を得るためのただしい知識がない」状態に陥りがちである。

「ただしい知識を得るためのただしい知識がない」という問題は、インターネットが発明されるよりも以前、1970年にミネソタ大学のフィリップ・ティチェナーらが提唱した「Knowledge gap hypothesis（知識ギャップ仮説）」においても指摘されていたことである。情報検索は頭のよい人間が行えば目的以上のベネフィットを得ることが多く、逆に頭の悪い人間が行った場合の成果は乏しい――両者の格差は、情報ツールやその効率性が高まれば高まるほど広がっていくことを示した仮説である。いわゆる「頭のよい人」は、情報検索行動そのものが「レバレッジ」となり、目標の情報を手に入れる手続きのなかで、複数の有益な周辺情報をも取得できる可能性が示唆された。

のちの研究によって、ティチェナーらが推測したとおり、情報検索の成果はその検索者の先行知識によって影響を受けうることが明らかになっている。現代でもインターネット検索による「知識ギャップ」の影響は存在することが確認されており、こんにちに至るまで「知識ギャップ仮説」の研究は継続されている。

クロスボウと支配者階級の寓話

唐突だが、少し昔話をしよう。

中世に発明され、第一次世界大戦において銃火器が台頭するまで非常に長きにわたって使われた「クロスボウ」という武器がある。日本語ではもっぱら「石弓（いしゆみ、と読む。弩と書くこともある）」と訳され、太く短い専用の矢（ボルト）をバネの力で射出する仕組みの射撃武器である。スイス独立の伝説の英雄、ウィリアム・テルが愛用した武器としても名高い。性悪な代官の命令によって息子の頭に載せられたリンゴを射抜かされた際に用いたのも、このクロスボウである。

騎士の分厚い甲冑をたやすく貫き致命傷を与える殺傷能力の高さと、専門的な技術や訓練も不要でただ引き金を引くだけという扱いの平易さから、発明された当初は騎士（貴族）階級を中心に「非人道的である」との非難の声が高まり、ローマ教皇が直々に使用禁止令を宣したことさえある武器だった。当時、戦場で騎馬が許されていたのはもっぱら貴族である騎士階級であり、それ以外の雑兵たちは彼らの騎馬攻撃に蹴散らされるばかりであった。クロスボウは、一方的に蹂躙されつづけた平民たちの反撃の手段であったが、騎士階級は自らの利益を守るために、自分たちに有利なルールをつくりあげようとしたのだった。しかしながら、戦場で圧倒的多数となっていった雑兵たちにとってみれば、自分たちを踏みつけにする敵を擁護するだけのルールを「はいそうですか」と守る道理は当然あるはずもなく、騎士道華やかなる戦場は徐々に終わりを迎えていった。

エスタブリッシュメント（支配者階級・既得権益者）と呼ばれる人びとは、知性では大衆に負けることはほとんどない。しかしながら、純粋に腕力で勝負するとなれば殴り倒されてしまうことは十分にありえるだろう。そこで彼らは、平和な世界をつくりだす努力をすると同時に、頭のよいものたちが直接的な暴力ではないオルタナティブな暴力を振るうことを許すルールもつくりだし、社会を治めることにした。

いうまでもないことではあるが、現代社会において人を腕力でもって物理的に殴ることは禁止されている。違法行為であり、傷害罪として罪に問われる。人を殺してしまえば殺人罪である。一方、腕力ではなく知性で人を殴ることはなんの問題にもならない。仮に頭のよい人間が得をした結果、別の誰かが損をして、社会の断崖から滑落して死んだとしても、（明らかな詐欺などでないかぎりは）それはなんの問題にもならないし、ましてや罪に問われることなどありえない。

クロスボウ禁止の試みはあえなく失敗に終わったが、彼らは「法」という秩序をつくった。『リヴァイアサン』を著した哲学者のホッブズは、「自分が他者を犯さない代わりに、他者から自分も犯されない社会」を根拠として「暴力・闘争（自然権）」を国が集中的に管理することの正当性を主張した。ホッブズから営々と続く政治的・社会的秩序のルールとは、要するに「賢い人間がその賢さの範囲内で他人をいかに殴りつけたり縛りつけたりしようと、それはかまわない」というものだ。雑兵がクロスボウで騎士を撃つのを禁止する一方で、特権階級たる騎士たちが騎馬で蹂躙することは、近代社会で形を変えて実現されたのだった。

特権階級の人びとは、大衆を統治する一方で自分たちに有利な社会的規範・秩序を設計してきたことは疑いようもない。とはいえ彼らが統治しなければ、社会はまたたく間にホッブズがいうような「自然状態（万人の万人に対する戦い）」に戻ってしまっていただろう。平和が失われることを回避するための代償として、大衆は彼らエリートの特権的な立場を認めざるをえなかったのだともいえる。

情報社会のジレンマ

話を現代に戻そう。かつて世界でつくりあげられた社会の基本的秩序「賢い人間がその賢さの範囲内で他人をいかに殴りつけたり縛りつけたりしようと、それはかまわない」という原則は、いまもしっかりと息づいている。というのも現代社会はまさしく、何をするにも「ただしい知識」「ただしい情報」を得る能力——つまり「賢さ」がモノをいう世界になってしまっているからだ。

「ググれカス」のネットスラングも今は昔。インターネットを検索してみれば、デマサイトが溢れかえり、ただしい情報を得るためには論文や海外のジャーナルにもあたらなければならないことすらある。生活に困窮してなんらかの社会的支援を得ようと行政手続きに臨めば、複雑な書面の作成にぶちあたる。そこで行われる説明を理解したり、そもそもそういった制度があるという先行知識がなければ公的扶助に辿りつけなかったりもする。

要するに、社会に玉石混淆《こんこう》の情報が散在することによって「ただしい知識」「ただしい情報」の希少価値と入手難度が相対的に上昇し、結果的にそれらを持つものが持たざるものに対して飛躍的なレバレッジを有する格差社会がつくりあげられてしまったのである。

この世界の情報のうち、いったい何がただしくて、何が誤っているのか——この選別の手続きのレアリティが高められていった結果、リテラシーに富む側の人間はとてつもない恩恵を手に入れた。それは金融・不動産バブルといったマネーゲームの原動力ともなったし、先に挙げたような科学的な根拠の乏しい健康商品やニセ科学ブームの立役者ともなった。

賢明でリテラシーに富むエリートたちと対比していわれるような「無知な大衆」は、情報の真偽を確かめない（あるいは、確かめる術を豊富には持たない）ことが多い。だからこそ、はたから見れば実に怪しげな商品に手を出してしまったり、見返りの期待できない詐欺まがいの投資話に応じてしまったりすることで結果的に大損をしてしまう。それを見て賢明な人びとは「ああ、こんなものを買うなんて、本当にバカだなあ。自分だったら、こんなもの絶対に買いはしないのに」と、嘲笑まじりに思うことだろう。

格安スマホを利用しているのは比較的高所得層であるという調査結果からも、こうした知識格差と経済格差の連鎖性をうかがい知ることができる。

だが、「安物買いの銭失い」をする人びとがいなければ、「ただしい情報」それ自体が価値を持つことはないということは留意するべきだろう。「無知な大衆」がたくさんの無駄金を消費してくれるからこそ、彼らエリートたちはスマートに資産を貯えることができるのだ。つまり「ただしい情報」を得られずに損をする人びとを嘲笑するエリートがエリートたりうるには、無価値な情報に踊るものの存在が相対的には不可欠になる――いわば共生・共依存関係にあるのだ。

しかしながら、大衆から「ただしい情報」「価値ある情報」へのアクセスをどんどん遠ざけてしまったからこそ、この社会には、根も葉もないデマやニセ科学、カルト的教

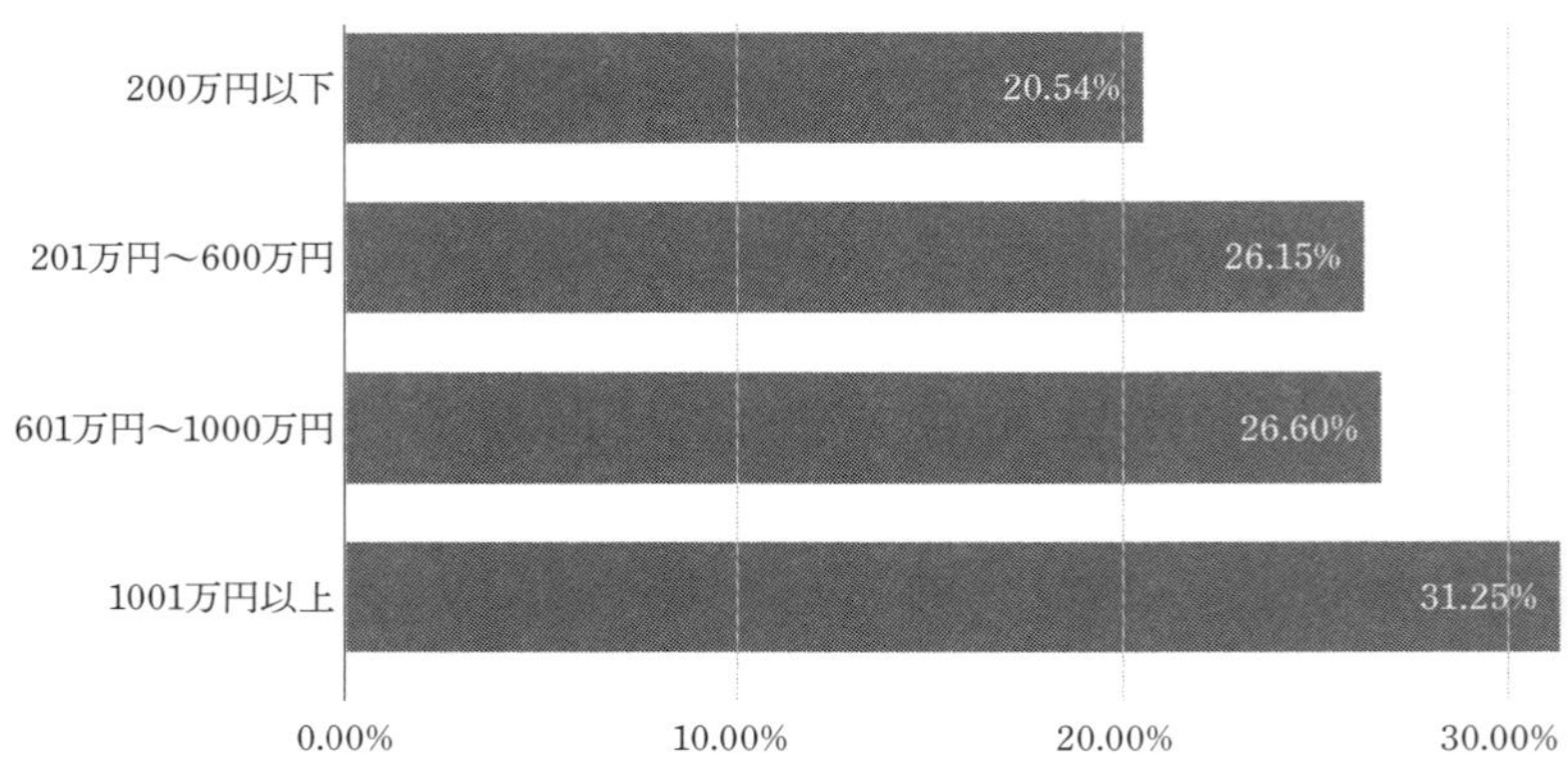

年収別 格安スマホ利用率

スマホ・格安SIM比較のすまっぴーの調査(2017年)より。

義、ヘイトスピーチが氾濫してしまった。それらを信奉するのは、賢い人びとのつくりあげた社会によって、ただしさに触れる機会をことごとく剥奪されてきた人びとである。

デマに踊らされ煽動される彼らの無知蒙昧、偏見に基づく憎悪を「ただしい知識」「ただしい情報」を持つ賢い人びとは批判し、ときに嘲笑し、非難し、糾弾する。しかしながら、先に述べたとおり彼らのような「ただしさに触れられない人びと」が、ただしさに触れられないがゆえにとってしまう（はたから見ればしばしば愚かとも思える）行動があるからこそ、「彼ら賢い人びとの見識・教養深く豊かな生活」は成り立っているのだ。大衆から「石弓」を持つ機会を奪い、社会の秩序に与えられるがまま従うよう命じたその瞬間から、このような構造は必要不可欠となっていた。リテラシーを欠く人びとにただしさに触れる機会を失わせ、無知な大衆として搾取されることを求めたのは、賢い人びとの側だったのだから。

自分たちが「有益な真実」を独占した結果として生じた歪みを、社会の周縁部に押しやって放置してきた。その堆積した歪みから、こんにちにいたりいよいよ怪物が生まれたのだ。デマやヘイトは社会から放逐しなければならない「悪」である――誰もがそう確信してやまない。しかしながら、デマやヘイトが易々と生まれて伝播するほどの情報の格差こそが、この社会の豊かさの一側面を支えているのである。

この章のまとめ

❶デマと真実は、運用・拡散ともにデマのほうがはるかにローコストである。

❷ひとつのデマを潰す真実が1個できる間に、デマは10個の子孫を産む。

❸デマは悪意ではなく「不安を解消したい」という願いによることも少なくない。

❹人びとは不安にさらされたとき「早く説明を受けて安心したい」と願う。そこにデマの付け入るスキがある。たとえるなら、デマがシンプルでわかりやすい「物語」なら、一方で真実とはたいていは複雑で理解するのに時間も労力もかかる重厚な「説明書」だからだ。

❺デマに踊らされるような人がいるからこそ真実にはプレミアがつく。

❻賢く情報を集めて結果的に得する人がいるためには、間違った情報を集めたりそもそも情報収集を怠る人が必要になる。

❼デマが渦巻く社会とは、多くの人が豊かに暮らす社会が生んだ代償としての側面がある。

10 「公正な世界」の光と影

社会の営みを支える「ある信念」

「正義は勝つ」「努力は報われる」「信じるものは救われる」——誰もが一度は耳にしたことのあるフレーズだろう。

こうした表現に見てとれる「優勝劣敗」あるいは「勧善懲悪」的な因果律に基づくものごとの捉え方は、心理学、社会心理学、人間関係学などの領域で「公正世界信念（Just-world hypothesis）」と呼ばれ、長年研究対象とされてきたものだ。

公正世界信念とは、人びとが持つ「(倫理的・道徳的な) 道理」に自然に沿うような考え方、あるいは、この世は最終的に善性が優勢になるようなバランスのもとで構築されていると考える信念のことである。簡単にいえば「ある行いには、その行いの内容によって、のちに公正な結果が伴う」とする考え方のことである。

この信念は一部の人にのみ特有のものではない。読者にも覚えはないだろうか——「あんな悪い人間は、きっとろくな死に方をしない」とか「人を騙したりすれば、必ずその報いを受ける」といった考え方を見聞きした経験は。努力はやがて実を結ぶとか、日ごろの行いが悪いからよい結果にならなかったとか、そのような考えをわれわれは知らず知らずのうちに内面化している節がある。サラリーマンにしても、受験生にしても、スポーツ選手にしても、「いま自分がしている努力はきっと報われる」と考えていることには、立場や目標が異なれど変わりはない。

しかし、公正世界信念が示すような因果律が存在することを裏付ける確たるエビデンスはどこにもない。実質的には認知バイアスの一種である。しかしながら、国や地域を問わず、世界のいたるところでこの信念が支持されていることはたしかである。公正世界信念には、目標に向かって努力することや善人としてあろうとすることへのインセンティブを付与し、それが全体としては社会の健全な営みを支えるための動機となっている側面があるからだ。

一見すれば、公正世界信念を持つことがその社会に生きる人びとにとって合理的であると思われるが、この信念が持つもうひとつの表情を知っておく必要があるだろう。

犠牲者非難・自己責任論の礎

公正世界信念を理解するうえで重要なのは、この信念はポジティブな結果だけでなく、ネガティブな結果に対しても同様に適用されるということだ。冒頭でも述べたような「正義は勝つ」「努力は報われる」「信じるものは救われる」といった考え方は、いわゆる「因果応報」の観念に基づいている。「因果応報」の観念は、ネガティブな事象についても当てはまる。すなわち「人を呪わば穴ふたつ」とか「罰が当たった」といった考え方にも、公正世界信念が適用されているということだ。これにより「悪い結果を受けた人には、それなりの理由（悪い行い、本人の落ち度）があったに違いない」という見方が強化されることになる。

「この世は、努力すれば報われるようにできているのだ。それにもかかわらず、いま報われていない・成功していない人は、努力が足りていなかったり、努力を怠ったりした人なのだ」

「あの人が不幸な目にあったのは、日ごろの行いが悪かったからだ」

「あの人の家族が亡くなったのは、前世で何か悪いことをしたに違いないからだ」

「あの人が家を地震で失ったのは、災害が起きやすい土地に暮らしていたからだ」

――公正世界信念は、なんらかの結果に対してそれを引きおこした原因を導出しようとするバイアスであるため、「悪い結果には、悪い原因があるに違いない」といった対応関係を強調する傾向があることが研究によって明らかになっている。

バブル崩壊後の「失われた○年」と呼ばれた長い不況期における就職難、いわゆる「就職氷河期」に苦しんだ世代に対して向けられた世間からの冷たい視線についても、公正世界信念を踏まえて考えれば理解しやすいのではないだろうか。

「彼らが就職できなかったのは、大学で遊び呆けていたからだ、努力しなかったからだ、甘えていたからだ」

「その後、景気は回復したのだから、最終的に就職できなかったのであれば、それは本人がスキル研鑽を怠ったからに違いない」

世間の人びとは、自分たちの認知をより腹落ちさせるための「理由（あるいは物語）」を、次々につくりだしていった。そうして氷河期世代の窮状は世間にただしく理解されることなく置き去りにされて十数年が経ってしまったのだ。

いまさらになって、氷河期世代の少子化・非婚化や、低所得層となった彼・彼女らが将来的に社会保障の大きな負担となりうることが社会問題として議題に挙がっているようだが、自分の信念に整合的な「理由」でもって彼・彼女らへの救済を拒み放置してきたのは、ほかの誰でもないわれわれと、われわれが愛してやまない「公正な世界」の信念なのである。

2010〜2013年頃に大学を卒業した「リーマンショック世代」にも、やはり同じようなまなざしが向けられていたことは記憶に新しい。おそらくこの世代にも、世間の人びとから「公正な世界」の審判が将来的に下されることになるだろう。

「努力していなかったからだ」とか「甘えていたからだ」といった因果の捉え方に思わず納得してしまいそうな魅力があるのはなぜだろうか。

ほとんどすべての人は、どんな強靭なマッチョマンであろうが、人は己のなかに大なり小なりの甘えや怠惰を抱えて生きている。日ごろからすぐ隣にある（そして目立たない存在である）はずの甘えが、こと失敗したり、敗北したときにかぎり、その存在がクローズアップされているにすぎない。

「自分にももちろん、『甘え』の感情はある。しかし自分はそれによって失敗していない。つまり自分は『甘え』を抑制し、自分を律することによって、着実に成功している。それに比べてあいつは失敗した。それはあいつが『甘え』をコントロールすることができなかったからだ」――人は誰しも「悪い結果を招く要因」を抱えながら生きている。幸運にもそれらが顕在化する機会に遭遇しないで済む日々を送っている人がほとんどだ。手痛いしっぺ返しを食らわなければならないほどに努力をしなかったり、怠惰だったりする人は、実際のところは多くはない。そう見たいから、そのように見えている場合がほとんどなのだ。

公正世界信念を定量的に把握する試みは進められており、個人がどのくらいの強度で公正世界信念を持っているかには差があることが判明している。公正世界信念を強く抱いている人ほど、自責的・自罰的な認知を有している傾向がある。

しかしながら、自分が「犠牲者」側になった場合は、必ずしもそのかぎりではないようだ。公正世界信念が強い人であっても、いざ自分が被害者・犠牲者側になったときには、犠牲者非難・自己責任論的な立場の言説を強調せず、「自分ではどうすることもできなかった」「困難な状況のなかでも自分は最善を尽くしている」といった、責任の所在を外部化するようなスタンスをとることがある。当然ながら、「普段の言行と一致しないではないか」とか「他人のことは冷たく突き放してきたのに、自分が被害者になったときは自分のせいじゃないと言い逃れするのか」といった非難が生じやすい。

自分の責に帰する度合いの多寡はともかくとして、困窮状態に陥った人を互助的に支える仕組みが社会福祉である。普段は福祉対象の人びとを非難している人が、なんらかの事情によって福祉対象側の立場に回ったときにこそ「こんなやつを助ける必要はない（因果応報だ）」という考えが盛り上がりうる危険性について気をつけなければならない。犠牲者を非難するその声は、対象がどのようなものであれ、巡り巡って自らをも貫く刃となりうるからだ。

公正世界信念が犠牲者非難・自己責任論の源泉になりうることは、公正世界信念に対して批判的検討を行う人びとの根拠としてしばしば用いられる。実際のところ、なんらかの不幸に見舞われた人に対して心ないことばを投げかける人びとの心理動態には公正世界信念が機能していることは事実だろう。しかしながら、犠牲者をさらに痛めつけるような動機を与えるからといって、公正世界信念をただちに棄却してもよいのだろうかという問いは別に存在している。

公正世界信念には、先述のとおり、目標に向かって努力することや善人であろうとすることへのインセンティブを付与し、「未来の報酬を信じる心」を強化する働きもある。それはときに「希望」と形容されるものでもあるだろう。明日がもっとよくなる、いつかこの頑張りが結果になる、そうした希望を持たないで生きることは、はたして可能なのだろうか。希望のない社会とは存続可能なのだろうか。

公正世界信念とは――強度こそ人によって異なるものの――日々を前向きに生きようとする態度に少なからず付随してしまう観念でもある。希望を抱かずに将来の夢を描けないのと同じように、自分の行いが報われると信じないで、日々の積み重ねを継続できる人はそう多くはない。人間とは希望を抱かずにはいられない生物だ。

「頑張る人が報われる（と信じる）社会」と「犠牲者が落ち度を責めたてられる社会」は、まるで別個のものではない。むしろそれらはコインの表裏であり、ひとつの社会をふたつの異なる側面から見たものでしかないのだ。

「一億総活躍社会」

日本では、時の政権である自民党・安倍政権のもとで提示された「一億総活躍社会」というスローガンがあたかも「国是」のように掲げられて久しい。一億総活躍社会という文字列とともに、「努力する人が報われる社会、働きたいと思う人が働ける社会こそが、よい社会だ」というメッセージが強く打ちだされてきた。

このメッセージは世間にさほどの抵抗なく受け入れられたようだ。「努力する人が報われる社会」「働きたいと思う人が働ける社会」が健全だと思うのは、多くの人にとってとくに違和感はないだろう。多くの人が「自分にも甘さはあるが、それを律して厳しく生きることで成果を出している」と、大なり小なり信じているからだ。だが、ここまでの議論を読んだ方にはもうおわかりのように、こうした考えが強まっていくことはすなわち「報われなかった人間は努力を怠った・働いていない人間は怠け者」とみなされる社会の強化と同時発生的なのである。

もちろん、報われなかった人のなかには（おそらくは直感的な印象よりも少数であると思われるが）努力を怠ったり、努力の方向性を誤っていたりする人がまったくいないわけではないだろう。しかしながら、努力したにもかかわらず不運にも報われなかった人もたしかに存在し、そうした人びとと区別されることなく「無能者・怠惰者」としての烙印が捺されることになる。本人の責による・よらないにかかわらず、「甘え」や「怠惰」が抽出され、それによって因果が構成されて非難される――それが、公正世界信念、ひいては、希望の持つ影の顔である。

失業者には働きたくても働けない人も含まれている。この国の完全失業率（就業が可能で本人にも就業の意欲があるにもかかわらず、仕事に就くことができない人の割合）は、2018年2月の推計では2・5％である。そうした「働きたくて働き口を懸命に探したにもかかわらず見つけられない」人びとをひっくるめて、「失業者たちは、働こうともしない怠け者に違いない」「採用されるためのスキル研鑽をしなかった人びとである」などとレッテルを貼ってしまう。

結果的に導出されるのが「そんな人間が貧困に陥ったとしても、それは自己責任である」とか「そんな人間に支払ってやる生活保護費はない」といった風潮である。ネオリベラリズム的な個人主義が進む社会では、ある人の行動によって発生した因果について、個人的な要因に帰することを強調しすぎるあまり、外部的・環境的要因を軽視してしまう「根本的な帰属の誤り」が生じやすくなるという研究がある。つまり「何かよからぬことが起きたなら、それはその人の個人的な要因が大である」と（事実がどうであるにしても）考える傾向が強まるということだ。

「個人主義化」と「一億総活躍社会」、そして「公正世界信念」は、社会的・環境的要因に対する検討や再分配の必要性よりも、個人的要因、属人的な因果関係の推測が優勢な社会へと人びとを導いていくことになる。それは成功者となれたときには甘美な栄誉をもたらすだろうが、ひとたび失敗者となったときには、社会からの冷酷なまなざしに曝露されつづけることを含意するものだ。

浄化される世界

いまさら確認するまでもないことだが、日本経済は長年の不況にあえいでおり「失われたn年」と称される冬の季節を脱することができないでいた。長期にわたる停滞を経て「アベノミクス」と呼ばれる経済政策により「いざなぎ超え」が喧伝されるほどの景気回復局面を見せ、数字上では株高・脱デフレ傾向が見られてきた。しかし一方で、この間に中間層は減少の一途を辿った。現役世代の手取り賃金は減少する一方であり、年収３００万円に満たない30歳未満の世帯はここ15年でほとんど倍増している。

また、バブル崩壊後の就職難によって生じた「就職氷河期」に社会に出た世代はいつしか40代にさしかかっている。社会の中核を担うべき層であるはずの彼・彼女らのなかにワーキングプア・ニートとして長年放置されてきた人びとがいることがいよいよ大きな問題として顕在化しようとしている。本来なら、子を産み育てる父・母の役割を担うはずだった彼・彼女らのおかれた窮状を無視し（それどころか「自己責任」として石を投げつけるかのような態度をとり）救済しなかったことによって、日本の人口再生産はもはや絶望的なものとなり、少子高齢化社会は不可避となった。かつて社会が描いていた「当たり前」で「平凡な人生」のロールモデルが崩壊していくなかで、われわれはこれまでの社会のあり方を相対的に見直さなければならない時期を迎えているのだろう。

だが公正な世界観の強まる社会では、この崩壊こそがむしろ「正常化への道」であるかのように映しだされてしまうのだ。公正世界を信じる人びとにとってみれば、「誰でもそれなりにやっていけた社会の崩壊」は、いままで社会が「甘え」のなかで出しきれなかった膿を排出し、「より健全な社会へ」成長するための過渡期なのだと解釈される。

不況によってそこかしこに生じた社会の歪みや矛盾を、社会の「自浄作用」であるかのように再定義するのだ。言い換えれば、不況とはある種の「審判」であり、そこで淘汰されなかったものが「ただしい行いをした者」であり、脱落してしまった人びとは「本来報いを受けるべき人びと」としてとらえられる、ということになる。

「そもそも英語も話せない日本人が初任給で20万円ももらっていたこと自体がおかしい(これからはもっと安くなって当然である。仕事があるだけありがたいと思え)」

「社内でしか通用しないスキルの人間がリストラされれば次がないのは当たり前(むしろいままで人生が詰まなかっただけありがたいと思え)」

「生活保護を切られても、それまでにちゃんと仕事を見つけられなかったのが悪い(社会はお前のようなお荷物を抱える必要はないということにようやく気づいたのだ)」

マクロな社会変動によって生じる「痛み」を、「正常化への道のりによって必然的に生じた〝調整〟である」と解釈するロジックは、世間のいたるところで見出すことができるだろう。

福祉排外主義の台頭

欧米では移民・難民といったマイノリティに対する風当たりは少しずつであるが着実に強まっている。いわゆる「ポピュリズム」といわれる政党の多くは、国家による福祉や再分配の強化を打ちだす一方で、本来ならばその対象として捕捉されるはずのマイノリティに対してはその対象にならないように国内から排除するという、いわば排外主義的な姿勢を併せもっている。

ポピュリストたちの常套句は次のようなものだ。

「移民や難民が、この国の社会保障の財源を食いつぶしてしまっている。その一方で、本来それらを受けとるべき〝本当に困窮している自国民〟が苦しんでいる。こんな状況を許していいのでしょうか。これが公正《フェア》な社会といえるのでしょうか」

「社会保障を受けとるべきは本当に困窮している人びとであって、そうでない人びとではない」

日本でも、同様のロジックを援用する集団が存在する。その極端な例が「在特会（在日特権を許さない市民の会）」だ。彼らのロジック（「在日韓国・朝鮮人が、生活保護や税制面での優遇を受けている。それは日々懸命に働く日本人の努力の成果に対してフリーライドする行為であり、同時に本当に困窮している人びとに対する差別行為でもある」）はまさに福祉排外主義的なロジックである。

インターネットでは、いまだにこの「在日外国人が社会保障に寄生している」とか「生活保護受給者は甘えの極みである」という論に対する支持は根強い。それは、「ただしい行いさえしていれば、世間はそれに報いるようにできている」という信念によって生じたものだ。

努力しているのに恵まれなかった人が置き去りにされているのにもかかわらず、本来なら報いを受けるべき人びとが不当な便益を享受している、それは不当である——という主張はまさしく、人びとの公正世界信念に訴えかけるものである。公正世界信念を援用したロジックは、社会的弱者に対しても帰責性を見出すばかりか、差別や排除を行うことへの一定の説得性を付与してしまうことにもつながっている。

この章のまとめ

❶「ある行いには、その行いの内容によって、のちに公正な結果が伴う」という考え方——「公正世界信念」を、人間は持っている。

❷公正世界信念は、目標に向かって努力することや善人としてあろうとすることへのインセンティブを付与し、それが全体としては社会の健全な営みを支えるための動機となっている側面がある。

❸その一方で、公正世界信念は、失敗したり不遇な目に遭った人に対しては「本人が何か悪い行いをしたに違いない」とか「努力が足りなかったに違いない」という、犠牲者非難や自己責任の論調を強化する傾向がある。

❹公正世界信念が強まる社会では、たとえ本人の責任に帰しえないマクロな社会的動向（不況・グローバル化など）によって生じたリスクやデメリットでさえ、「生存できた人はただしい行いをした人」「脱落した人は、報いを受けるべきときがやってきただけ」という世界観を構築して納得させようとする。

❺公正世界信念の「負の側面」を逆手にとる形で、「福祉排外主義」はその説得力を強化してきた。

❻欧米におけるポピュリズム政党の台頭や、日本における「外国人差別」や「負け組叩き」の背景には、公正世界信念がある。

11　橋下徹はなぜドナルド・トランプになれなかったのか

「橋下劇場」の観客は物静かだった

ドナルド・トランプが大統領となる前後、彼の人物を評する言説が数多く世に出回った。トランプはファシストだ、差別主義者だなどと彼の思想やパーソナリティを酷評するものがあったかと思えば、一方でオバマのような社会保障重視でなく実体経済を動かしてくれるといった経営者としての手腕に期待するような論調も見られた。

いずれがただしくいずれが間違っているというわけでもないだろう。それぞれがドナルド・トランプという人物の一側面であろうし、そうした諸側面を抱き込みながら彼はホワイトハウスの扉を開いたのだ。

トランプ大統領就任前後において、彼のもっともすぐれた政治的分析を行ったのは、私見ではおそらく橋下徹である。毎日新聞のインタビュー『橋下徹さんに聞く「トランプ現象」』で彼が語った内容は、まさしくトランプをホワイトハウスに送り込むにいたった「ポピュリズム」について、それを批判的なニュアンス・否定的な文脈でなく、価値中立的なキーワードとしてひも解いている。

東西沿岸部のエリート主導政治への「しらけた空気」をトランプは逃さなかった。テロの脅威にさらされるアメリカを守れるのは誰か、寛容を訴えるべきか、それとも力を誇示すべきか――その要所要所で、トランプはヒラリーよりも「風」を読む力にすぐれていたのかもしれない。

「ポピュリズムが必ずしも否定的・批判的ニュアンスではなく、民主主義のただしい機能を、ある意味で相対的にあぶり出す結果となった」という重要な分析を、大統領就任早々に打ちだした橋下氏の政治的観察眼はきわめてすぐれている。もともと彼自身もトランプと同様に政治的エリートたちのつくる世界の外側の住人であり、門外漢として政治の世界の門をくぐったのだった。彼が発足した「大阪維新の会（またはそれを母体として設立された日本維新の会）」も、ある種のポピュリズム的要素を持った組織といって差しつかえないだろう。

しかし、ひとつ疑問が残った――ここまで「トランプ旋風」に対する精緻な分析が可能な人間が、なぜ自分自身はそうなれなかったのだろうかという点だ。

関西の某有名タレント・歌手の薫陶を受け、鳴り物入りで政界進出を果たし「維新フィーバー」を巻き起こしたとされる橋下氏であるが、平松邦夫との一騎打ちとなった2011年の大阪市長選では橋下氏が勝利したものの、相対得票率では59・0％（75万813票）であり、平松氏の41・0％（52万2641票）と大差があるとはいえない。メディアから映しだされる「熱狂」からすれば少々物足りない結果とも見えるだろう。実際のところでは、有権者は冷静な目で橋下徹を見つめ、どちらかといえば熱狂というより穏健なまなざしによって期待し、彼に投票したことがうかがい知れる。

善教将大（関西学院大学法学部准教授）・坂本治也（関西大学法学部教授）らによると、メディアの論調でありがちな「旧来の政治不信・政党不信が維新の躍進につながった」とする言明にもいささかの疑問があるという。旧来の政治不信・政党不信の度合いが強い有権者層は、維新を支持するどころか、むしろ維新に対しても不信感を持っており、積極的な支持者層とはいいがたい。

いわゆる「橋下旋風」は、実態的には、トランプが巻き起こしたような「ポピュリズム」とはかけ離れた、むしろ静かな劇場で繰り広げられたショーだったといえるだろう。政治への怒り、行政への怒り、旧態依然としたエリート支配への怒り――それは日米問わず、市民社会が大なり小なり普遍的に抱いているある種のルサンチマンである。しかしながら、橋下徹はその熱波にうまく乗ることができなかったのだ。

エリートとして「うまれる」アメリカ、エリートに「なれる」日本

ところで、ドナルド・トランプも「選挙期間中に政治資金が枯渇するのではないか」と

いうメディアの質問に対して「私の富は無限」と応じるくらいには、一般的な大衆とは比較にならないほどの富を得た人物である。

にもかかわらず、彼は「非エリート（労働者階級）の代弁者」として、そうした人びとが多く暮らす中西部を中心にして支持基盤を拡大した。実際のところ（彼に直接訊いたわけではないから断言はできないが）、トランプも自身のことを生粋のエリートとは認識してはいないだろう。

それはなぜか？　――アメリカのエリートとはそもそも「レガシー（受け継いだもの）」によるものだからである。血統や家柄によって、すでに階級あるいは属するコミュニティがほとんど決定しており、階級の移動がきわめて難しい。もちろん、所得階層の移動はこのかぎりではない。しかし、社会的階層（ありていにいえば身分的階層）のジャンプアップは、ほとんど不可能に近い。エリート階層は生まれたその瞬間から「社交」のラウンジが与えられ、年齢の近い人びとと終生関係を持つ。トランプ自身も父フレッドが事業で成功し裕福な家庭に育ったが、長きにわたって続く伝統的なエリート一家というわけではない。「富は無限」と豪語するほどの莫大な財産をなしたのはドナルド本人の代からである。

トランプは、自身が拠点とするニューヨークをはじめとした東海岸のリベラル・エスタブリッシュメントのエリートコミュニティに属することはできなかった。実業家として何度かの大きな失敗はあったが最終的には成功し、ニューヨークに巨大なビルを構えるようになったいまですら、彼はいわば「成金おやじ」として一段下の存在のように扱われている。

彼ほどの成功者でも「生まれがそうでなければ」エリートにはなれない——アメリカには、経済的階級の上昇（いわゆる「アメリカン・ドリーム」）を認める寛容性はあるが、社会的階級の上昇にはきわめて不寛容な実情がある。トランプは「比類なき大富豪」であることは間違いないが「純正のエリート」では決してない。彼自身もそれを自認して「俺はエリートではない。大衆の、働くものたちの代表者だ」という意識を持っていた。その意識からくる彼の反エリート的な言動に一般大衆のエリートとの断絶意識が呼応しあい、トランプは全米に潜在的に存在していた「怒れる労働者階級」の旗頭となっていったのだった（本書のニュアンスでいえば「大きく黒い犬」たちの旗頭、ということだ）。

橋下徹が大衆のルサンチマン、あるいは非エリートから見た政治的エリートたちへの断絶意識を抱き込めなかったことを考えるには、トランプのおかれた状況と日本の「エリート」とを対照してみる必要がある。

日本はアメリカと比較すると社会的階級の上昇に寛容な社会である。代々続く大物政治家にはもちろんなれないが、官僚機構の職員や最大手企業のサラリーマンなどになれれば、たとえ有力者の家系に生まれなくてもエリートとみなされる。東京大学をはじめとする旧帝国大学や、早稲田大学・慶應義塾大学といった難関私立大学に入学することでその可能性は大幅に拡大する。

この「階層の移動のしやすさ」こそが、橋下徹がドナルド・トランプになれなかった最大の原因である。エリートに対する断絶意識は、アメリカほど根深くなく、階級闘争・政治闘争的な現実認識は、アメリカほど起きえない。橋下氏が見誤った点はそこだったのかもしれない。

橋下氏は、エリートが非エリートをないがしろにしているという社会観を強く押し出していた。大阪都構想に反対するのは、旧来の利権を保守したいエリート、あるいはレント・シーカー（利益誘導者）たちであるとして厳しく指弾した。しかしながら、日本程度のエリートと非エリートの距離感ではそうした言説は真実味を帯びなかったのだ。アメリカのようなエリートと非エリートの圧倒的な断絶――本人がいくら努力して成功者になろうが「生まれがそうでなければ永久に達成できない」というくらいのもの――がない日本では、有権者たちを焚きつけるには十分な訴求力をもたなかったのだ。

トランプが打ちだした「エリートに対する政治闘争」というストーリーラインが燃えたのは、トランプの場合「テロによる現実的な脅威」にさらされておきながら、エリートたちは「ポリティカル・コレクトネス」に沿った軟弱な対応策しか打ちださなかったこともあるだろう。エリートたちは寛容性や多様性を訴えるが、自分たちが住む場所は土地代の高い郊外の高級住宅街であり、その住居費の高さによって、疑似的なゲーテッド・コミュニティ（望まない人物を含む部外者による侵入や接触を防ぐための外壁で取り囲まれた閉鎖的な住宅地）に暮らしている。寛容性や多様性の現実的なコストを支払うのは、仕事のパイも奪いあわされ、移民の流入で治安面での不安にも耐えなければならない、非エリート（＝私たち）だ――トランプはそう訴えたのだ。

やはりこの言説も「社会的階級移動が絶望的なまでに困難である」という社会の前提がなければ働かない道理のように思われる。日本のように、生まれにかかわらず勉学に励み難関大学の門をくぐり官僚や大企業に就職することができればエリートの切符が手に入りうる社会では到底共有できないストーリーラインだった。

エリートに「なれた」からこその絶望

それに何より――橋下氏は演じきることができなかったのだろう。「旧権力を打破する大衆の旗頭」としての橋下徹を。

非エリートからエリートに努力次第でジャンプアップができた「寛容な社会」だからこそ、彼は非エリートに対して非寛容なまなざしを注いでしまったのだ。自分は努力によってここまで這い上がってこれた。それにもかかわらずお前たちがいまもその低い場所にいるのは、社会のせいではなくて自分自身のせいだ――と。もし彼がもとからエリートの生まれで「市民のために旧権力を打破する改革者」としての旗印を掲げられていたのなら、周囲の反応も、また彼自身の認識も変わっていたことだろう。

橋下氏は、間違いなく非エリートの出身、それも非エリート層の下部から「成りあがった」者である。彼は貧しい家に育ち、苦学して早稲田大学に進学し、血のにじむような努力を経て司法試験に合格している。彼が生まれ育った街で、彼が見ていた非エリートたちの風景は、まさしく彼が非エリートとエリートの深い断絶を喚起するのに十分であった。しかし多くの人びとは彼ほどの壮絶な環境で暮らしてきたわけではなかった。一般大衆は、エリートに対する断絶意識が希薄であると同時に、橋下氏のような「下の下」の世界を垣間見てきた人びとの世界観や問題意識に対してもあまり関心を寄せなかった。

橋下徹が府知事だった頃、私学助成の大幅削減方針を出したことに際して、窮状を訴えるために府庁へと陳情に訪れた高校生たちと面会し、「日本は自己責任が原則。それが嫌なら、あなたが政治家になって国を変えるか、日本から出ていくしかない」と切り捨てたことがあった。まさしく彼の見てきた社会観に基づいて放たれた一言だった。彼は目の前の泣き顔の高校生にそのことばを投げかけたと同時に、自分が社会から、エリートたちの治める政治から、国からなされてきた仕打ちがこうである、と再現して見せたにすぎなかったのではないだろうか。

自分は努力して、こんな冷酷な世界でも生き残ることができた。泣いて訴えようが、国は助けないし世間はもっと助けない。そのことをなぜ認識できない——彼の政治的方針は、高校生をも冷酷に論破するような「確固たる自己責任論」というより、「自分自身の出自に対する復讐心」が色濃く反映されたものだったように思えてならない。

トランプが「俺はお前たちと同じ大衆、エリートにないがしろにされた、労働者階級の仲間だ」といえたことに対して、橋下徹は「努力すればエリートになれるのに、努力すらしないお前たちはいったいなんだ」という復讐心を棄て去ることができなかった。橋下氏の非エリートに対するまなざしはひとえに「社会的階級が容易に移動できた」からこそ生じたものだ。

努力の果てに苦しい世界を抜け、別の世界に航《わた》ることができたからこそ、彼はかつての自分が暮らしていた世界の住人たちの望む政治家・橋下徹を演じることができなくなってしまったのだった。これほど哀しい話も少ないように思う。

社会的階級が容易に移動できるがゆえに「そうしない人間に腹が立つ」という気持ちは、個人的にはわからなくはない。筆者も（橋下氏ほどではないかもしれないが）どちらかといえば低い社会的階級に生まれ、幸運にも世間では難関といわれている大学を卒業したことで、社会的階級の大幅な上昇を体感したことがあるからだ。しかしながら、それゆえに、本来なら弱者の声を知るはずの人びとが「自己責任論」に奔《はし》り、エリートのほうがむしろ「ノブレスオブリージュ」をわきまえているとしたら、実に皮肉で残酷な世界の様相であるといえよう。

日本にはいまだ「本当の意味」ではポピュリズム政党あるいは政治家が現れていない。反グローバリズム、反リベラルの旗印を掲げていたとしても、どうしても非エリートに対して寛容な視線を注ぐことができないというジレンマに陥っているからだ。社会的・経済的階級性の断絶が浅い――努力次第でジャンプアップが可能である――という、はたから見れば「健全な理由」によって、それがかえって「大衆の味方」となる政治家の登場を阻んでいるのである。

逆にいえば、非エリートに対して寛容的かつ、反グローバル・反リベラリズム的主義主張を持つ集団が現れたとき、その潮目は劇的に変わる可能性があるということだ。われわれが今後注意深く観察しなければならないのは、まさにその「潮目の変化」についてだ。

「やさしい排外主義」

世界で台頭する「ポピュリズム」は、いわば「自国民（あるいは地元民）に優しく、外国人（部外者）に厳しい」といった、政治右派的なスタンスを持つが、一方で経済政策面に関しては保護主義的であると同時に中間層や貧困層に位置する国民に対しても同情的であるという経済左派的なスタンスを併せもっている。

一方で日本の右派または国粋系の政党のスタンスは政治・経済いずれも右派に寄ってしまい、結果として弱者切り捨て型の言論、いわゆる「自己責任論」に傾倒してしまうことが支持基盤を思うように広げられない要因となってしまっている。

自民党や民主党（または民進党）といった、ベテラン政治家の多い大政党に対しても共鳴せず、かといって新興の右派政党からは自己責任として切り捨てられてきた層は、この国に巨大な「無党派層」を形成している。

巨大な無党派層すべてが「政治右派・経済左派政党」の登場を待望しているわけではもちろんないが、経済右派に偏重しがちである日本社会において、いまだ掘り起こされていない鉱脈は「政治右派・経済左派」のポリシーを持つ無党派層であるとはいえるだろう。

西欧諸国においては「弱者（ただし自国民に限る）には同情的な極右」――いわば「やさしい排外主義」という形で現れたのである。「やさしい排外主義」は、グローバル化する資本主義によって大量に流入する移民と、その移民に対して否定的な態度をとることができない（ポリティカル・コレクトネスによって、そのような態度は即座に「レイシズム」として厳しく指弾され、場合によっては発言者の社会的立場がなくなっ

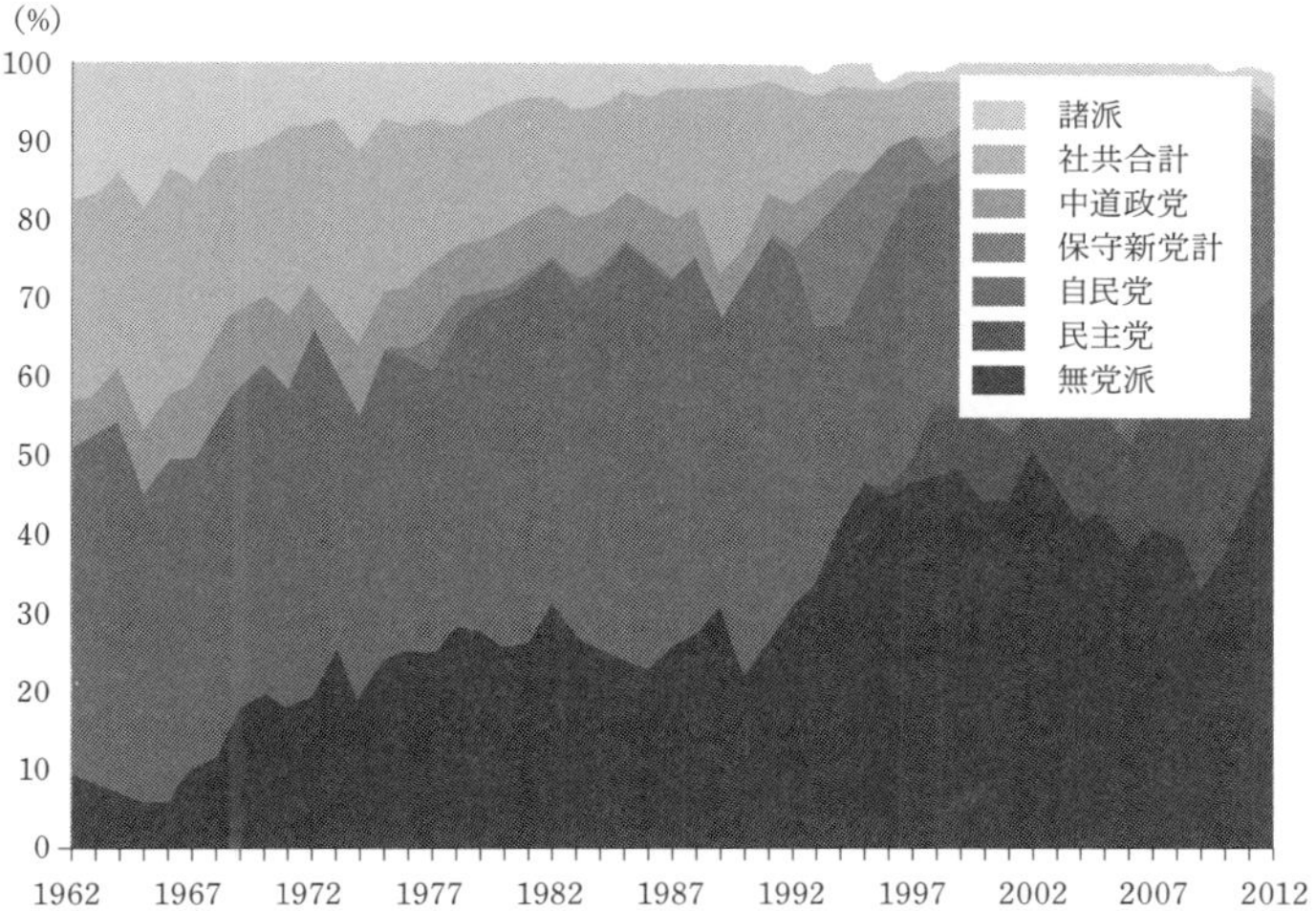

政党支持層と無党派層の推移（1962-2012年）

読売新聞月例世論調査データより田中愛治氏作成。

nippon.com「無党派層のこれまでと現在」2012年7月18日より引用。

https://www.nippon.com/ja/in-depth/a01104/

てしまうこともある）、板挟みの状態にあった人びとの支持を一気にかっさらっていったのだ。

繰りかえしになるが、日本でも「やさしい排外主義」政党が生じた場合、無党派層のなかに隠れている「政治右派・経済左派支持層」の票を獲得する可能性があるが、それができていないのは、橋下氏が示すとおり日本の右派エリートがどちらかといえば弱者に厳しい立場に親和的であったがためである。

ただし、その政治的・社会的均衡は絶対的に強固なものではない。「失われた20年（かつては失われた10年といわれていたが、失われつづけてついに20年となった）」を経て、日本の中間層はその数を大きく減らし、働けど働けど豊かにならざる貧困層、いわゆる「ワーキングプア」が社会問題となっている。広がる格差を是正する目途は立たず、潜在的な状況を考慮すれば「やさしい排外主義」が台頭する素地は、日本でも着実に固まりつつあるだろう。

この国に、ドナルド・トランプやマリーヌ・ル・ペン（フランス極右政党「国民戦線」党首）がいまだ現れていないことは幸いなことなのかもしれない。世界史を顧みれば、他民族・他宗教に対する排外主義や自国経済優先の保護主義の先にあったのは、世界規模の戦争だったからだ。世界はいままさに「やさしい排外主義」によって「行き場を失った人びと」を押しつける先、あるいは「自分たちを守ることを最優先する人びと」の権益をめぐって、ふたたび争いの火種を抱えつつある。

グローバル資本主義とリベラリズムの（一見すると奇妙な）同居関係によって、移民・難民は（前者からは安価な労働力として、後者からは人権擁護の立場から）包摂されてきた。しかしその間、自国民の中間層は置き去りにされ、彼らの声なき声は「政治的ただしさ」によって封殺されてきた。包摂される者の影に、疎外される者がいる——その矛盾の間隙をつくような形で、ポピュリズムは台頭してきたのであった。

この国でも緩やかにではあるが、しかし着実に「階層の固定化」が進行しようとしている。社会階層が固定化し、階層間の流動性が下がり、社会の分断が深刻になればなるほど、「ポピュリズム的政治」は成功しやすくなるだろう。

自分たちはずっとこのまま浮上できない、既存の政治家は誰もわかってくれない。社会は自己責任だといって冷酷に突き放してくる。人権を守れというなら、なぜ自分たちの人権は守ってくれない？　——このような不満を持つ層をこれ以上増やしてはならない。それは社会の動揺を招くだけではなく、分断構造はやがて世界に伝播し、次なる争いの火種を抱えることになってしまうからだ。

この章のまとめ

❶「橋下劇場」は、有権者からは冷静に見つめられていた。

❷橋下徹が失敗したのは、彼の生まれた階層（弱者）に対して「自己責任」を振り

かざしたから。

❸彼が自己責任論に親和的なのは、この国が、欧米に比べ「階層移動が容易だった」から。

❹西欧のような極右政党が日本で現れないのは「自国民の弱者に冷たい」から。

❺自国民に優しく外国人や外国資本に厳しい「やさしい排外主義」が、欧米のポピュリズム旋風の基盤となっている。

❻日本でも、徐々にではあるが「階層の固定化」が進み、「やさしい排外主義」が台頭しかねない基盤ができつつある。

❼排除された人びとが増えれば増えるほど、破局したときの歪みは大きく、社会の動揺は深刻なものになる。

12　なぜ若者は地元から去ってしまうのか

若者の流出が止まらない

神戸新聞（２０１８年2月28日刊）によれば、兵庫県の人口推計が５５０万人を割りこみ、５４９万７３３０人となった。95年の阪神・淡路大震災によって大きく減少したあと、いったんは増加に転じたものの、少子高齢化や若者の県外流出に歯止めがかからず、転出超過が続いている。

推計資料によると、転出超過の主因となっているのは若年層である。とくに20代前半が進学や就職のタイミングで、東京をはじめとする大都市圏へと転出していく。

地方からの若年層の流出は兵庫県にかぎった話ではない。多くの地域に共通する難題となっている。東京一極集中はとどまるところを知らず、東京への転入は7万５４９８人、東京・神奈川・埼玉・千葉の「東京圏」で括ると、11万９７７９人の転入超過となる。12万人弱の転入者の8割を、15～24歳の若年層が占める。

都市人口集積度を見ても、東京は世界最大級の都市となっており、インド（デリー）すら軽く凌駕する。世界的に見ても東京への集中度はきわめて特異的であり、政府は「地方創生」をスローガンとして、雇用減少による若者の流出を食い止めようと試みているが、結果は芳しくない。

首都圏の大学に若者たちが殺到する一方で、地方では定員割れを起こしている大学が少なくない。政府は東京23区にある大学の定員増を新年度から原則10年間禁止する法案を可決した。

雇用問題・就学問題に起因する人口流出への対策は、その効果や妥当性はともかくとして、さまざまな策が講じられようとしている。しかし、流出する若者が「還《かえ》らない」理由はそれだけではない。雇用・就学に次ぐ、第三の問題を理解しなければ、若者の人口流出はいつまで経っても根本的な解決を見ないだろう。

終わらない学校生活

東京に流出した人びとは、地元の雇用や就学先のなさによってやむにやまれず地元から離れるといった消極的な理由によって移り住む者ばかりではない。地元から逃れるように、あるいは、地元には二度と帰らないという固い決意を持って東京にやってくる者も決して少なくない。

彼・彼女たちの、故郷からの離脱の背景にあるものは、「終わらない学校生活」への厭《いや》気《け》である。地方の街では、学校生活が終わらないのだ。ともすれば奇妙な表現かもしれない。それはつまり、学校生活でできあがった秩序や人間関係が、卒業後も解体されることがない――それどころか、死ぬまでずっと、その枠組みのなかで暮らしていくことを余儀なくされることを意味している。小学校・中学校・高等学校……そこで構築した人間関係が、その後の人生の社会的な結びつきの前提となるのだ。

すなわち、地域の若者たちにとっては、小学校・中学校・高等学校の「スクール・カースト」が「地域社会カースト」として機能し、その後の人生においても「地域社会カースト」が人間関係の基盤となっていくことを意味する。

教育家の堀博嗣は、日本のスクール・カーストの形態を次のように分析している――学校における人間関係にはおおむね1：9の主従関係が存在し、その主従関係のヒエラルキーのグラデーションの濃淡がそのままカーストとして機能するようになるという。ヒエラルキートップ層である「権力層」は1割程度、7割ほどはとくに「誰かを支配したりすることもなければ、逆にことさら支配されたりすることもない」いわゆる普通の層に位置する。一方で、残りの2割は、そうした秩序構造からは排除されたりしばしばいじめられたりするような、従属的な「下位層」である。

筆者の生まれ育った街は、お世辞にもよい街とはいえなかった。活気もなければ治安も悪く、ありていにいえば「荒れていた」。

地元に点在する高校はおおむね偏差値が低く（工業高校や商業高校が多かった）、そこを出てもなかなか就職口が見つからなかった。離職してフリーターや無職になるような若者も多く、日がな一日を「終わらない学校生活」のなかで、友人とつるんだり、意味もなく自動車を飛ばしたりして過ごしているようなところだ。

スクール・カースト下位に甘んじた人間は、鬱滞《うったい》した人間関係のなかで、永続的に従属関係を求められることになる。たとえ自分はなんとかそこから抜けだそうとして、まともな仕事に就き、家族を養っていたとしても、繁華街で彼らに出くわせば、ばつの悪い思いをすることになる。

高校までを無事に過ごせた者にとっては、学校のヒエラルキーが地域生活へ連続性を持つことをとりわけて意識することがないかもしれないが、小学校・中学校・高等学校のいずれかで、人間関係に「くじけた」経験を持ってしまった者は、地元にいるかぎり、冷ややかなまなざしあるいは負い目を感じながら暮らさざるをえなくなってしまう。

たとえ高校生活がいくら「リア充」めいたものであろうが、小学校や中学校時代には孤立したりスクール・カースト下位であったりしていたなら（社会人になったあとは高校以降の人間関係で完結できるような特殊な場合を除けば）居たたまれない思いを抱きながら生きていくことになる。

その街から出ようとすると、周囲の人びとが言うのだ。「この街でも全然やっていけな

い お前が、ましてやここより都会でやっていけるわけがないだろう」と。実際にやっていけないかどうかは別として、周囲の人びとは決まってそう忠告する。というのも、都会へと「離脱」する者が多いと、「終わらない学校生活」が終わってしまうからだ。秩序というものは、変動がないからこそ尊ばれる。とりわけ、自分より下位の存在がいるということは、ある種の安心感を与えるものだ。

そうした人間関係上の不協和に長期間耐えられるほど神経の図太い人間はそれほど多くはない。東京とは、「終わらない学校生活」と訣別した者たちの集まる街でもあるのだ。

「絆」のない街、「絆」のある街

「絆（きずな）」ということばが世間に頻出するようになって久しい。おそらくは、２０１１年３月11日以降、とくに目にするようになったことばのように思われる。

地方の絆、地元の絆、地域の絆――人びとは、未曽有の大災害によって社会が動揺するなか、自分たちがひとりでは生きていけないことを再確認することとなった。

「絆」という字は、古くは「ほだし」と読まれ、人間の心や自由を妨げるもの、人の行動や思いを制限し束縛するもの――すなわち「手かせや足かせ」のことを指していた。このことはきわめて示唆的である。人と人とを結びつける絆の力とは、裏を返せば個々の自由を制限し相互的な監視のもと縛りつけることを意味しているとも解釈できるからだ。

「終わらない学校生活」で生じた「決して消えることのない絆」が、誰にとっても快いとはかぎらない。絆を結んでくれる相手が好ましい相手ばかりであるとはかぎらない。そのことは、いわゆる「荒れた」地域において顕著である。たとえば、日々を正直に生きてきた人間が、暴力的で、他人から盗み、欺くような価値観を是とするような人びととの「決して消えることのない絆」の盃《さかずき》を受け入れるだろうか。

東京は「絆（きずな・ほだし）」を棄てた人びとが集まってできた街でもあるのだ。絆は一見して甘美な響きを持つ。だが、絆を結びあう人びとが均等に誰かを支えあうとはかぎらない。多くの場合、支えるのも支えられるのも、決まって特定の誰かに偏るものだ。それが良いか悪いかは別として。

絆とは誰かから、ほとんど常に関心を持たれるということでもある。関心といえば聞こえはいいが、誰かから常に「視られている」ということだ。関心と監視には根本的な差異はないし、そのまなざしが対等なものであるとはかぎらない。その人の「学校生活」に曇るところがあれば、上から見下ろす数多の視線にさらされながら生きていくことになる。

誰からも心配されないし助けられない代わりに、誰からも監視されることのない社会——それは、ある人にとっては、無関心で冷たい社会かもしれない。しかし別のある人にとっては、自由で快適な社会なのである。とりわけ、故郷と訣別した人びとにとっては。

この社会では、「無縁化」が深刻な社会問題として取り沙汰されている。それは高齢者に特有の問題ではなく、若者にとっても決して無視できない事態となりつつある。「孤立」「無縁」「疎外」といった社会の不安定化リスクを遠ざけるため、人と人との結びつきの再構築を模索する動きがある。「無縁社会の進行を食い止めなければならない」とし、社会的に解決しなければならない問題として設定することには多くの人は反対しないようだ。

しかしながら社会の無縁化を推進しているのは、裏を返せば「絆の力」であるということを忘れてはならないだろう。「絆」とは、それが生じたその瞬間から、内側と外側を決定する。すなわち、絆に結ばれた人を定義すると同時に、絆の外側に位置する人びとを同定し、包摂と排除の境界を引くということだ。「つながりがある」ことと「つながりがない」ことはほとんど同時発生的である。「絆」とは、秩序と束縛、包摂と排除を併せもつ、やさしさと冷酷さのコインの表裏なのである。

無縁社会を自ら選んで生きる人びととは、「絆が持つ排除の力」が存在しなければ、あえて故郷を離れ「自由で無関心な街」に集まることはなかったであろう人びとなのだ。

誰かのやさしさに触れることもない代わりに、理不尽な残酷さに傷つくこともない、良くも悪くも「無色透明な街」への道標《みちしるべ》に誘われて、若者たちは東京に集まっていく。

あの「柵」の向こうへ

あなたにとって、地域社会のつながりは「絆」だっただろうか。それとも「柵《しがらみ》」だっただろうか。

柵（しがらみ）とは言い得て妙な表現だ。もともとは、河川などで水流を止めたり向きを変えたりするための杭やそれにかかる竹や木の板のことを指したことばだった。それが転じていつしか、人をその場にとどめたり束縛したりするもののたとえとして用いられるようになったようだ。

筆者にとって、地元のつながりとは後者だった。

筆者はスクール・カースト下位の「何を考えているかわからないヤツ」に属していたように思われる。幸運にも嫌がらせやいじめを受けた経験は一度もないが、かといって「地元って、ホントに最高だ！」というようなムードに乗っかれるほどの、地域社会での友好や連帯感を得たこともなかった。

どうしても地元の「絆」が醸す雰囲気に酔えない者もいる。それがある種の「柵」であればなおさらのことである。

「学校生活」が終わらないにもかかわらず、自分はその輪には入れず、疎外者としてこれからも生きていかなければならないというような、メリットは希薄だが、近くに住んでいるということで視線だけは注がれる関係性には耐えられなかった。親しげに声をかけてくるのは、なにやら危ない仕事をして借金をしてしまったとか、反社会的な組織とかかわり合いを持ってしまったとかいう者ばかりだった。

人はひとりでは生きていけないというのはたしかにそのとおりだ。困ったときに都合よく利用できる人間がいなければならない——そういった社会も存在するのだ。

あなたにとって、地元のつながりは「絆」だっただろうか。それとも、筆者のような「柵」だっただろうか。単にワイワイとした関係にすぎないものだっただろうか。自分の人生や周囲の人への脅威となるリスクがあるものだっただろうか。

水の流れをせき止める柵を乗り越えなければならなかった人びとも都会には潜んでいる。「柵」から出たものにとって、疎外や無縁は必ずしも冷酷なものではない。むしろ、視線のない世界のほうがあたたかかったりするものだ。

人によっては、都会が自分に対して徹底的に無関心でいてくれることに、無上の喜びを感じることすらあるだろう。たとえそれが「無関心という名の疎外」であったとしても「普段は遠巻きに観察され、都合の良いときだけ利用される疎外」よりはまし——ということだ。「冷たく無関心な社会」は地元にそうした「柵」があるからこそ、反作用的に若者たちを誘惑している。

地域社会の「絆」の再検討

以上の議論を踏まえたうえで、いまこの国が推進しているIターン・Uターン就職の推進や首都圏私大の定員増規制といった「地方創生」の論理を考えてみよう。

地元に若者をとどめておくための方法のひとつとして、地元を去るための切符を持つ若者たちの切符を取りあげることが考えられる。そのためには、就業能力にすぐれたものには地元就職をあっせんし、学業にすぐれたものには、地元の大学に進学してもらう必要がある。しかしながらそうした方法は若者たちの「自己決定権」を著しく侵害していることはいうまでもない。

地方における地域社会とは、東京のように「孤独な群衆」が寄り集まることで機能するような基本設計をなしておらず、どちらかといえば緊密な距離感による人びとの協調運動が前提となっている。だからこそ絆が文字どおり経年劣化しないように絶えず若さを求めることが必要となる。「絆に加わってくれる(自由を制限する)こと」に同意してくれる若者がいなければ、地方のコミュニティは成り立たず、地域社会は運営できなくなるのだ。

「絆」がもたらす包摂の機能のメンテナンスには、必ず誰かの自由が代償として捧げられなければならない。往々にして捧げられるのは、スクール・カースト下位に甘んじており、かといって地元を離れるほどの学力もバイタリティも欠けるような若者たちのそれではあるが。彼・彼女らの逃げ道を徹底的に閉ざし、奉仕者として位置づける。そうすることで「地域の力強い結びつき」を盛り上げる人びとは、絆の恩恵を十二分に得ることができる。

若者を地方にとどめておくためには、若者を縛りつける「絆」を再検討する必要がある。地元の絆、地域の絆は、若者に何を与えただろうか。安価な労働力として、地域社会のインフラ維持の調整弁として、高齢社会に備えた福祉の担い手として——そのようなことばかりを要求していなかっただろうか。

絆が不要であるとはいわない。しかしながら、絆が中長期的に維持されるには返報性を備えなければならない。若者だけに奉仕を求めるのではなく、若者に何かを与えなければならない。奉仕を求められた若者たちは、結果的にその層のなかでも力の弱い者にそのしわ寄せがいくように行動する。それが東京への誘惑をより強くする。

優秀な若者にこそ地域に残ってほしいのであれば、優秀な若者たちを自発的に東京に差し向けるような「学校生活の永続化」と「片務的な絆」の社会観を地方から拭い去る必要がある。すなわち自由で無関心な世界の成分を地方に混入させるということだ。

自由とは、何かを選ぶことと同時に、何かを拒否することである。煩わしいつながりを拒否する自由を若者たちに与えなければ、「絆」から外れることを望む一定数の若者たちは地域には残らないし戻ってはこない。煩わしいつながりを拒否する(自由な)若者たちの姿を「けしからん」と憤っているようでは、東京からの「人的搾取」に地方が抗う方法はほとんどないだろう。

中間共同体の再構築と追体験

さて、地縁的共同体を拒否する形でその地を去り、東京をはじめとする大都市に集まった若者たちであるが、彼・彼女らにもすみやかに取りかからなければならない仕事がある。それは、中間共同体の再構築である。

人はカースト制度（自分を従属させる圧倒的な強権的存在）なしでも生きていくことはできるが、共同体なしには生きていくことはできない。力関係の強弱によって負担が偏在するような「絆」的共同体ではなく、互恵的かつ応分的な人間関係の構築が必要になってくるだろう。

圧倒的なリーダーシップも、おせっかいなほどのスポンサーシップもないが、決して孤立でも無縁でもない社会――たとえば日本のどこよりも若者が集まる東京では、ＳＮＳを通じて疑似的な中間共同体の模索が始まっている。特定の能力や趣味趣向を持つ人びとが寄り集まってつくる「シェアハウス」などはその代表的な事例であろう。

しかしながら、都会に集まった若者たちは、中間共同体を構築していく最初の段階で、自分たちが訣別してきた地縁的共同体で経験してきたいくつもの「めんどくささ」を追体験することになる。

人間関係とは往々にして「めんどくささの対処」に終始するものであり、地縁的共同体が時として一部の人びとにその負荷を残酷なまでに押しつけたりする態度は「大多数の構成員のめんどくささを最大限減らす」ための合理的なものであったことを、都市の若者はやがて認めることになるだろう。和を乱す人間は敬遠して当たり前、負担金を支払わない者には共益を与えないのが当たり前、みんなが負担すべき労力を支払わない者は低く扱って当たり前――地縁的社会でいやというほど見せられてきた風習が、実は共同体の運営の根幹をなしていることにも気づくことになるだろう。

だが、そこからが始まりだ。かつて自分を縛りつけてきた因習を追体験し、合理性のなかにある差別性を見つけたとき、人はどのように振る舞うべきなのか。新たな中間共同体の構築を託された都市の若者たちは、まもなくその問いに直面することになる。共同体の安心・安全・調和とは、勝手気ままな自由や気楽さとはトレードオフの概念なのだ。

この章のまとめ

❶ 地方から東京へ、若者の人口流出が止まらない。

❷ 東京の一極集中とは、正確には「若者の東京一極集中」である。

❸経済問題・雇用問題以外の「若者が地元を去るモチベーション」がある。
❹「学校生活の秩序構造（≒スクール・カースト）」が、地域で暮らす若者の社会関係の基盤となる。
❺スクール・カースト下位の人間は、そのつながりを拒否し、東京へと去っていく。
❻絆とは「秩序と束縛」「包摂と排除」を併せもつ概念である。
❼絆の二面性は、誰にとっても均一に現れない。ある人にとっては「秩序と包摂」、別のある人にとっては「束縛と排除」の概念として機能する。
❽地域社会から若者の流出を食い止めるには、「絆」の持つ機能の批判的な再検討・再構築が必要である。
❾人間関係とは「めんどくささの連続」である。
❿コミュニティの運営とは「めんどくささの処理」の最適化の工程である。

13 「働き方」の呪縛

何が労働環境を歪めているのか

第4次安倍内閣の目玉法案として掲げられてきた「働き方改革関連法案（働き方改革を推進するための関係法律の整備に関する法律案）」が、2018年6月29日にも参議院本会議で与党などの賛成多数により可決、成立した。働き方改革関連法案には、大きな懸案となっている「高度プロフェッショナル（高プロ）制度」を含め、いまだに「ただ働き法案である」との批判も根強くある。

いまだに議論のたえないこの法案ではあるが、これによって日本の労働環境は改革されるのだろうか。この国の労働環境は、夢を抱いて来日する途上国の外国人労働者すら恐れて逃げだすほどの過酷さを持っている。労働時間は長いにもかかわらず、労働生産性は（一般的に「休みたがり」の国民が多いとされる）イタリアとほとんど変わらないのだから皮肉なものだ。

日本人は「残業もほどほどに、適当に働いてきっちり休み、余暇を楽しむ」という、フランス、イタリア的な発想はどちらかといえば苦手な国民性であるとされる。それは集団主義と個人主義の国民性の違いに加えてマンパワーや産業構造の問題も関係してくるだろう。

国が音頭をとり、2017年に「プレミアムフライデー」という制度が導入されて久しい。しかし浸透率は低く、当初の趣旨どおりにプレミアムフライデーを実施している企業は、全体の1割程度にとどまると推計されている。なかには、プレミアムフライデーを実施するために、他の日の残業時間が長くなってしまうなど、本末転倒な状況が生じてしまい、継続的な実施が困難になり頓挫してしまった企業も少なくないようだ。業務量は残業してなんとか終えられるくらいの量に調整されていれば、仕事を短く切り上げた日のツケ払いを別の日にしなければならなくなるのは当然ともいえる。業務負荷をバッファできるような人員的余裕がある企業ばかりではないので、プレミアムフライデーを続けられているのは大企業ばかりであるという傾向も無理からぬことではある。

また「付き合い残業」ということばが象徴するように、この国では定時退社しづらい雰囲気があることはいうまでもない。個人主義の国で育った人には理解しがたい感覚のようだが「自分の仕事が終わったからといって自分だけ早く帰って楽をしてはいけない」という考え方が根強く、良くも悪くも連帯責任に対する意識が強固だ。お互いを慮《おもんぱか》ることを優先するあまり退社時間ばかりがいたずらに遅くなり、統計に表れる労働生産性が低下してしまう。

「残業時間が長くなりがちな働き方・労働慣習」の影響は、その会社内だけにとどまるわけではない。多くの会社では、自社のオペレーションだけで仕事が完結するわけではない（もちろん、内務系の部署は例外だが）。その日にやりとげるべき取引先からのタスクを抱えていたりするし、取引先からの連絡がなければその日の仕事をしめくくれなかったりもするのだ。

「取引先が動かなければ仕事を終えられない」という従属的な関係は下請け企業に発生しやすい。下請け企業の仕事は大企業で発生している「だらだら残業」の果てに降ってくる。先頭車両のわずかなブレーキがきっかけで始まる高速道路の大渋滞のように、労働時間が長くなってしまうような構造は、社内を飛び越えまたたく間に拡大してしまう。

利便性のサクリファイス

繁華街は深夜でも明るく、24時間営業の大型スーパー、休日祝日・年末年始の別なく営業を続ける百貨店や量販店、頼めば迅速に荷物を送り届けてくれる配送業者――日本ほど便利な国は、世界を探してもそれほど多くはないだろう。

しかしその「便利さ」の裏側には、必ずどこかに「誰かの労働」が隠れている。休日でも祝日でもお盆休みでも年の瀬でも変わらずお店が開いているということは、そのお店で働く人、そのお店に並ぶ商品を生産する人、商品を運送する人がいることを含意する。それが早朝や深夜であったとしたら、多くの人が寝ている時間帯にかかわらず働いている人がいるということでもある。「便利な街」を維持するために必要なコストは、必ずどこかの誰かが支払っているのだ。

われわれの社会は少しずつではあるが着実に、こうした「24時間・年中無休稼働」を再考しつつある。こうした気運が高まる背景には、深夜や盆暮れ、正月の客が少ない時期にわざわざ店を稼働させておく必要がないという経営上の合理性による判断もあるだろうが、それ以上に「本当にこれが、人間らしい働き方なのだろうか？」という社会的要請もあるだろう。

なぜこの国で働くことがつらく苦しいのか。それは人びとが便利さを尊ぶからだ。人間らしい営みが併存する社会とは、夕方になれば店には続々とシャッターが降り、休日に遊ぶところがいまよりずっと見つからない不便な社会なのだ。しかし、便利さに慣れすぎた人びとがこうした不便さを受け入れることができるだろうか。

別の問題も存在する。この「不便さ」は社会の成員が全員同時に実現させなければ、人間らしい営みを取り戻すために奏効しない。というのも、みんなが夕方に店じまいをするということは、抜け駆けして自分だけこっそりと店を開けば儲かるという期待と誘惑を生じさせるからだ。「自分が早くに店じまいをしたとしても、他の誰かがその足並みを揃えてくれるとはかぎらない。それどころか、こっそり店を開いて、自分のお客をとってしまうのかもしれない」という「囚人のジレンマ」的均衡にとらわれてしまう可能性がある。営業時間の短縮になんらかのインセンティブ、または長時間の稼働に対してのペナルティを科さなければ、おそらく「抜け駆け」のジレンマを払拭することはできないだろう。

「やりがい」と「報酬」の不可解な関係

東京オリンピック・パラリンピック大会のボランティアはまるで日本の労働観の写し鏡のようだ。２０１８年３月下旬に公開されたボランティア募集要項案では、交通費・宿泊費の自己負担・自己手配、１日８時間かつ合計10日間の活動などの条件、また語学力に関する要件などが記載されており「負担が大きいのに無償なのか」と批判の声があがった。

ＮＨＫの報道によれば、こうした批判的な世論に対して組織委員会の会合に出席した有識者の一部から「やりがいをわかりやすくＰＲしていく必要がある」という意見が出たという。

「やりがい」はこの国に存在する特異的な感覚であり、筆者自身も外国の友人に説明するときに「意味がよくわからない」といわれて苦慮するところなのだが、日本では「やりがい」と「報酬」がトレードオフの関係としておかれる傾向がある。理屈としてはすなわちこういうことだ——「この仕事はつらく厳しく金銭的な報酬は少ないが、感情的な報酬

（やりがい）は大きい。だから、報酬が少ないことは我慢できるはずだ」と。

こうした考え方の根底にあるのが「金目当てで行動するものは卑しい」という道徳的規範だ。しかしながら、実際に金目当てで卑しいのは大会ボランティアを批判する人びとではなく、1日8時間で10日以上もやりがいのある仕事を与えるのに、報酬を支払おうとしない組織委員会の人びとだろう。

このような「やりがいと報酬のトレードオフ」の関係性は、残念なことに、激務薄給とされる業種あるいは「ブラック企業」と呼ばれるような違法性の疑われる業務を課す企業においてしばしば横行している。「やりがい」とはそもそも、他人から与えられるような外発的なものではほとんどない。実際に稼働する人がその営為を通して、大脳の報酬系と呼ばれる神経部位が賦活化することで生じる内発的な動機づけによるものなのである。やりがいが行動をつくるのではなく、実際の行動のなかでやりがいがつくられていくものだ。したがって、組織委員会の「有識者」がアピールしようとしているように、「ボランティアにはやりがいがある」というのは、用意するべき報酬を用意しない方便にすぎない。よほど劣悪で過酷なことでもなければ、たいていはどのようなことでも、やっていれば脳がやりがいを感じさせるようにできている。やりがいは勝手にわいてくるものであって、それを口実に報酬をピンハネしようとする行為はまさしく詐欺的であるといえる。

まともな対価を支払われず、ひたすら「やりがい」を与えられた（先述したとおり、本来「やりがい」とは、他人から与えられるものではなく、自分の脳内の化学的反応によるものなのだが）人には独特な認知が発生する。「苦労しているのだから、きっと自分にとってプラスである。これには意味がある」というものだ。

よいものを生みだすにはそれなりの苦労が伴うこともしばしばあるだろう。しかしながら、原因と結果を転倒させてはいけない。苦労したからといって、その成果物が必ずすぐれたものであるとはかぎらないからだ。

報酬もなく「やりがい」を注入されていくだけの環境で生じた苦労は、やがて手段ではなく目的そのものになっていく。苦労が自分を成長させる、苦労することに意味がある、と。それは結局のところ、適切な報酬が得られないことに対する不満によって生じる認知的不協和をなんとか解消させようとする、いわば自己防衛的な認知の書きかえである。

「あの人は安い賃金で（あるいはボランティアや奉仕活動などと称して）搾取されているのに、どうしてそこから逃げないのか？」などと、いわゆる「ブラック企業」で働いている人に対して周囲の人びとは素朴な疑問を抱いたりすることがあるだろう。ブラック企業で働く人がブラック企業から抜けだそうとしない理由――そこを辞めても次がない、というキャリアパスの問題もあるかもしれないが、それだけでなく当人のなかではすでに、その会社で与えられる苦しみこそが報酬である、という認知の転換が生じてしまっていることも少なくない。この苦しみにはきっと意味がある。この苦しみが自分に成長を与えてくれる。気づきを与えてくれる。この苦しみがあるからきっと未来では報われる――そう信じることで、なんとか自己のモチベーションや尊厳を保っている状態なのだ。

自分がこれまで費やしてきた心理的・精神的リソースが無駄であったとは、どうしても認められない、いわばサンクコストバイアスが働いている側面もある。「明らかに搾取されているのだから辞めればいい」というのはたしかに客観的には妥当な提案かもしれない。しかし、それを受け入れてしまったら、これまで自分が「意味がある」と信じつづけてきた数々の苦労は、どこへ行ってしまうのだろうか。苦労はほとんど無意味であり、意味づけようと必死に自分自身を騙していたことを認めなければならなくなる。自分がこれまで有為だと思っていたことが実は無為であり、それを受け入れまいとした自分の意地が、搾取を見えなくしていたのだと。端的にそれは屈辱である。人によっては敗北であるとすら感じてしまうことだろう。ただしい行いは必ず報われる。努力は必ず実を結ぶ。もし報われなかった、失敗したとしたら、自分の行いが間違っているか、努力が足りなかったせいであるという信念（第10章で述べた「公正世界信念」）とも無関係ではないだろう。

「目に見えないもの」の価値

絵を描くことが得意な人に似顔絵を描いてもらったりしたことがあるだろうか。パソコンの知識が豊富な人に自作パソコンの組み立てを頼んだり、トラブルのときに尋ねたりした経験があるだろうか。なんらかの得意分野を持つ人に頼めば、自分でするよりもずっと高いクオリティかつ短期間で、目的のものを得られることがある。

たとえばある仕事を、自分でやれば3日かかるため得意な人に任せ、1時間で終えられたとしよう。対価は1時間分だけ支払えばよいのだろうか。

そうではない。実際にその人が仕事を終えるために費やしたのは「その能力を培うために費やしてきたこれまでの時間プラス1時間」だからだ。「その能力を培うために費やしてきたこれまでの時間の結晶」を、われわれは「技術」と呼ぶ。

修理業者が家具の修理を頼まれて、たった1本のネジが緩んでいたことが原因であり、それを締めなおすことで解決したとしても、ネジ1本分の対価に値切ってよいわけではない。というのも、原因がネジ1本であることを迅速につきとめることができたのは「技術」があるからであり、それこそが商品だからだ。たとえ「その能力を培うために費やしてきたこれまでの時間」という目に見えないものだとしても、商品を購入して意図したように使われたのだから、買った代金を支払うのが筋なのである。

しかしこの国では、目に見えない商品を購入したとき、それを最大限値切ってもよいと考える人が少なくないようだ。オリンピック・パラリンピック大会ボランティアの例に戻るが、ボランティアスタッフの募集要項には「スポーツボランティア経験をはじめとするボランティア経験がある方」「英語やその他言語のスキルを活かしたい方」などとある。ここで挙げられた経験やスキルはまさに、目に見えない商品（技術）そのものである。このような態度は、本来ならば正当な対価を支払わなければ購入することのできない商品を、目に見えないものだからといって、ただ同然でせしめようとすることとなんら変わりはない。

両極端な社会との訣別

われわれの社会で働くことはつらく厳しく、しかもときどき報酬がピンハネされていることがある。稼働時間を減らそうとするマクロな方策では、誰かが抜け駆けするかもしれないという囚人のジレンマ的均衡にはまり込む。ミクロな観点では、自分の経験した苦しみがいつしか報酬として認識されるようになるという転倒した認知を形成してしまう。国を頼ろうものなら、あいまいな要件によって残業代をゼロにしたり、技術に対する対価を支払わずに「やりがい」をトレードオフに示そうとする始末だ。もはやこれは、この社会全体を覆うある種の呪縛とすらいえるだろう。

われわれがこの呪縛から抜けだすにはどうすればよいのだろうか。大きなヒントは、2015年4月に起きたイギリス史上最大の強盗事件にあるだろう。事件は、ロンドンのダイヤモンド販売店がずらりと並ぶ「ハットン・ガーデン」で起きた。大きな貸金庫からごっそりと宝石類が盗まれたのだ。被害は判明しているだけでも日本円にして360億円を上回るとされている。

もちろん犯行当日にも警備員は常駐しており、金庫からの異常を知らせるアラームが作動したという。しかし警備員は、遠巻きに金庫内を覗き込んだだけで、中に入って調べるようなことはしなかったという。おそらくアラームが鳴動した直後、その金庫の中に犯人たちは隠れていたのだろうが……。

そのことを事件後に追及された警備員は、次のように釈明した――「それ以上詳しく調べるほどの給料はもらっていない」

日本が見習うべきは、このイギリス人警備員の精神性である。すなわち「安い報酬にはそれなりの仕事」、もっといえば「安い給与なら手を抜く」ということだ。この国の接客サービス、カスタマーサービスやアフターケアは、間違いなく世界トップクラスに位置しているだろう。しかしそれは、客として利用するときには快適さを約束してくれるが、従業員として働くときには地獄であることの裏返しでもある。お客様として訪れるには最高だが、労働者として暮らすには最悪、まさしく天国と地獄のマッシュアップのような国が日本なのである。

安い賃金しか支払われないのであれば仕事は手を抜く。安い賃金しか支払われないのに最高品質の稼働を求められるのであれば、それは労働者に対する「目に見えない商品」の搾取だからだ。

また、自分が客の立場である際に、少ないお金しか支払わないのであれば、上等な商品が手に入るとも、十分なサービスが受けられるとも期待しないことだ。３５０円程度の牛丼を注文して、器が汚かったり、接客が雑だったり、牛肉の量が少なかったり、ご飯がパサついていたりしたとして、それで店員に文句をいったり、ましてや怒鳴りつけてよいわけがない。たった350円しか支払っていないのだから。本来はそれが当たり前だ。小銭で利用できるような店の従業員にまで、まるで一流ホテルのような接客マニュアルを徹底させるような国はほかにない。便利なもの、上質なものにこそ、高い値段がつき、高い報酬が得られる。一方で、不便なもの、簡素なものには安い値段、安い報酬が必要だ。

いまこの国を呪いつづけているものの正体は、「便利で安いもの」「高品質で安いもの」を求めようとする客であり、それに応えようと「やりがい」を持って働く企業の従業員でもあり、そしてそれらがウロボロスの輪のように食いあっている構造である。国や自治体、企業経営者だけではなく、われわれ一人ひとりが楽をするために変わらなければならない。従業員として働くときはさながら奴隷のように、客として街を歩くときはさながら王のように――そんな両極端な社会とは訣別しなければならないのだ。

この章のまとめ

❶そもそもこの国の過酷な労働環境はわれわれが望んできた。
❷残業は内発的に生じ、やがて関係企業にも波及して、全社会的なものとなっていく。
❸客としていつでも便利に利用できることの陰には、それがたとえ、早朝深夜・年

末年始であろうとも、いつでも働く人が必要とされることを意味する。

❹「やりがい」とは、ほとんど他人からは与えられない。やっているうちに内発的に生じるものだ。

❺「やりがい」を強調することは、実際には与えられないものを与えようとしていることから、多かれ少なかれ人を欺いているということだ。

❻報酬がなく、苦痛ばかりが与えられると、人はやがて苦痛そのものを報酬だと認識するようになる。それは自分という存在を守るためである。

❼ブラック企業が後をたたないのは「苦痛こそが報酬」という認知を固着させた人をそこから解放できないから。

❽「安い報酬なら手を抜く、安い対価なら上等なものを期待しない」ことが、この国の呪いを解くための第一歩となる。

14 ベーシックインカムが解決できない問題

先行的な取りくみ

２０１７年1月1日から、フィンランドで「ベーシックインカム（以下：ＢＩ）」の実験的な導入が開始された。ＢＩの国家規模での運用としては欧州ではじめての事例である。あくまで2年の期限つきでの運用となっており、２０１８年末をもって終了されることが決まっている。この社会実験では、無作為に選ばれた２０００人の失業者に対して月に５６０ユーロを支払う。その間にＢＩが失業率にどのような影響を与えるかを調査することを目的としている。

２０１8年以降の延長はせず、規定どおり２０１８年末をもって終了となることを受けて「フィンランドの試み、ひいてはＢＩ政策は失敗に終わった」という論調がしばしば見られるが、この試みが成功か失敗か、あるいは次につながる何かを残すものかどうかが詳らかになるにはもう少し時間がかかるだろう。

一方、スイスでは、２０１６年6月に「成人国民に月額２５００フランを支払うＢＩの導入を問う国民投票」が行われた結果、投票率46・3%、賛成23・1%、反対76・9%で否決となった。反対が根強かった理由として、財政悪化の懸念、労働意欲の減少による国際競争力の低下、BIを目当てに入国してくる移民の増加への懸念などが挙げられる。

日本におけるBIの議論は、フィンランドやスイスのように国を巻き込んで行われるほど活発というわけではないが、かといって無視されるほど停滞しているわけでもなく、地味ながらも着々と継続しているように思われる。日本でもBIに対する意識調査は時折行われており、おおむね賛否が分かれる結果となっていることが多いようだ。

BIに肯定的な意見としては「安心が得られる」「平等になる」などが挙げられる。これらは日本のみならずBIの議論が行われてきた諸外国でもほとんど必ずといってよいほど挙げられるメリットだ。たしかにBIが導入される動機としては「格差是正」や「貧困対策」がとりわけ語られることが多く、シミュレーション上でも心理的な安心感や経済的な格差の是正に対して一定の効果をあげることが予想されている。

生きるために最低限必要なお金を稼ぐことに時間を費やす必要がなくなることで、その社会には独創性が生まれやすくなるといった意見もある。たしかに、稼ぎの少ない若手の芸術家やクリエイターにとってみれば、生活するためにアルバイトをして本業の制作活動に割く時間を失ってしまうのは本末転倒であり、時間や経済的に余裕ができれば自身の活動のアウトプットに集中できるというのは一理あるかもしれない。

一方で、否定的な意見としては財源の問題や労働意欲の低下が主に挙げられる。こちらも意見としては一理あるだろう。スイスで導入が検討されたＢＩには所得制限が設けられており、まったくの無所得者には満額２５００フランが与えられ、２５００フランに満たない所得で仕事をする者には手取りがちょうど２５００フランになるよう差額のみが与えられることになっていた。そうなると「２５００フラン以下の労働者（あるいは、２５００フラン以上稼ぐ労働者）にとってみれば、働けば働くだけ損をする」仕組みのように国民からは見えてしまい、結果的に労働意欲を削いでしまうのではないかという批判があった。

どちらの意見もそれぞれに筋が通っているといえるだろう。しかしながら、肯定派・否定派にかかわらず多くの人びとに見過ごされていることだが、現状のＢＩのシステムでは根本的に解決できないある問題が存在する。というより、むしろＢＩではこの問題を解決するどころか余計に深刻化させてしまいかねない。それがおそらくはＢＩの致命的な欠点となるだろう。仮に国家規模で恒久的な実施が決まったとしても、中長期的な継続を困難にしてしまい、最終的にＢＩそのものを頓挫させてしまうのではないかと考えている。

ＢＩの二面性

ＢＩを考えるうえで重要な側面がふたつある。それはすなわち、「生存としてのＢＩ」

と「自由としてのＢＩ」だ。

「生存としてのＢＩ」とは、文字どおり「生存するためのお金をＢＩが保障する」というものだ。ＢＩ賛成論でしばしば挙げられる「安心が得られる」とか「生活が安定する」という意見はこうした考え方に近い。スイスの「所得制限型ＢＩ」も、「最低限度の生活維持を保障する」ことを目的としていることから、性質としては生存に紐づいたＢＩと解釈することができるだろう。

しかしながら、人間が生きていくには単にお金があればそれでよいわけではない。食事をとらなければならないし、体調が悪ければ病院に行かなければならない。適度な運動が必要だろうし、住環境を整えることも必要だ。お金は単なる「価値」の媒介物にすぎない以上、お金だけを与えて「生存できるギリギリのラインは保障した。あとは好きに使え(自己責任だ)」とする考え方が「生存としてのＢＩ」の設計思想の根本にある。

政府や地域社会が人の生存にさまざまな形式で介入することを最小限にとどめる代わりに生活に資する金銭を支給するというリバタリアニズム的な考え方に基づいている。思想家・批評家の東浩紀氏は次のように語っている――「僕たちの社会ではいま、どこまでぶら下がるとどこまで甘い汁がすえるのかがよくわかりません。ＢＩのアイデアが良いのは、ここまでしかぶら下がれない、ここから先は何もしない、とはっきり線を引くことです」。すなわち、ぶら下がってもよいラインをＢＩが決定するということだ。

ＢＩ導入とトレードオフとして廃止・統合するべきであるとしばしば言及されるのが、

生活保護や国民健康保険などの福祉制度だ。ＢＩで現在の生活保護＋国民健康保険料に相当する金額を毎月支給するのであれば、それらは廃止を前提に整理を進める。それによって、生活保護や保険制度に関する財源のみならず人的コストの削減にもなるというのがその論拠となっている。ＢＩという形式で金銭を支給することによって、いわば「生存権保障義務を国は果たした」と見ることができる。

それは裏を返せば、生存権の請求によって果たされた義務によって生じた金銭を生存のためにただしく用いなかったとしても、それに政府は関知しないということでもある。前述の東氏の表現を借用すればこういうことだ――「国にぶら下がる権利はある程度与えるが、ぶら下がり方までは指定しない。ぶら下がるためのリソースを無駄遣いしたことによってただしくぶら下がれなかったとしても、それは個人の権利行使の結果である」と。

このようなＢＩを生存あるいは生存権の実体としてみなす考え方に対応するのが、ＢＩを「自由権」あるいは「幸福追求権」とみなす考え方、すなわち「自由としてのＢＩ」である。「自由としてのＢＩ」には所得を保障することによって生存ではなくライフスタイルを確立し、社会参加や自己実現を促していく設計思想がある。生存を最低限保障する手段としてＢＩをみなし、他の社会保障や公的扶助との一元化を目指す「生存としてのＢＩ」とは捉え方が異なる。

ただし、ＢＩを生存権ではなく自由権のひとつであるとするこの立場がリバタリアニズム的なＢＩ論と分かちがたく対立しているわけではない。生存権と自由権にもまた重なりあう部分がある。本人の望むような暮らしが金銭的欠乏によって実現できていないのであれば、ＢＩによって「幸福追求権」を保障しようという考え方もできる。

たとえば、やりたくもない、ともすれば苦痛の伴う仕事を、（本当は別にやりたいことがあるにもかかわらず）生きていくために仕方なくやっている人は少なくないだろう。そうした人が本来持つ自由（やりたくないことをやらず、本当にやりたいことができるよう機会を最大化する義務）をＢＩに託すのが「自由としてのＢＩ」の捉え方だ。

生存としてのＢＩ、自由としてのＢＩ——いずれの側面にも利点があるし、社会の成員の厚生に資する設計思想に基づいていることは論をまたない。しかしＢＩがこの社会に導入されたとしても、人びとは（最初は諸手を挙げて喜ぶかもしれないが）やがてはＢＩそのものでは社会が立ちゆかなくなることを逆説的に知ることになるだろう。ＢＩにはそれ単体で埋められない要素があり、そして人びとの社会生活はその要素に大きく依拠して機能しているからだ。

「人間の証明」

結論からいえば、ＢＩで埋められない要素とは「承認」である。

人はお金を得たからといって満足できるとはかぎらない。充実感を得られるとは一概にいえない。お金はあくまで媒介物でしかなく、使い方によっては満足感や充足感につながりうるが、お金それ自体が承認をもたらしてくれるわけではない。

人びとはお金を得ることよりも、お金を得る「過程」によって社会的な存在意義——つまり「承認」を獲得し精神的な安寧を得ている。その意味では、お金とはその過程によって生じた副次的な産物であり、金銭の獲得過程がもたらす「承認」そのものの代替にはなりえないのである。「承認」とは抽象的なことばだが、要するに「自分はここにいてよい、自分は社会で役にたっている、自分の存在は周囲にプラスになっているのだ」と、自分で自分を肯定することである。

「お金」と「承認」——人びとが社会で生きるために欠かせない要素を同時に産出する方法として、人間社会で長らく採用されてきたのが「労働」である。

労働は社会や経済の発展に寄与するばかりか、人間が社会的存在としての充足感を得るため合理的に機能していた。仕事があるということは、同僚や取引先とのやりとりがあり、そこからコミュニケーションが生まれ、誰かを頼り、頼られる存在となる。自分の立ち位置を模索しなくても、客観的に教えてくれる指標をそこかしこで手に入れることができる。すでに獲得した承認は、次なる承認へのレバレッジとなる（そのレバレッジを、「ヨコのつながり」とか「人脈」とか「絆」といったりすることもある）。卓越した才能や環境に恵まれていない、何者でもない人間の「社会的な存在意義」を維持することによって、労働は自分の「生きがい」を与えてくれる身近な手段でもあったのだ。

格差社会の解決法としての文脈では、ＢＩは「生存権」の側面から検討されることが多い。それだけ社会の貧困が拡大し、生存を脅かす危険水域にまで達していることのあらわれでもあるのだろう。しかしながら、お金（あるいは、それによって生じる公平感や安心感）を配る仕組みがあったとしても「社会的な存在意義」を配ることはできないのだ。

したがって「生存としてのＢＩ」が導入され、それが奏効して誰もが生活に不安のない社会が到来したとしても、お金それ自体が「承認（＝社会的な存在意義）」を産出する手立てにはならないため、承認の生産手段は自分で別に構築しなければならないという課題は残るだろう。この点については「自由としてのＢＩ」の側面がカバーできているように思えるが、本当にそうだろうか。というのも、自己実現の手段を万人が有しているとはかぎらないからだ。

「自由としてのＢＩ」という考え方は「ＢＩによって生活の糧を稼ぐためではなく、自己実現のために時間を割くことができる」として時間と金銭の関係を規定する。しかしながら、「自己実現」とはどうすれば達成できるのだろうか。趣味に割く時間を増やせばよいのだろうか。地域コミュニティへの参加を促せばよいのだろうか。ボランティア活動などを行えばよいのだろうか。自己実現の方法について、明確な回答を万人が用意しているとはかぎらない。

趣味や家族、友人関係に割く時間をいま以上に確保できれば人生に充足を得られる人もいるだろうし、仕事以外には自己実現の手段を考えられない人もいる。いずれにしても共通するのは、趣味にしても社会活動にしても仕事にしても、その営為が社会的な結びつきを構築し、営為を行う当人になんらかのフィードバックがあることだ。社会から隔絶された営みで「自己実現」や「承認」を得られる人は現代社会にほとんどいない。都会から離れた僻陬《へきすう》で仙人のように暮らすクリエイターであっても、自分の表現物の評価を得て、それを自己肯定の糧とするには、街で暮らす人びとの声を必要とするものだ。

金銭的な富は富める者に集中しやすい性質を持つが、承認にもそのような傾向があることは留意すべきだ。つまり、すでに承認という財産に恵まれている者にこそ、より豊かに承認は降り注ぐのである。豊かな交友関係を持つ者は、さらにその交友関係のつながりから新たな友人知人、仕事上のつながりが生まれたりする。ある作品で評価を得ているものは、次の作品でも大きな評価を得やすい。

生存のためのお金を稼ぐ必要がなくなったからといって、あるいは自己実現のための時間を最大化できるからといって、承認も最大化できるかどうかは別問題である。皮肉なことに「ＢＩによって生活が楽になった」とはそれほど感じない人びとのほうが、ＢＩによって「人間らしく生きている」ことをより実感しやすくなる可能性すらあるだろう。

ＢＩに賛成する人は、格差是正や貧困対策以外のメリットとして「労働の負荷が軽減し、働き方にゆとりができる」ということをしばしば挙げる。ＢＩという副収入があれば、人はお金をがむしゃらに稼ぐ必要がなくなる。その結果として「生き方にゆとりができる」というものだ。

ここでいう「ゆとりができる」とは、労働以外の活動——社会活動、交遊、趣味、子育てなど——に時間を豊富に投下できることと理解して差しつかえないだろう。ＢＩによって時間的ゆとりが増えれば、さらなる承認を得るためのそうした活動に時間を費やすことができるのである。結果として、ＢＩによってもたらされる「余暇」には、承認（獲得手段の格差およびその結果）の格差を拡大する機能があるともいえる。金銭的な飢えからは脱却できるかもしれないが、「社会的な存在としての肯定」の飢えからは脱却できず、むしろその飢餓の度合いを深めることになりかねないだろう。

過酷な労働から解放されるだけでも十分に幸せを感じることができるのではないかという主張もあるかもしれないが、余暇（自由時間）の長さは必ずしも幸福感をもたらさない。それどころか、いたずらに長い時間を与えられると人の幸福度は下がってしまうという調査結果すらある。「社会的な飢え」なんて大した問題ではない（余暇があればそれでなんとかなる）と考える向きもあるかもしれない

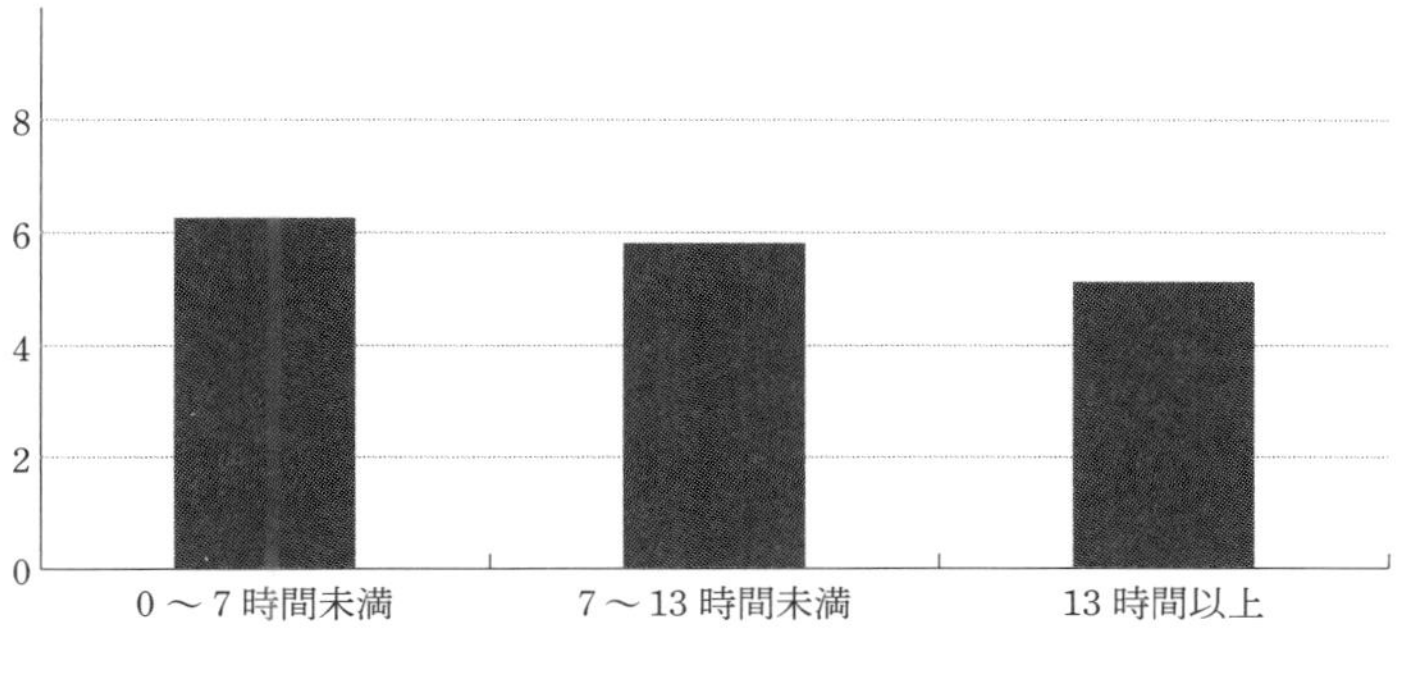

自由時間の長さと幸福感

内閣府経済社会総合研究所「若年層の幸福度に関する調査（2010-2011年）」より。
縦軸は、最も不幸と感じる場合を0点、最も幸福と感じる場合を10点とした「主観的幸福感」の平均値。

が、しかしこれを侮るのは賢明ではないだろう。というのも、人間は社会的な存在としての意義が枯渇した状態、すなわち「孤立（無縁）」状態に陥ると死のリスクが高まることが統計的に明らかになっているからだ。ＢＩは社会的な飢えを癒やす処方箋にはなりえない。したがって「承認のためのＢＩ」が、それを補うために必要になるだろう。人はパンのみにて生くるものに非ず。精神的なよりどころ——承認の分配もまた必要になるのだ。

ＢＩの補完を検討する

ＢＩは最低限度の生存のための金銭を保障する。またそれによって余暇を生じさせ、個々人の社会的存在意義や承認を最大化するかもしれない。しかし承認そのものの手段や源泉にはなりえないことを、これまでの議論で述べてきた。

さらに余暇によって最大化しうる「承認」は資本と同じ性質を持ち、「すでに富めるもの」に集中する傾向がある。したがって、承認や社会的存在意義の代替的な獲得手段を十分に整備しないでＢＩを導入すると「生存の脅威」はなくなったとしても「存在意義の脅威」は拡大する可能性がある。これがＢＩの中長期的な運用の障害になる可能性があるということだ。

そのため、ＢＩを受けるための条件として、なんらかの能動的な社会参加を設定することが望ましい。それは必ずしも労働である必要はない。わけあって労働に参加できない人もいるだろうし、労働そのものが不向きな人にそれを強いてしまえば、かえって不幸な思いをさせてしまい、自己肯定や社会的存在意義の醸成に貢献するどころか逆行してしまうからだ。

社会的結びつきを有するものであればその形式はなんでもかまわない。ある人にとっては、地域ボランティアへの参加でもよいし、カルチャースクールへの参加でもよい。また別の人にとっては、大規模オンラインゲームへの参加でさえも差しつかえないだろう。いずれの方法をとるにしても、社会的結びつきの生じる活動の実績とＢＩを紐づけることで、ＢＩのもつ「承認の格差拡大機能」をある程度抑制することができるはずだ。働く以外の手段で金銭を得て、ついでに承認も得ることを受け入れるのにはじめは道徳的あるいは社会規範的に抵抗感をもたれるかもしれないが、「幸福追求権」を考えるのであれば、大真面目に議論しなければならないことだ。

「お金で人は幸せにはなれない、お金で幸せは買えないからだ」――という箴言めいたことばをしばしば見聞きするが、それは部分的にはただしいだろう。決して何者でもない人々は、多くの場合お金で幸せになっているのではなく、むしろお金を得るその過程で得られるものによって幸せを感じて生きているからだ。しかしながら、ほとんどの人がそれに気づかず「自分はお金があるから幸せに暮らせている（またはお金が十分にないから幸せを感じられない）」と信じている。

昨今の世論を考慮すれば、ＢＩの実現は決して絵空事ではない。多くの人を貧困ひいては生存を脅かされている状況から救いうる政策であるがゆえに、その運用を成功裏に進めるための万全な準備が必要だろう。

この章のまとめ

❶ＢＩには「生存」「自由」ふたつの側面の議論がある。
❷いずれの議論からも「承認の格差を均さない」という論点は置き去りにされがちだ。
❸人が生きているのはお金のためでなく承認のためだ。
❹承認の格差が放置されたままではＢＩはうまくいかない。
❺承認を得るための手っ取り早い手段が「労働」だった。
❻社会的結びつきのある営みであれば人はなんでも承認を得られる。
❼社会的結びつきのある営みの報酬としてＢＩを提供するべきだ。

15 疎外、そして近代の甦生

われわれの社会のピットフォール

２０１７年の末、痛ましい事件の報《しら》せが届いた。大阪府寝屋川市で、33歳の女性が両親に長年監禁された末に死亡した事件だ。報道によれば、２００２年頃から約15年もの間、自宅の一室で監禁を受けていたという。

司法解剖の結果、死因は凍死で18日ごろに死亡したとみられる。低栄養状態で１４５センチの身長に対し、体重は19キロと極度にやせていた。同課は殺人や監禁致死容疑を視野に、死亡の経緯を調べる。

逮捕されたのは寝屋川市秦町の会社員、柿元泰孝容疑者（55）と妻、由加里容疑者（53)。遺体は長女の愛里さんで、両容疑者は「16、17歳ごろから精神疾患で暴れるようになり、監禁して療養させていた」と供述している。

自宅を改装し、広さ２畳程度のプレハブの部屋を設置。二重扉で中からは開けられないようにして閉じ込めていたという。死体遺棄容疑については、「娘がかわいかったので、亡くなってもそばに置いておきたかった」と認めている。

産経WEST《33歳長女を「約15年前からプレハブに監禁」大阪・寝屋川の死体遺棄事件で両親供述、死因は凍死》2017年12月26日

多重にロックアウトされ、外界からは完全に隔てられた狭い部屋に閉じ込められ、自動給餌器が備え付けられた家畜のような扱いを受けて生きてきた歳月――それは常人の想像を絶するものだろう。「生きてきた」という表現では拙すぎるかもしれない。生きてきたのではなく、もはや「ただ死んでいないだけ」という形容がふさわしいとすら感じる。

寝屋川監禁事件に対する世間の動揺がおさまらないなか、今度は統合失調症の妻を殺害してしまった認知症の夫の事件が伝えられた。

タクシー運転手だった父が母と結婚したのは1966年。夫婦仲は良く、ハンドルを握らない日は日帰りで旅行に出かけた。

ひとり息子の男性が高校に入った頃、母の統合失調症が悪化。誰もいない部屋で怒鳴り続けたり、黙り込んだりし、父にも冷たく当たった。「あなたのお父さんは別の人。あそこにいるのはただの同居人よ」。母がそう言うのを聞いて、男性は実家で暮らすのに耐え切れず、20歳を過ぎて家を出た。今は配送業に従事している。

父は母の不満を一切漏らさなかった。定年までタクシー運転手としてまじめに務め、母の代わりに家事をこなした。男性が「なんで離婚しないの」と尋ねても、父は笑って否定した。「お父さんが元気なうちはお母さんの面倒を見るから、おまえは自分の人生を歩んでな」

父の異変に気付いたのは15年春。「おかしな行動をして困る」と母が連絡してきた。風呂の沸かし方が分からなくなり、湯飲みがないのに何度もお茶をつごうとした。男性が病院へ連れていくと、診断は「レビー小体型認知症」。幻視や幻聴、抑うつ症状が現れる病気だった。

16年夏。事件は前触れもなく起きた。午後11時ごろ、父は寝ていた母の首にひもを巻き付けて殺害。翌朝、自ら警察署に電話し、自首した。動機は「家事をしないことへの不満」とされたが、地裁は「一切暴力をふるうことなく生活してきたのに突如、殺害を実行するのは正常な心理状態ではない」と指摘。認知症の影響を認め、懲役3年、執行猶予5年（求刑・懲役5年）の判決が確定した。

毎日新聞《温厚な父、突然の殺人 病気の妻50年支えた後》2018年1月3日

このふたつの事件は、われわれの社会のある種のピットフォールを、もっともグロテスクかつ具体的な形で示しているように思われる。これから幾度となく、われわれが対峙しなければならない大きな問題の根源があらわになっているように見える。

疎外の重層構造

これらの事件に共通しているのは、関係者たちがなんらかの形で「疎外」されていたことだろう。一方は対外的な社会関係はおろか家族からも疎外され、また一方は支援の手から疎外され——このような最悪の結末を迎えるまで、事件の関係者たちが陥っていた苦境に気づくものがほとんどいなかったことが窺《うかが》える。

寝屋川監禁事件の加害者（両親）は、娘が精神疾患にかかったことをきっかけに、このような監禁措置を講じることとなった。被害者女性が与えられていた部屋は、まさしく現代によみがえった「座敷牢」であるが、なぜそんな前近代的な代物が現代社会に再登場しなければならなかったのだろうか。

加害者が異常者であったとしてしまえばそれまでだが、必ずしもそうはいえないだろう。被害者は学校に通っており、登校が突然途絶えたら周囲の人びとが不審に思うのが当然である。学校側からはやはり問い合わせがあったものの、加害者は「事情があって娘は学校に行けなくなった」と答えている。社会からゆっくりとフェードアウトしていった被害者を心配したり、呼び止めたりする声は多くはなかったようだ。

この社会は、精神疾患に対する医療的なサポートがまったく手薄であるというわけでは決してない。社会的需要に応えてさまざまな制度が整備されている。精神障害者の入院についても、日本では比較的充実した支援（しばしば「社会的入院——入院による治療の必要性が低くなっていながら、帰る家がない、引き取り手がいない、家庭に介護者がいない、後遺症があるなどの理由で入院の続く状態、または必ずしも退院を目標としない事実上無期限の長期入院」として否定的な見解もあるが）が用意されている。世間一般ではしばしば「なってしまったらもはやそれまで（治らない）」とさえ思われがちな統合失調症についても、発症初期から適切な治療を継続することで、多くの患者が予後良好となることが明らかになっている。

今回の寝屋川のケースでいえば、医療保護入院（精神保健及び精神障害者福祉に関する法律33条に基づく）や応急入院（同33条の7に基づく）などの対応が十分とりえたものと推測される。これらの制度は患者当人の安全と権利を最大限尊重しながら医療的なサポートを受けられるために設けられたものだ。いわゆる「隔離施設」的なそれではなく、通信の自由や、拘束されない自由の最大化、弁護士との相談など、患者のさまざまな権利が擁護され、またその遵守が関係職員にも厳しく義務づけられている。

このように、医療面では精神疾患を有する患者に対する前近代的な扱いからの脱却が着実に進みつつあることは明らかだし、行政の担当部門に相談すれば情報も比較的容易に得られる。——しかし今回、実際に選択されたのは「座敷牢」だったのだ。

被害者が受けた「疎外」とは、もはや疎外の範疇を超えて「隔絶」と表記してしまったほうが適切であると感じられるほど、凄絶きわまるものである。一方で加害者もまた、人びとの心配の目から漏れ、こうした公的支援の情報にアクセスする手段もなく、ひたすら社会的非難や社会的制裁の存在に怯え過ごしてきたように思えてならない。犯行に関する供述からは「社会は決して自分たちの味方になってくれるものではなかった」という認識が窺えた。

現代によみがえった「座敷牢」は、「疎外」が現代社会の豊富な支援のチャンネルすべてを遮断し前近代的な方法に先祖返りさせるような、圧倒的な負の力を持っていることを、ありありと示している。「疎外された人びと」にとって、現代社会のいかなる福祉も無効化されうるのだ。

自由と疎外の鏡面構造

統合失調症の妻を殺害してしまった認知症の夫には家族がいた。だが夫は家族に迷惑をかけまいと「お父さんが元気なうちはお母さんの面倒を見るから、おまえは自分の人生を歩んでな」と答えたという。

日本では、誰であれ自由に人生を選ぶ権利がある。疑いようもないことだ。日本が憲法によって立つ国家であり、なおかつ民主的であり、自由を尊重することを是とする国だからだ。

われわれが自由という概念を考えるとき、上述したような「選ぶ自由」のことをまっさきに考えがちである。しかしながら、選ぶ自由とは「選ばない自由」とほとんど必ずワンセットとして存在する自由であることまでを想像する人は多くない。

否が応でも周囲に気を配ったり、親切にすることを求められていたような時代は終わり、個人がそれぞれに関心のある、または肩入れしたいものごとに対してのみ力を注いでよい時代を迎えた。それはつまり、自分がかかわりたくないもの、ごめんこうむりたいものに対する「拒否権」が拡大した時代となったともいえる。

多くの人に拒否権を行使されやすいものごととはなんだろうか。いわゆる「厄介ごと」と呼ばれるもののほとんどは、これに該当するのではないだろうか。たとえば、お正月やお盆で田舎に帰省したときに、親戚やご近所さんからの「人権感覚の乏しい」言動——プライベートなこと、たとえば結婚の予定などを無遠慮に尋ねてきたりする言動——にたいへん憤慨したというような話を見聞きすることがある。こうした前時代的な人間関係や因習めいたものごとの多くは「拒否権の拡大する時代」にあって、その権利を行使したくなるひとつの例だと思われる。

多くの人が、厄介なこと、自分を傷つけること、自分の人生の幸福の妨げになりえるものから自由に距離をおき、自分の人生を豊かにしてくれる何か・誰かを選んで近づくことのできるようになった時代において、統合失調症や認知症患者のいる家庭は、周囲の人びとにとってどのような存在だろうか。積極的自由、消極的自由、どちらの対象としてとらえられることが多いだろうか。

誰かを閉じ込めているかもしれない異常な家屋があったとしたら、そこへ介入して（なかば強制力を伴いながら）事態を展開させることが、良くも悪くも前時代的なならわしだったのかもしれない。それはいま多くの人が忌避している「親戚付き合い」とか「ご近所へのあいさつ回り」とか「町内会・自治会の仕事」といった、人間関係の構築・維持コストとトレードオフの構造をなしていたのだろう。

現代社会は、そうしたならわしを多くの人が嫌うのと同じ程度に、自分自身が「おせっかいな隣人」になることを嫌がる人も多い。「こんな自由な社会で、誰があえて、見るからに厄介ごとを抱えていそうな人とかかわりあいにならないといけないのか」という論理に対抗する道理があまりに手薄になっている。あるいは、そういった道理を要らないものとして棄てた結果が、いまわれわれの眼前に現れているにすぎないのかもしれない。

対抗手段はあるのだろうか

「疎外」によるこうした不幸を減らすには、筆者が考えつくかぎりではあるが、いくつかの方策が挙げられるだろう。

①：地縁的・血縁的コミュニティへの回帰
②：国家的あるいは行政的レベルにおける介入
③：代替的な互助ネットワークの形成（①と②の折衷案）

①とは要するに、昔ながらの世界観へと回帰することを意味する。しかしながら、現代的な意味合いにおける「自由（リベラル）」という観念とは、きわめて折り合いが悪いだろう。疎外されない代わりに、常に誰かしらとのかかわりを強制されることもセットになることを考えなければならない。人によっては大変な苦痛を強いられることかもしれないし、またこうしたかかわりは往々にして「コミュニケーション能力」によってその恩恵の多寡が大きく左右されがちである。人間関係の構築・維持を基盤にしたセーフティネットは、そうした関係構築が不得手な人間にとっては負担ばかりが増えて利得が小さくなってしまいかねないというデメリットがある。

②は国や自治体が各世帯の問題に介入する権限をより強化するというものだ。現代社会では、医療や福祉をはじめとするサポートが豊富に用意されていることはたしかだが、あくまでそれは「自主的に」要請をすることではじめて享受できるものがほとんどだ。先述したように疎外されてしまっている人には、セーフティネットへの自主的なアクセス手段が乏しい。そのため自主性によってのみ成立する支援ではどうしても不十分になってしまうことは否めない。こうしたケースでは国や自治体による介入がセーフティネットの機能

を促進することに関して効果的に働く側面もあるだろう。しかしながら、公的な権力が介入し強制力を伴った福祉を配付することは、まぎれもなくパターナリズムによるものであり、自己決定権をはじめとする人権的なコンフリクトは避けられない。また、こうした強制的な配付には、往々にして強制的な徴収がセットとなる。税をはじめとした市民の負担や公平感に対する配慮も問題になってくると予想される。

③は、①案と②案をマイルドに折衷したものだ。必ずしも家族や郷土の地縁を前提とせず、暮らしている生活単位を社会福祉のターゲットとして捕捉する。婚姻関係や性的関係が伴っている必要性はない。いわゆる「寄り合い所帯」のようなものだ。①が血縁や地縁的な、②が法的・戸籍上のユニットによって福祉のターゲットとしている一方で、③は生活的な実体をともにしていることを要件とする。個々の自由を尊重しながら生活し、生活圏の近い人びとを福祉のユニットとして行政的に把握することで、疎外を防ぎながら、家族的なしがらみにも必要に応じて対処することができる。しかしながら、③案は「世帯」というこの国の法制度そのものを改革する必要があるほか「生活史の共有」という、やや定義としてあいまいで、実体としてとらえにくいものを根拠としてセーフティネットを構築するため、実行するには準備段階から熟議を要することが予想される。

おそらく現代社会の人びとにとってもっとも抵抗なく受け入れられるのは③案であるように思われるが、いずれにしてもまずは「自由」が「疎外」を生むという不都合な真実に目を向けるところから始めなければならない。

このフェーズを丁寧に進めなければ、いま水面下でふつふつと鬱積している「自由への疲労」が一気に噴出してしまうことになる。人びとがこれからも自由な社会で自分の幸せと将来の可能性を最大化させるためには、自由そのものを丁寧にメンテナンスしていく必要がある。

昨年5月から、父は特別養護老人ホームで暮らし、月1回、男性の付き添いで精神科に通院する。当初はホームの職員に「お母さんに悪いことをした」「お母さんはどこに行った?」などと話しかけることもあったが、「忘れさせてあげたほうがいい」という医師の助言で、男性は母の話題をしないようにしている。

男性が実家の整理をしていると、タンスの上から古いアルバムが出てきた。酒も賭け事もしない父の趣味は、家族や花の写真を撮ることだった。写真の中で紫色のワンピースを着た母は、あじさいの前で幸せそうにほほ笑んでいた。

「どうすれば事件が防げたんだろう」。男性は今でもそう考えるが、答えは見つからない。

前掲毎日新聞記事

——しかしながら、われわれに残された時間はそう長くはないだろう。この国に仕掛けられた時限爆弾のタイムリミットは、刻々と迫っているからだ。

厚生労働省の推計によれば、２０４０年には一度も結婚したことのない単身世帯における65歳以上の割合が45％（およそ８９６万人）に達するという。

いま現在は「疎外」が人を飲みこんだとしても、よほどのことがないかぎり、対岸の火事――遠くで生じた痛ましい出来事を伝えるニュース画面を眺める程度――でしかないかもしれない。しかしながら、あと20年もすれば大きなうねりとなって、世間のいたるところに当たり前のように存在するようになる。われわれの多くはいま、冒頭で挙げたような事件をたいへん痛ましい思いで見つめているが、やがて何も感じなくなるだろう。事件が風化し忘れ去られるからという意味ではない。こうした事件は決して珍しいものではなくなるからだ。

自由が伴ってくる「疎外」は揮発性のものではない。社会の見えづらい場所に鬱積して、たしかに存在しつづけるのだ。大きな決壊が生じてしまう前に、なんらかの方法によってダムの水を放流しなければならない。それにもかかわらず、その放流という行為それ自体がポリティカル・コレクトに反するため、誰もダムを操作することができない。無理もないことだ。自分が望まない他人と暮らしたり面倒を見たりすることを強要される世界を誰が望むだろうか。望まないどころか、人権侵害であると告発する人が現れても不思議ではないだろう。それは仕方のないことのように思える。ある人が別の誰かによって「幸福を追求する権利」を侵されることはないという原則こそ、この社会を自由で民主的たらしめているのだから。

自由はほとんど必ずといってよいほどその代償（疎外）を求める。自分が自由を行使したからといって、その代償を支払うのは自分であるとはかぎらない。むしろ自分ではない誰かに代償を求めることのほうが多いかもしれない。その代償を支払ってでも、自由は多くの人にとって尊いものとされ、行使されることが望まれてきた。だが遅くとも２０４０年までに、私たちの愛すべき自由が生みだした「疎外」という代償を、私たち全員が支払わなければならなくなる。

支払うべきかどうかを検討するフェーズはもはや過ぎ去り、支払い方法を考える時期を迎えている。負債を帳消しにするようなプランは諦めなければならないだろう。分割払いにするのか。一括払いにするのか。後払いにするのか。現金で支払うのか。そろそろ決断しなければならない。

この章のまとめ

❶寝屋川事件、介護殺人といった痛ましい出来事は、当事者たちの「疎外」がもたらした。

❷適切な支援があれば別の道（救われる手段）があるかもしれなかった人びとが疎外されたことで、その道を見つけることができなくなってしまった。

❸疎外とは、現代社会に生きる私たちが「自由」を尊重した代償として生じた。

❹自由とは「選ぶ自由」であると同時に「選ばない自由」でもある。

❺誰からも「選ばない自由」を行使された人やものごとが、やがて大きな「疎外」となる。

❻私たちの社会は孤独に生きる人が多くなっている。

❼孤独に生きる人びとを包摂する手段を急いで見つけなければ、やがて大きな代償を支払うことになる。その代償は、私たち全員に重くのしかかる。

16 「ひきこもり問題」のパースペクティブ

「ひきこもり」を暴力で解決する

２０１６年3月、テレビ朝日系列で放送されている『TVタックル』というテレビ番組で「大人のひきこもり」が特集された。ひきこもり社会復帰支援事業者「ワンステップスクール伊藤学校」の業務の様子が放送され、ネット上では大きな反響を呼んだ。放送からほどなくして、ひきこもり支援の当事者である精神科医の斎藤環氏を中心とした専門家メンバーが記者会見を開き、BPO（放送倫理・番組向上機構）の放送倫理検証委員会に対して、同番組の放送内容の審議を要請するまでにいたった。

偶然にも筆者は放送をリアルタイムで視聴していたのだが、「支援」と呼べる代物であるか疑わしい様相を呈していた。支援事業者がひきこもり男性のいる部屋のドアを蹴破り（比喩ではなく本当にドアを破壊していた）、ほとんど恫喝するような強い口調で、無理やり部屋から引きずり出す映像が流されていた。その他の「支援」の様子を見るかぎりでも当事者の社会復帰というより懲罰的な性質が色濃く、さながらブートキャンプへと強制的に連行するかのような印象を受けた。

こうした「人権無視」の性質を持つ事業者はたびたびクローズアップされ、そのたびにインターネットを中心に強い批判にさらされている。しかしそんな批判の声とは裏腹に彼らのような存在が社会から放逐されることは決してない。それどころか、むしろ今後はよりそのニーズを拡大していくことさえ十分にありえるだろう。

ネットの論調ではおおむね批判的に見られていたワンステップスクール伊藤学校のやり口ではあったが、現場サイドあるいは当事者サイドのいくばくかは、それとは異なる印象を抱いたようだ。


斎藤氏が呼びかけた会見の趣旨は、放送で紹介された支援団体を排除したいというものではない。ひきこもっている当事者に「支援者」として接するのであれば、「暴力を用いた」手法ではなく、リスペクトの関係として「尊厳に対する配慮を踏まえた」手法で臨んでもらいたいというのが主張だった。

しかし、ひきこもっている本人を「犯罪者予備軍」であるかのように仕立て、困っている親を「被害者」という構図に落とし込み、部屋のドアを打ち破って大声で威圧する暴力的手法を映像で流し、批判も検証もされないまま放送したテレビ番組の影響は大きかった。

地方のある「ひきこもり家族会」に出かけたら、若い支援者がたまたま番組を見ていて、「あれくらい強引な方法で家庭訪問しなければいけないのかと思い、お手本にしようと思っていた」と話していて驚いた。

また、会見の前日に東京都内で開催された『庵』（編注：ひきこもりに関するシンポジウム）でも、たまたま初めて参加した母親が筆者の元に来て、「息子が同じような状況なので、あの学校に問い合わせようと思っていたんですが、どう思われますか？」と尋ねてきた。

ダイヤモンド・オンライン《TVタックルひきこもり問題、当事者が本当にほしい支援、親に必要な支援とは》２０１６年４月７日

ひきこもりを近しい親族に持つ当事者にとってすれば「閉ざされた扉を打ち破って、恫喝したり殴りつけてでも問題解決の突破口を開く」彼らのやり方に、多少なりのただしさを感じてしまったのかもしれない。ネットで支配的だった論調とのギャップは、それらを形成していた多くの人びとが「ひきこもりとその家族」をある社会問題の一例として他人事のように分析できる状況であったから生じた差異かもしれない。

ラディカルで暴力的な手続きによらないリスペクトフルなかかわりあいのなかでひきこもり問題を解決する支援者にこそ、道義的にも社会的にも大分の理があることは疑いようもないことだ。しかしそれはあくまで「ひきこもり当事者が健全な社会復帰を果たす」ことが当事者あるいはその関係者のニーズとして優先されている場合においてである。ワン

ステップスクール伊藤学校のような「人権軽視のブートキャンプ的支援事業者」の需要がなくならないのは、別の理由・ニーズがあるためだ。

合法的な子棄ての機会提供者

語弊を恐れずに書けば、ワンステップスクール伊藤学校のような事業者に対するニーズとして根強いのは「どうか自分の子どもを立ち直らせてほしい」ではなく「どうか自分の子どもをここから離れたどこか遠くの場所で生きさせてほしい」というものだ。

つまりこうした事業者には、合法的に自らの子を棄てたい（不可視化したい）という親の願いをかなえる存在としてのニーズがあるということだ。

しかしながら「なんて愛情のない親だ！」などと単純に親を責められるものとはかぎらない。ひきこもり当事者やその家族は、善悪二元論で説明しにくい複雑な関係性を有していることが少なくないからだ。ひきこもりが単に「家（ないし部屋）に閉じこもっているだけ」というわけではなく、ドメスティック・バイオレンスを伴っていることもあれば、経済的・精神的ネグレクトといった家庭問題を抱えていることもある。ひきこもり問題とは、当人も社会あるいは家庭から疎外された被害者性を持つ存在であると同時に、ともに暮らす家族もまた被害者性を持つ。

ひきこもり問題において、当事者や家族が物心両面で疲弊していく一方で「客観的な」人権尊重の世論が形成されていく違和感。あるいは、支える家族よりもひきこもりの人生を世間の誰もが大事にしているかのような絶望感。そうした関係者たちの窮状の間隙をついて「子棄てブートキャンプ」は栄えてきたのだ。

戸塚ヨットスクールの呪い

現代社会における「合法的子棄て施設」のパイオニアは、世間的にはもっぱら悪名のとどろいている「戸塚ヨットスクール」だろう。暴力もいとわない「スパルタ教育」で死者を出し、校長の戸塚宏氏やコーチらが起訴され懲役刑となったが、戸塚氏は出所後もこの教育方針を改めるつもりはないと明言した。

戸塚ヨットスクールは、少年少女たちの非行・暴力・ひきこもりなどは脳幹の機能低下に原因があるとする「脳幹論」を展開し、肉体的・精神的な鍛錬でそれを克服することができるという独自の理論を展開している。

いうまでもないことだが「脳幹論」は科学的根拠になんら基づいているわけではない。真実性には甚だ疑問がある理念ではあるが、最盛期の在校生は100名を超えていたという。入校には税込324万円が必要で、さらに別途毎月12万円の生活費がかかる（201

8年9月現在）にもかかわらずである。決して安い金額ではないにもかかわらず、在校生を多く抱えていたことからも、一定の「ニーズ」を獲得していたといえるだろう。

戸塚ヨットスクールは、「そのやり方は誤りである」と幾多の批判・非難にさらされようが、さらには死亡者を出して裁判所から経営者が有罪判決を受けてさえ、社会から完全には追放されていない。世間から「脳幹論」が支持されているからではもちろんない。「暴力的で、反社会的で、どうしようもない自分の子どもを、どこか社会から見えない場所で生きさせたい」という家族の思いに合致してきたからだ。「それは人権蹂躙である」とか「生命権の侵害である」といった正論はたしかにそのとおりかもしれないが、現実の喫緊な問題に窮しているドメスティックな空間ではしばしば効力を持たない。

現在、戸塚ヨットスクールは最盛期に比べて規模は大幅に縮小し、体罰もほとんど見られなくなったという。しかしながら、戸塚ヨットスクールが近い将来なくなったとしても、もはやそれ自体は重要ではない。戸塚ヨットスクールの事跡そのものがミームとなって日本社会に残りつづけるからだ。

世間がひきこもり・ニート問題について「人道的な」方法論を支持すればするほど人道的な手続きではどうすることもできない状況下にある家庭の逃げ道は塞がれてしまう側面がある。そうした構造のもとで、戸塚ヨットスクールの子どもたちはのびのびと社会に跋扈するのだ。ワンステップスクール伊藤学校はそのひとつでしかない。

棄てられる子は幼いとはかぎらない

しかし、戸塚ヨットスクールとそのミームを受け継いだ子孫の最大の違いは、そこに棄てられる子が「若い」とはかぎらないことだろう。内閣府の調査でも、ひきこもりは高齢化の兆しが伝えられている。長期化・高齢化したひきこもりは、その家庭にとって深刻な負担となり、かかわる人すべての心身を蝕んでいく。

高齢化したひきこもりを立ち直らせる方法を親たちは持たない。――いや、親どころではない。社会全体ですら、そのすべを確立しているとはいいがたいだろう。長期にひきこもりを続けて、学歴も職歴もないまま年齢を重ねた人間を雇い入れる会社はほとんどない。高齢化したひきこもりの問題は、まともに社会の受け皿が存在しないことで生じたツケを親たちに負わせることで解決を先送りしているにすぎないのだ。

そしていよいよこの問題を、社会全体で直視しなければならないときがやってきた。2018年度より「中高年ひきこもり」の全国調査が内閣府によって行われるからだ。これまで「ひきこもり」として、統計データに計上されていたのは、15歳～39歳のいわゆる「若年層」にかぎられていた（推計では全国におよそ60万人近いひきこもりがいるとされている）。しかし新たな調査では、従来の統計には表れることのなかった中高年ひきこもり（40～59歳）も調査対象となる。

「中高年ひきこもり調査」は現代社会のパンドラの箱となる。これまで日本社会が見て見ぬふりをしてきた諸問題へと、否応なしに人びとの視線を引きよせていくことになるだろう。

中高年ひきこもりの調査が始まることの意味は、ただ単に調査対象年齢が広がることだけではない。彼・彼女らには多くの「長期ひきこもり者」が含まれることが予想されるためだ。中高年ひきこもりには、中高年になってからひきこもりを始めたのではなく、若い頃にひきこもり生活を開始し、そのまま年齢を重ねたケースが少なからずあることが予測される。

内閣府の調査によると、ひきこもりのきっかけとして多いのは就労関係である。就職活動でつまずいてしまったり、職場環境になじめなかったりしたことで、社会から離脱して

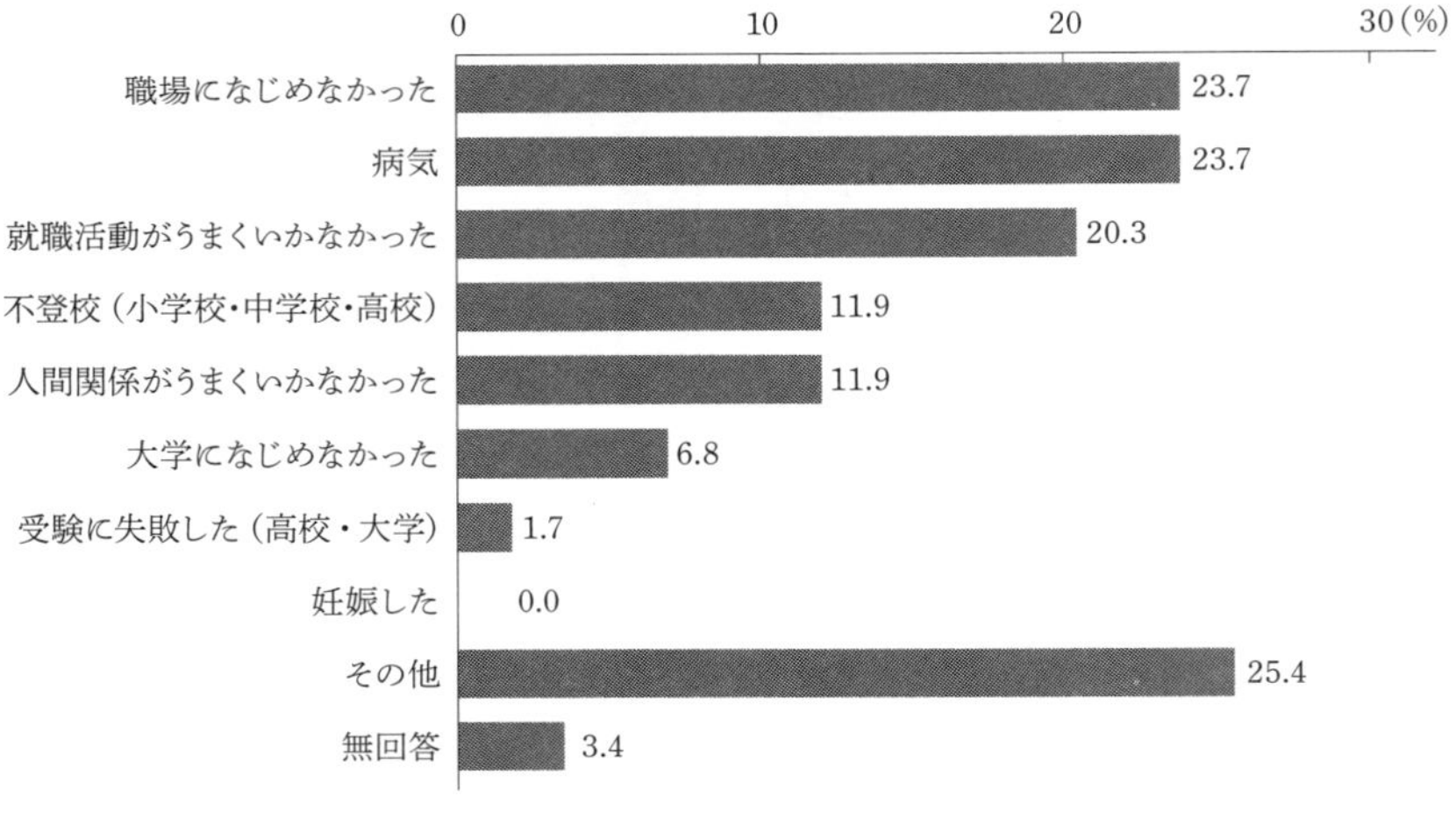

ひきこもりになったきっかけ（2010年）
内閣府「若者の意識に関する調査（ひきこもりに関する実態調査）」より。

しまい、ひきこもりとしての生活が始まってしまうのだ。

この国ではいまだに歴然とした「新卒一括採用」が主流である。キャリアのスタートライン前後でのつまずきあるいは空白期間があることによって、採用選考の対象としてはひじょうに厳しい評価を下される。新卒就職活動時の景気動向次第では、適性のある就職先が見つからなかったり、そもそもキャリアが開始できなかったりもするのだ。「就職氷河期世代」と呼ばれる世代には、不安定なキャリアパス、あるいはキャリアの途絶を経験した者が少なくない。しかしながら、そうした人びとへの支援を十分に行わず「自己責任」の名のもとに棄て去ってきたのは、ほかでもないわれわれの社会である。「中高年ひきこもり」の実態調査は「失われた20年」の傷跡が、いまだに癒やされていないことをありありと示すことになるに違いない。

40〜59歳の中高年ひきこもりの生活を支えているのは、70〜80歳代の彼・彼女らの親である。年金収入や老後の貯えを取り崩しながら、なんとか生活している人びとが決して少なくない。

また、全国調査によって「親と未婚の子のみ」の世帯が、「3世代」同居世帯の割合と逆転し、着実な増加傾向を示している。ひきこもり者が親に頼って生活できるうちはまだよいほうで、同居している親が体調を崩したり死亡したりすれば、いよいよ寄る辺を失ってしまう。本当の意味での「孤立無援」が待っているのだ。親が死んでからようやく働きはじめようと思ったところで、就労のチャンスを得るのは困難をきわめる。おそらく生活

65歳以上の者のいる世帯の割合

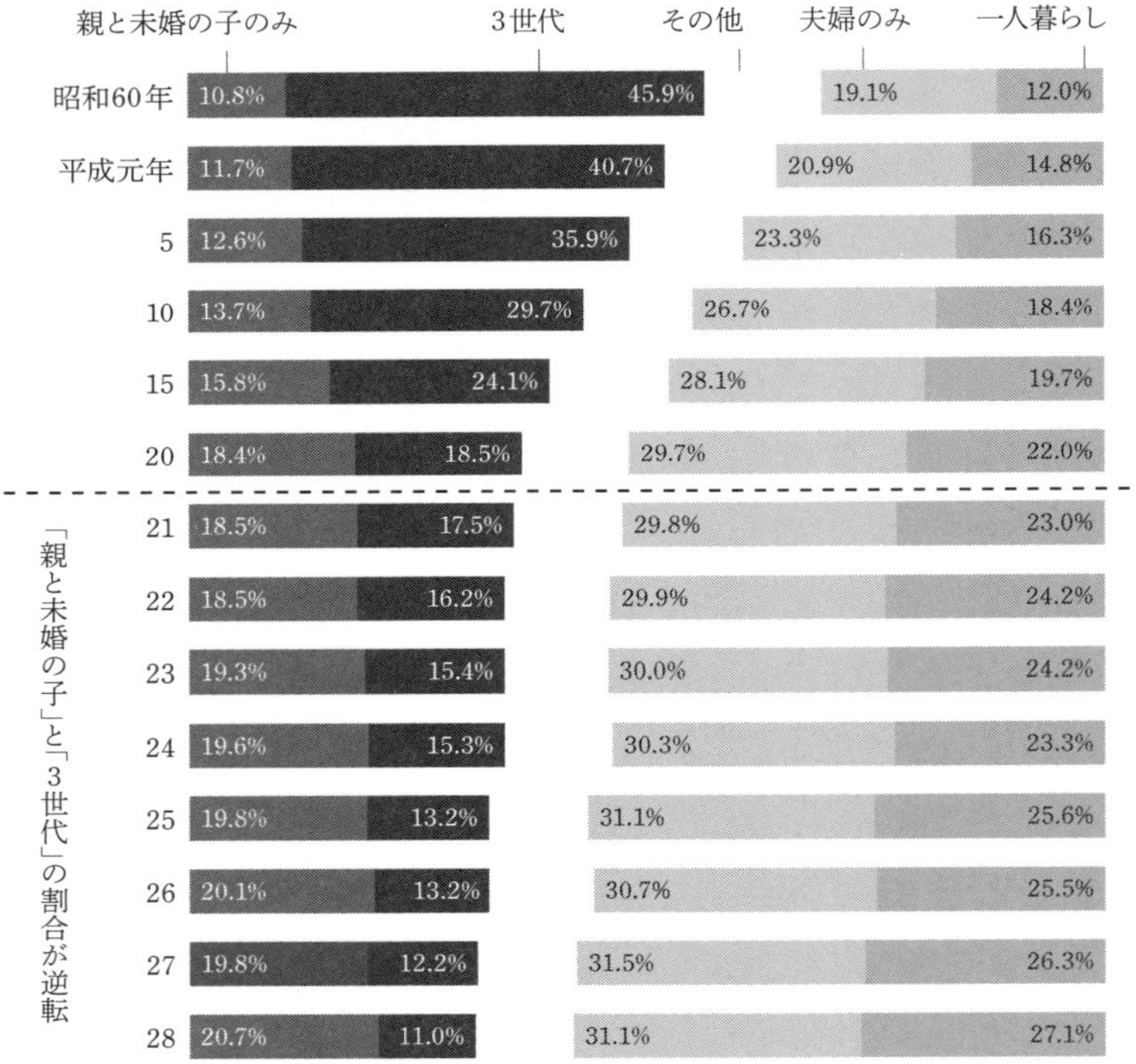

厚生労働省「国民生活基礎調査〈65歳以上の者のいる世帯の状況〉」(各年)より。
平成23年は岩手・宮城・福島の3県、平成24年は福島県、平成28年は熊本県除く。
朝日新聞デジタル「(平成とは　第1部・時代の転機)親亡き後は…孤立の不安」2017年12月30日より引用。
https://www.asahi.com/articles/DA3S13296194.html

保護に頼らざるをえない状況となってしまうだろう。

また、ひとり暮らし世帯も毎年増加傾向にあることも特筆に値する。独居は自殺リスクを高めることが知られており、ひきこもりが長期化すれば、ひきこもり者の多くがやがて「貧困」「孤独」「自殺」のリスクにさらされる未来が待っていることは想像に難くない。

「セルフ・ネグレクト」、「発達障害」

近年脚光を浴びたことばに「セルフ・ネグレクト（self-neglect）」がある。「成人が通常の生活を維持するために必要な行為を行う意欲・能力を喪失し、自己の健康・安全を損なうこと」と定義されており、セルフ・ネグレクト状態にある人びとは、食事をとらなかったり、適切な医療を受けることを拒否したり、家屋の清掃を放棄したり、心身の衛生を保つことを怠ったりするような生活を続けてしまう。また、他者とのかかわりに対してもきわめて消極的あるいは拒否的になってしまうことが多い。セルフ・ネグレクト状態とひきこもり状態は同時発生的であるともいえるだろう。

社会から爪はじきにされ、自分を肯定することもされることもほとんどなく、再就職の門戸は固く閉ざされ、周囲とのかかわりは乏しく、年老いていく両親と、あるいは身寄りなく独身で、貧しく生活する日々を送りながら、自分の生活をきちんと律して、精神衛生を保ちながら生活する自信が、はたしてあなたにはあるだろうか——正気を保つほうが無理な話だと個人的には思われる。

「大人の発達障害」という問題も、長期化するひきこもり問題とは無関係ではない（奇妙なことのように思えるが「発達障害」に「大人の」という修飾語をわざわざつけなければならないのは、「発達」という表記からも、この障害は小児期に発症・診断され、なおかつ、成長とともに治癒するものであるという印象があるためだろうか）。発達障害領域の草分け的存在でもある児童精神科医のローナ・ウイングによれば、発達障害者には、「①社会性の質的差異」「②コミュニケーションの質的差異」「③想像力の質的差異」という特徴があるとされる。

先述したとおり、ひきこもりのきっかけとして多くの割合を占めているのは職場環境への不適応である。その他にも、学校になじめなかったり、人間関係全般につまずいてしまったりすることもひきこもりのきっかけとして少なくないことから、世間からの「社会性」の要求ハードルに対応しきれず、脱落してしまうケースの多さが窺える。

内閣府は、ひきこもりにいたる背景として発達障害があるという見立てのもと、その全体像を把握すべく調査を継続している。発達障害者に顕著に見られる社会生活上の困難や、定型発達者とのコミュニケーションの差異は、「空気が読めない」とか「気持ち悪い」とか「要領が悪い」といった、評価（という名の容赦ないことばの槍）となって発達障害当事者に突き刺さっていく。

「発達障害」という疾患が人口に膾炙するようになったのはごく最近のことであり、発達障害が世間的な認知を得るまでに社会に出ていった人びとのなかには、適切な支援や理解を得られることなく、ただただ「要領の悪い人」「仕事のできない無能」などといった扱いを受け、社会の辺縁に押しやられてしまった例も少なくないだろう。

ひきこもり状態は、セルフ・ネグレクトやいわゆる「大人の発達障害」といった諸問題と重なりあう領域が大きく、またそれゆえに、医療機関への受診や公的支援のセーフティネットから漏れてしまうほか、人間関係の構築も困難であるという、二重にも三重にも層をなした「疎外構造」が存在している。

放置してきた諸問題のグランドクロス

——中高年ひきこもり問題とはそもそも何なのか。

ひきこもっていることが問題なのか。社会の受け皿がないことが問題なのか。親や家庭環境が問題なのか。景気、地域、社会、何が問題なのか。

いや、もっと遠景のパースペクティブから問いなおしたい。

彼・彼女たちが、ひきこもりを脱しようとしたとき、その行為そのものをわれわれは〝歓迎〟したのだろうか？

　われわれが暮らす地域社会は、ひきこもり当事者が遠くに見据えたゴールに文字どおり歩みを進めたとき、彼・彼女たちにどのようなまなざしを送っただろうか。「近所に仕事もせずフラフラとほっつき歩いている不審人物がいる」と囁きあわなかっただろうか。精神障害を負いながらなんとか社会参加を目指そうとする人びとの集まる施設の建設に、全力で反対したりしなかっただろうか。他人とかかわることから始めなければならない人が、他人とかかわって生きていくことを練習するとき、その練習相手に自分が選ばれることを避けたりしなかっただろうか。

「ひきこもりは問題だ、なんとかしなければならない」

「だけど自分のそばで〝がんばる〟のはごめんこうむる。どこか遠くでやってほしい」——などと、相反する理屈を、当事者たちに向けていなかっただろうか。

　われわれは本当に、彼・彼女たちが社会の成員としてまた戻ることを歓迎していたのだろうか。

「あなたの居場所はここにはないけど、でも、きっとほかのどこかにあなたに合う場所があるから」などと、誰も傷

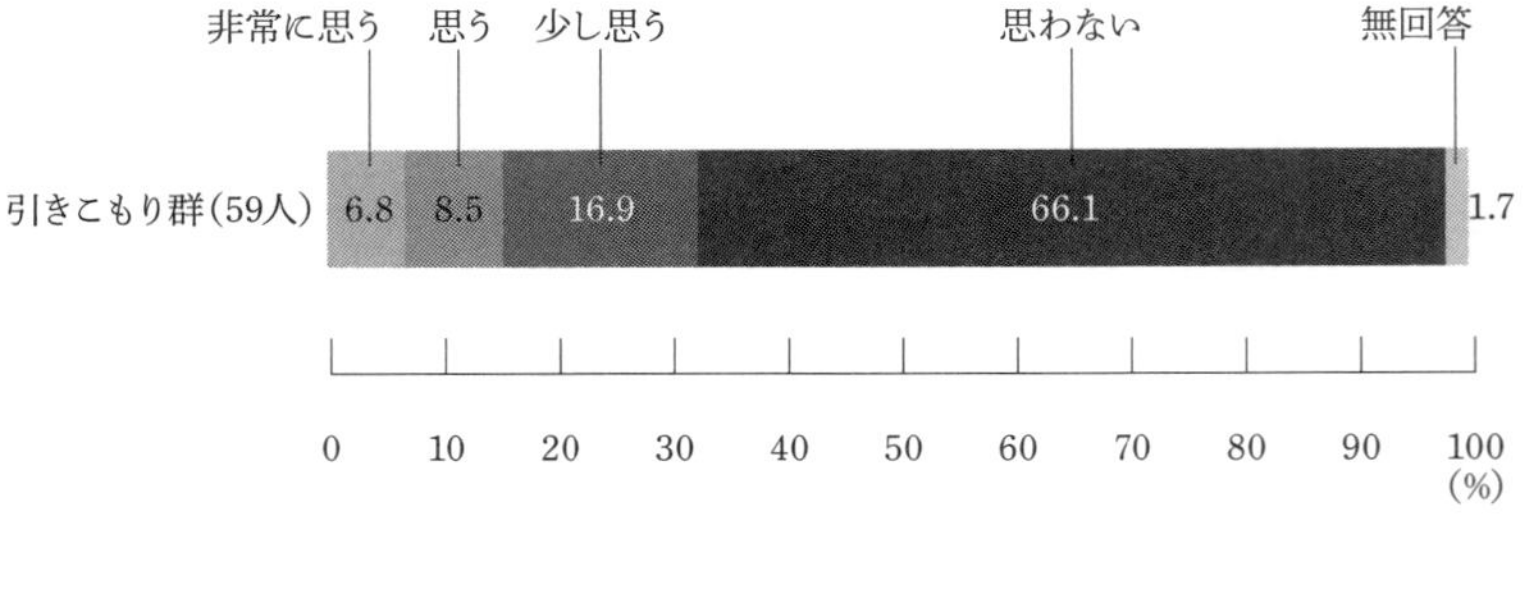

現在の状態について関係機関に相談したいか(2010年)
内閣府「若者の意識に関する調査(ひきこもりに関する実態調査)」より。

つかないやさしいことばで自分の世界の安寧を守ったりしなかっただろうか。

彼・彼女らのひきこもり生活が長引き、中高年になるまでその状態のまま変わらなかったことは、われわれには無関係の（当事者たちの自由意思に基づく）事柄にすぎないのだろうか。

目を背けてしまえば、視界にさえ入れなければ、たしかに日常の暮らしには、あたかもそのような問題が生じていないかのように思えてしまうかもしれない。だが彼・彼女らは確実に存在し、他のすべての人と平等に時間を過ごす。

中高年ひきこもり調査は、日本社会がこれまで放置してきた諸問題が連鎖的につながり、大きな社会的動揺を引きおこすグランドクロスとなる。「怠惰な生活を送る彼らをはたして救済すべきか否か？」といったレベルの議論をしている場合ではもはやない。われわれの暮らす社会が、われわれの大多数が「健全」に日々を暮らすために、騙し騙しつくってきた歪みの代償をひっそりと払わされてきた人びとに、そろそろツケを返すときが来た――それだけなのだ。

この章のまとめ

❶ ひきこもり問題の暴力的解決は、ひきこもり・ひきこもりの関係者という、二重の被害構造によって求められる。

❷ひきこもり問題およびその支援を「人権問題」としてとらえる世間と、「どうにかしていまの状況を変えたい」と考える当事者の認識にはしばしばズレがある。

❸ひきこもりは高齢化していたが、統計から除外していたことで問題は明るみにならなかった。

❹ひきこもり問題は、現代社会の「疎外」の問題の一形態である。

❺ひとたび社会からひきこもった人が復帰しようとしたとき、彼・彼女たちのことを私たちは歓迎しただろうか。

❻「あなたの居場所はここにはないけど、きっとどこかに、あなたに合う場所が見つかるよ」などと綺麗なことばを並べて、彼・彼女らを「敬遠」しなかっただろうか。われわれは省みる必要がある。

17 この社会には透明人間がいる

「ミッシングワーカー」

２０１８年6月2日にＮＨＫで放送されたドキュメンタリー『ミッシングワーカー 働くことをあきらめて…』が大きな反響を呼んでいたようだ。職を失い、次第に再就職の機会もモチベーションも逸失してしまい、統計上において失業者としても数えられなくなった中高年の人びとのことを「ミッシングワーカー」と労働経済学では定義している。こうしたミッシングワーカーたちのおかれた状況を番組では取材していた。この番組で「ミッシングワーカー」ということばをはじめて耳にした人も多かったはずであるが、番組に寄せられた感想には「これはまさに自分のこと」「明日は我が身」といったように、遠い対岸の出来事ではなく、身近に感じた人が少なくなかったようだ。

本邦におけるミッシングワーカーの数は、推計で１０３万人いるとされる。この数値は、雇用統計上の失業者数72万人を大幅に超えている。失業者とミッシングワーカーの違いは求職活動をしているかどうかにある。失業者としてカウントされるには、ハローワークに登録し、継続的な就職活動をしていることが要件となる。ミッシングワーカーとは、なんらかの理由によって就職することを「断念せざるをえなかった」人びとであるとされる。しかしながら、本当にその定義は、彼・彼女らの全体像を適切に描出できているのだろうか。

本章では、ジャーナリズム・学問的定義によって描出される以外の視点からミッシングワーカーに関する問題を述べておきたい。これから述べることには、現代的な人権意識とは整合的でない記述がしばしばあるかもしれない。しかしながら、この問題を検討するうえで決して避けては通れないものであることはあらかじめ付言しておきたい。

この国の格差は拡大の一途を辿っている。格差社会の是正を願うのであれば、ミッシングワーカー当事者やその周囲・外的要因に至るまで詳らかにしなければならない——たとえそこに「不都合な真実」が含まれていたとしてもだ。

「諦めた」のは誰か？

NHKの取材によっても指摘されていたことではあるが、ミッシングワーカー状態に陥る原因は、親の介護のための退職や不安定な非正規雇用によるところが大きいとされる。たしかに、親の介護の長期化によって職歴のブランクが大きくなればなるほど再就職のチャンスは狭まり、またその条件も悪くなると考えられる。まして介護者が40代や50代の中高年世代である場合は年齢的な問題も付加されるため、再就職の機会を得るにはますます不利になってしまうことは想像に難くない。

ミッシングワーカー問題には、そうした人びとにはそもそも就職しようとしたところでまともな働き口がないという「労働市場からの排除」が背景にあるだろう。あたかも彼・彼女らが労働市場から積極的に撤退を決めたような論調で語られることがあるが、実際には労働市場がミッシングワーカーを積極的に排除しているとするほうがより適切だろう。当たり前だが、人には誰しも自尊心がある。労働市場から排除されたことを進んで認める者などいない。

労働市場が彼・彼女らを排除した側面があるとして、雇用者側をまったくの悪として責めることができるかどうかはまた別の問題である。というのも、長年の離職によって職能に大きなブランクがあったり、体力や健康面にリスクを抱えていたりする人を雇用するよう会社側に強制することはできないからだ。よしんばそうした人が就職できたとして、当人もどのようなキャリアを形成していくのかといった展望が不透明であるという問題も残されている。

ほかにも疑問点がある。介護離職によってキャリアのブランクが大きくなり、結果的に労働市場から排除されてしまった人を例に考えてみよう。その人はなぜ、自宅での介護を外部に委託しなかったのだろうか。介護離職をするまでは働いていたはずだ。自宅で介護する親に要介護認定が下されていた（自己負担額1割）と仮定すれば、訪問ヘルパーの身体介助・生活援助を併用したとして、1回60分にかかる費用はおよそ700円前後である（もちろん大小さまざまなケア用品や消耗品の購入、あるいは痰吸引機などの機器をリースする場合もあるだろうから、実質的な費用は700円以上かかっていることが多いとは考えられるが）。働きながらでも決して支払えない金額ではない。要介護3であれば特別養護老人ホームに入居することができる。

だが、介護者である彼・彼女らはそうしたサービスを利用することをせず、ひとりで親を介護することを選択したのだ。彼・彼女らの多くは統計的には失業者ではないが、介護や家事のコストを外部化するよりも自分が労働市場から退いて介護したほうが、結果的にコストが安く済む（逆にいえば、コストを負担するだけの経済的余力がない）という「実質的な失業者」にすぎなかったからかもしれない。あるいは、施設に親を追いやることに心理的抵抗感があったからかもしれない。

ミッシングワーカーの背景には情報リテラシーの格差の問題もある。こうしたサービスの存在は、医療・介護に詳しい友人や知人がいたり、しっかりと情報収集を行っている人でなければ十分に把握できるとはいえない。介護保険制度や介護認定のシステムひとつをとってみてもひじょうに複雑であり、そこに介入してくる人びと（ケアマネージャーや認定調査員）がどのようなプロセスでサービス提供を決定しているのかも、利用者側からすれば不透明に思えるだろう。

いずれにしても、最低賃金ギリギリで労働しているような人びとは統計的には失業者でもミッシングワーカーでもないが、親の介護をはじめとするなんらかの生活リスクが生じれば、またたく間にミッシングワーカーとして労働市場から排除されることになる。あるいは、いまは金銭的に余裕があったとしても、介護が必要になったりするときに十分な情報を持っていなければ、手持ちの貯えなどあっという間に吹き飛んでしまうことを考慮すべきだろう。

こうした視点を踏まえながら改めて考えてみよう。実際に諦めたのは誰だったのだろうか。ミッシングワーカー自身なのだろうか。それとも、われわれの暮らす社会全体だったのだろうか。あるいは、両方だったのだろうか。

家族は「介護要員」であったが……

ＮＨＫの調査では、ミッシングワーカーに該当する人は独身者であることが比較的多いことが伝えられていた。たしかに、家族や親族に誰か介護に従事してくれる人がいれば、彼らは少なくとも離職を余儀なくされるようなシチュエーションには必ずしも陥らなかったはずだ。

また、繰りかえし述べるように彼らは仕事を離れる前も十分な貯えや備えがなく、自分で介護したほうが安いコストで済む程度の低い収入しかないような「実質的失業者」であったことは重要だ。というのも、この国における賃金と婚姻率には顕著な関係性が認められるからだ。とりわけ、低賃金で働く男性の未婚率は非常に高いことが明らかになっている（グラフを見てもらえばわかるように、女性では正反対の傾向性が認められる。ミッシングワーカー問題と女性の所得に対する婚姻率の傾向性がまったく無関係というわけではないが、これについて今回は言及しない）。

かつては現在ほど日本人の平均寿命は長くなく、加えて医療技術や介護制度が充実していなかったことを前提として考えてもらいたいのだが――現代の社会的規範にはそぐわないものであるかもしれないが、家庭における「介護コスト」の主要な担い手はおおむね女性（妻）だった。現代社会では、不安定な職

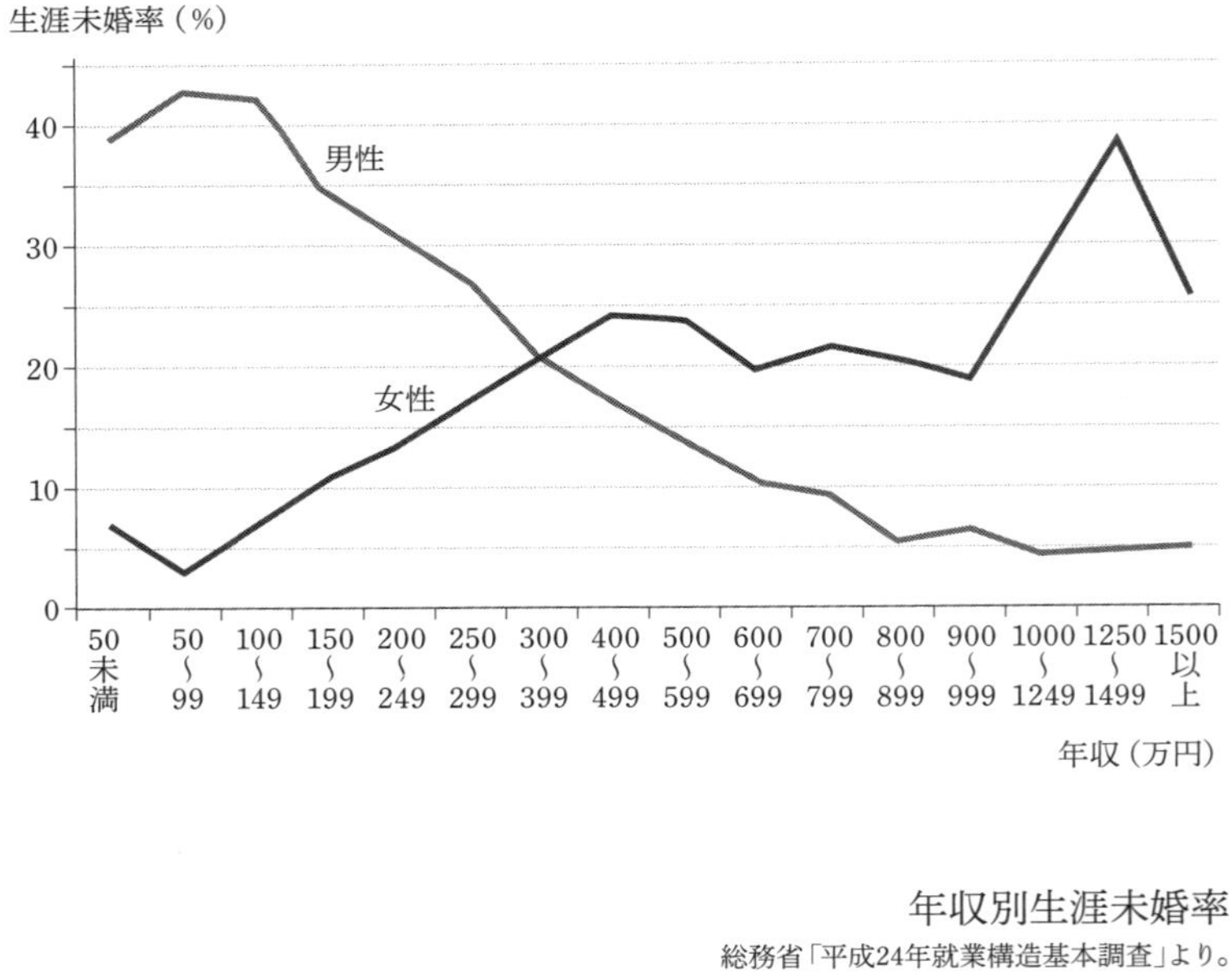

年収別生涯未婚率
総務省「平成24年就業構造基本調査」より。

にしか就いておらず低賃金の男性にはそのような配偶者があるわけもない。もっといえば、親の将来の介護要員としてパートナーを探しているような男性は現代社会では忌避されるし、ともすればバッシングを浴びることになるだろう。しかしそれ自体はなんら不思議なことではない。パートナーを将来の介護要員や家事手伝いの労働力として期待することは、ひとりの人間として尊重する現代のパートナーシップの価値観とは相容れないものだからだ。

「家事や将来の介護のためにパートナーを家庭に閉じ込め、ましてや介護要員にすることを望むようなパートナーはごめんこうむる。結婚するとしても、夫（妻）の両親の世話なんかしないでいい相手を見つけたいし、仮に介護負担を引きうけるとしても、ヘルパーを雇ったり施設に預けたりして、その負担を最小限にできるだけの十分な財力を持った人と結婚したい」――そう考えるのが自然である。なぜなら人生は一度きりだからだ。一度きりの人生で自ら不幸や苦痛の生じる確率を引きあげるリスクを高めるパートナーをあえて選好するような人は当然のことだがいない。

先述したとおり、とりわけ男性にとっては経済力がなく、職が安定せず、貯えもなければ、介護を手伝ってくれるようなパートナーにも恵まれないし、労働市場から退場しようがしまいがほとんど状況は好転せず、やがてミッシングワーカーとなっていくような筋道ができあがってしまっているのである。

この問題から目を背けてはならないとはいうが、では彼・彼女らが「（親の介護だけではなく、やがては自分も含めた）介護要員」としての家族形成を要求したとき、周囲の人びとはどのような反応をしただろうか――「目を背けてはならない。けれどそんな人の家族になって他人の世話をしなければならないなんて死んでもごめんだ」と思ったのではないだろうか（ちなみに、男性は自分が要介護者になった場合、介護者には「配偶者」を望むことが多い。一方で女性は「娘」を比較的に望むということが内閣府の調査でも明らかになっている）。

望まない相手とのパートナーシップを強いられなくなった「自由」な社会において、誰があえて「介護要員」にされることが強く予想されるような（かつ生活水準も安定性も低い）人物と結婚するだろうか。そもそも、そういったパートナーシップを要求されることを、「抑圧」や「人権侵害」として徹底的に排除しバッシングしたのではなかったのだろうか。

よいものやよい相手を自由に選択できる人の反対側ではしわ寄せを食う人がいる。みんなが拒否して回ったツケを一身に引きうける人がいる。換言すれば、ミッシングワーカーとは社会で暮らす人びとが「自由で豊かな社会」を最大限享受するためには必要な存在だったのだ。問題は彼らが文字どおり「行方知れず（ミッシング）」になっていることだ。ただし、人びとは「自由な社会」の正の側面しかあえて見ようとしなかったのではない。負の側面は透明化し、不可視化されてしまうため、見ようと努力してもなかなか視界にその姿をとらえることができないのだ。ミッシングワーカーのほとんどは自宅から外に出る

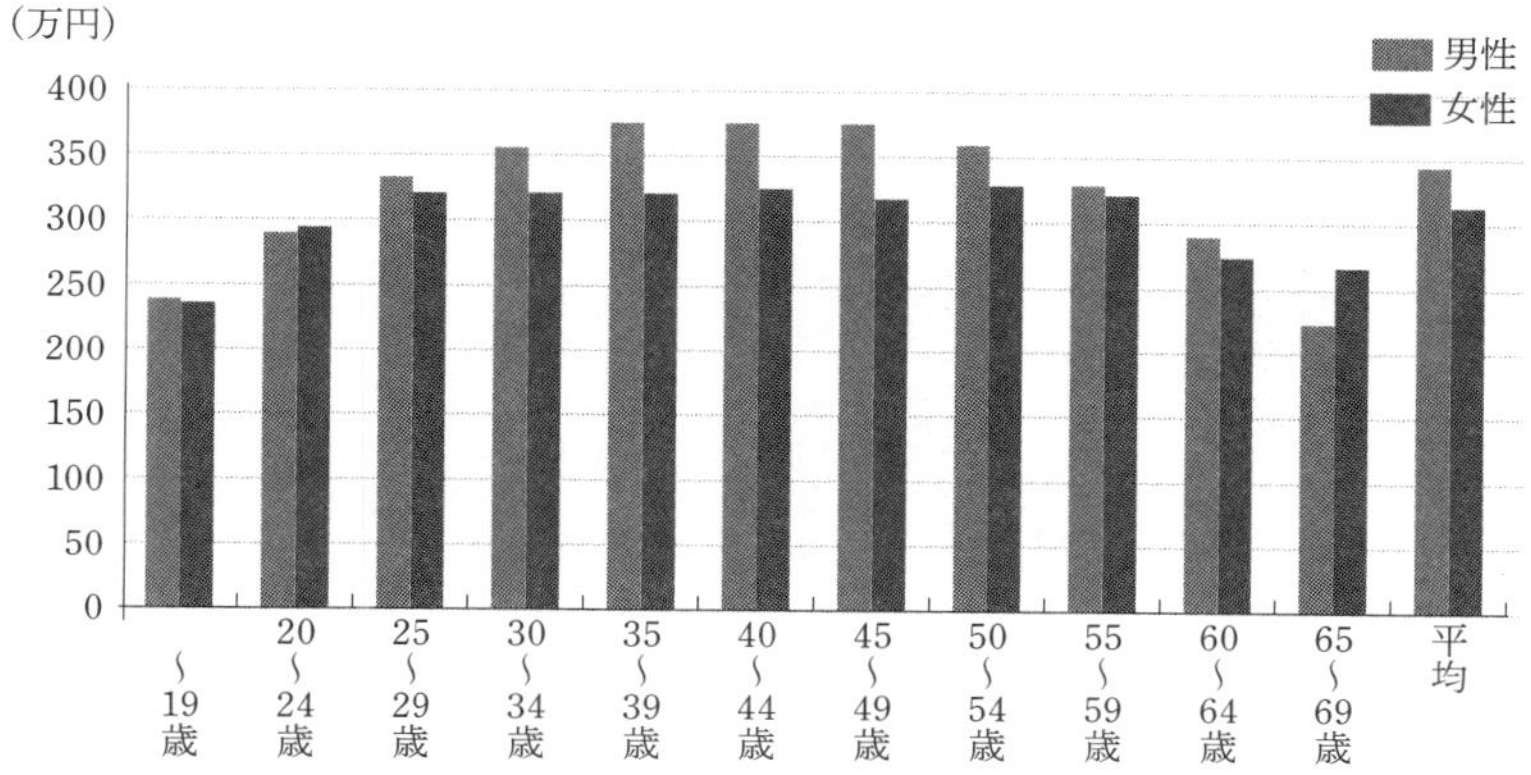

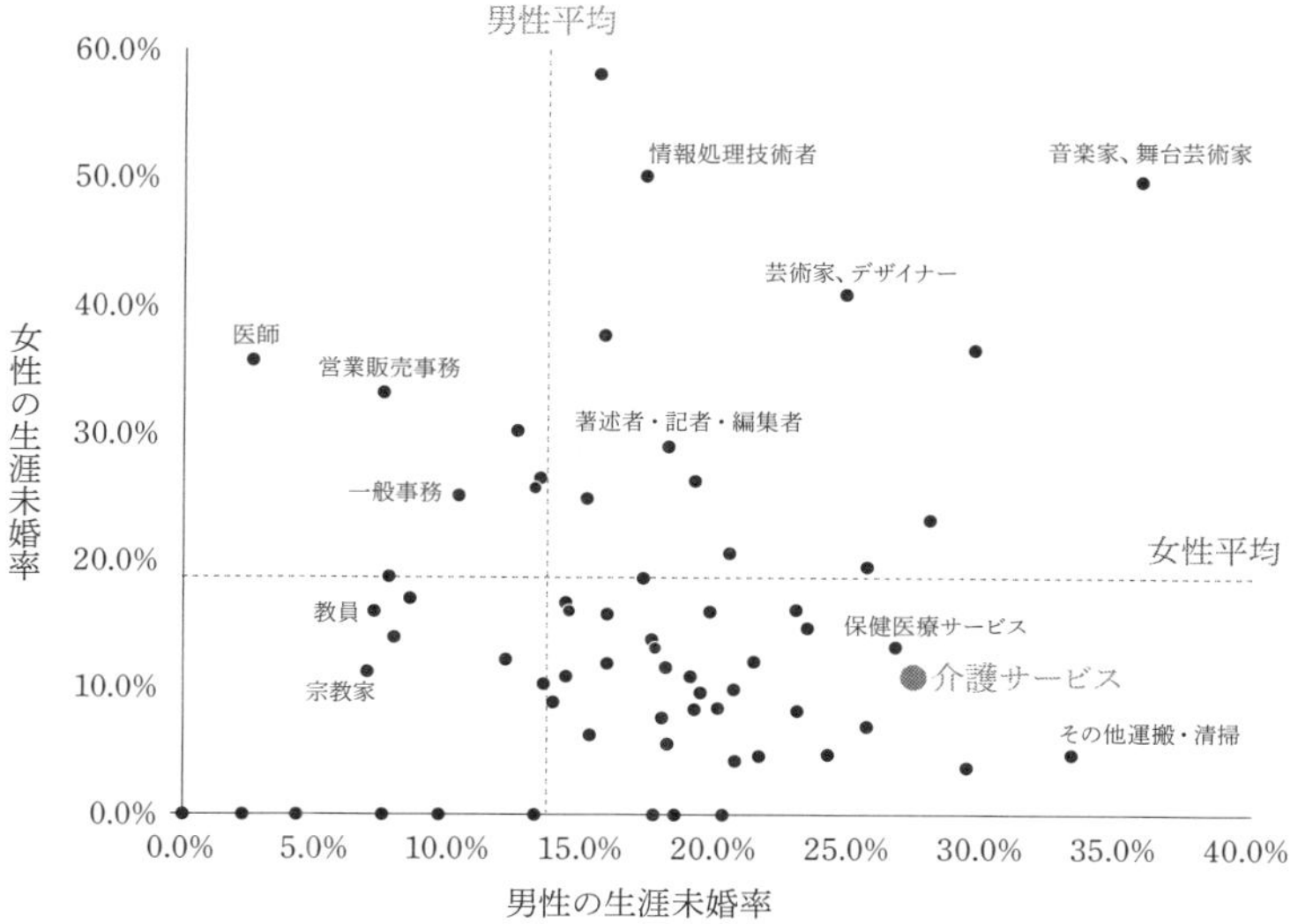

上：施設介護職員 男女年齢別年収

厚生労働省「平成28年賃金構造基本統計調査」より。

下：職業別生涯未婚率

総務省「平成24年就業構造基本調査」より舞田敏彦氏作成。点線は全体の生涯未婚率。

ニューズウィーク日本版「生涯未婚率は職業によってこんなに違う」2015年9月1日より引用。

https://www.newsweekjapan.jp/amp/stories/business/2015/09/post-3882.php

ことはないし、社会的接点もきわめて乏しく、社会的孤立状態にある。彼らは社会的にも、統計的にも、そして物理的にも不可視化《ミッシング》されてしまうのだ。

「何を言っているんだ、そのための介護士やヘルパーではないのか。家族（とりわけ女性）を介護要員としてあてがおうとする考えそのものが誤っているのだから、問題を混同するべきではない」という反論もありえるだろう。しかし、これまで介護の担い手を不本意ながら引きうけていた女性たちを解放するために外部化を試みるというのは、結果的に低賃金の労働者を必要としていることに変わりはない。介護士やヘルパーの賃金の低さはいまや世間にも広く知られるところとなっている。経験年数の長い、40代のベテラン介護士であったとしても、その平均年収は４００万円にすら届かない。先ほど述べたように、男性の場合、年収４００万円に届かないことは婚姻形成に関して大きなリスクとなってしまう。それは実際の統計データにも現れている。就業構造基本調査結果によれば、介護サービス従事者の生涯未婚率は男性において顕著に高いことが明らかになっている。

つまりこういうことだ――介護に従事する人びとは概して低賃金労働者であり、生涯未婚率も高い。大きな生活リスクの発生には耐えられない「ミッシングワーカー予備軍」なのである。さらにいえば、ある人が介護リスクによってミッシングワーカーとなることを回避するためには、経済的リスクによってミッシングワーカーとなるかもしれない「ミッシングワーカー予備軍」を動員する必要があるという、皮肉的で、ともすれば本末転倒ともいえる構造が前提となっていると見ることもできる。

介護労働はたしかに数字のうえでは生産性の低い仕事であるかもしれない。だからこそ家庭によってドメスティックに処理されてきたともいえる。「自由で豊かな社会」の気運に乗りかかる形でそれらの負担を外部化したところで、生産性が高まるわけでは決してない。もとより、介護士の報酬は自治体から介護事業所に支給される介護報酬がベースとなっている。介護報酬はどの事業所にも潤沢に割り当てられているわけではない。したがって多くの事業所においては構造的に低賃金となってしまう状況が続いているのだ。在宅介護・介護施設などいずれの形態にしても、利用者がミッシングワーカーに陥らないためのリスクを自分とは別の低賃金労働者に転嫁する仕組みとして機能してしまっている。

介護士の報酬を改善するには介護サービス利用料をいまよりも大きく引きあげるか、公的資金を大規模に投入するか、またはその両方が必要になる。しかしながら、おそらくそれは実現性に乏しいだろう。なぜなら、介護サービス利用料を引きあげればいまよりますます「実質的失業者」のミッシングワーカーへの滑落を推進してしまうし、介護保険料を引きあげれば労働者の実質的な賃金低下を招き「生涯未婚」の人びとが増えてしまうことになるからだ。

トリレンマの問題構造

日本は世界でも有数の平和で安全な国であるが、紛争や災害で暮らしが脅かされるリスクよりも、（自分を含めた）家族の健康や人間関係といったリスクのほうが高いのだ。われわれとミッシングワーカーの距離はそこまで遠くはない。

健康や人間関係のリスクとは、つまるところ「老いること」そのものによるリスクと換言することができるだろう。人が老いればそれだけ健康リスクが高まっていく。健康問題は就労問題や経済問題に直結しやすい。内閣府の調査「平成27年度 第8回高齢者の生活と意識に関する国際比較調査結果」によれば高齢者の4人に1人は「友達ゼロ」状態であるという。健康的なリスクを抱えるばかりか、自らの社会的関係性も広がるどころかむしろ狭まり、孤立を深める人すらいるのが「老いること」のリスクである。社会的関係からの隔絶は、先述したような情報リテラシーの格差の問題へもつながっていく。

こうしたリスクに備えて各種保険に加入していた人や、預貯金を準備していた人が大勢いるならばよいのかもしれないが、金融広報中央委員会による「家計の金融行動に関する世論調査」が明らかにするのは、ほとんどの年代において貯蓄ゼロ世帯は毎年増加傾向にあり、加えて、貯蓄ゼロの単身世帯が急増しているという事実であった。

2025年には団塊の世代が後期高齢者になるピークを迎える。その前後に生じる医

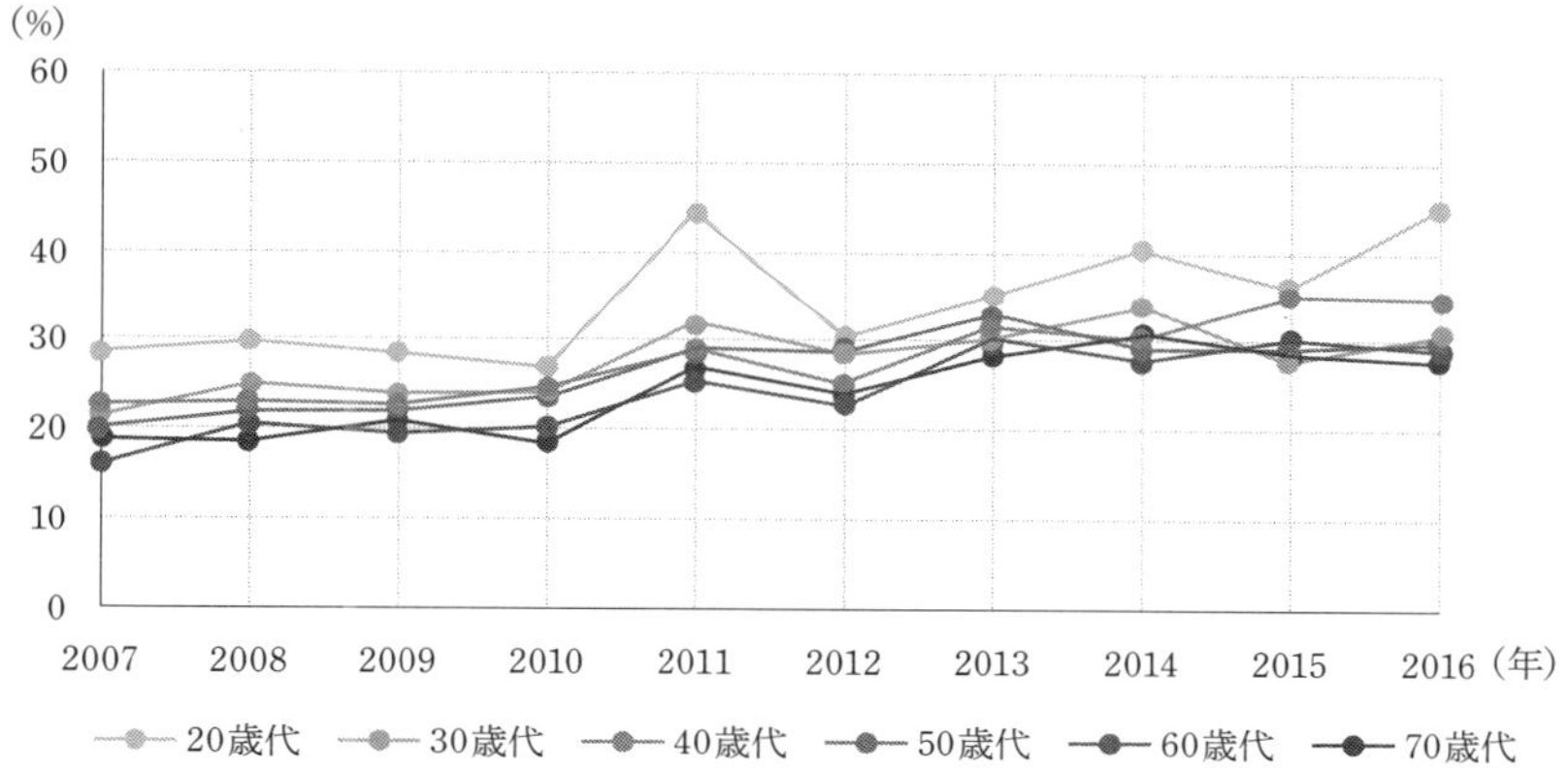

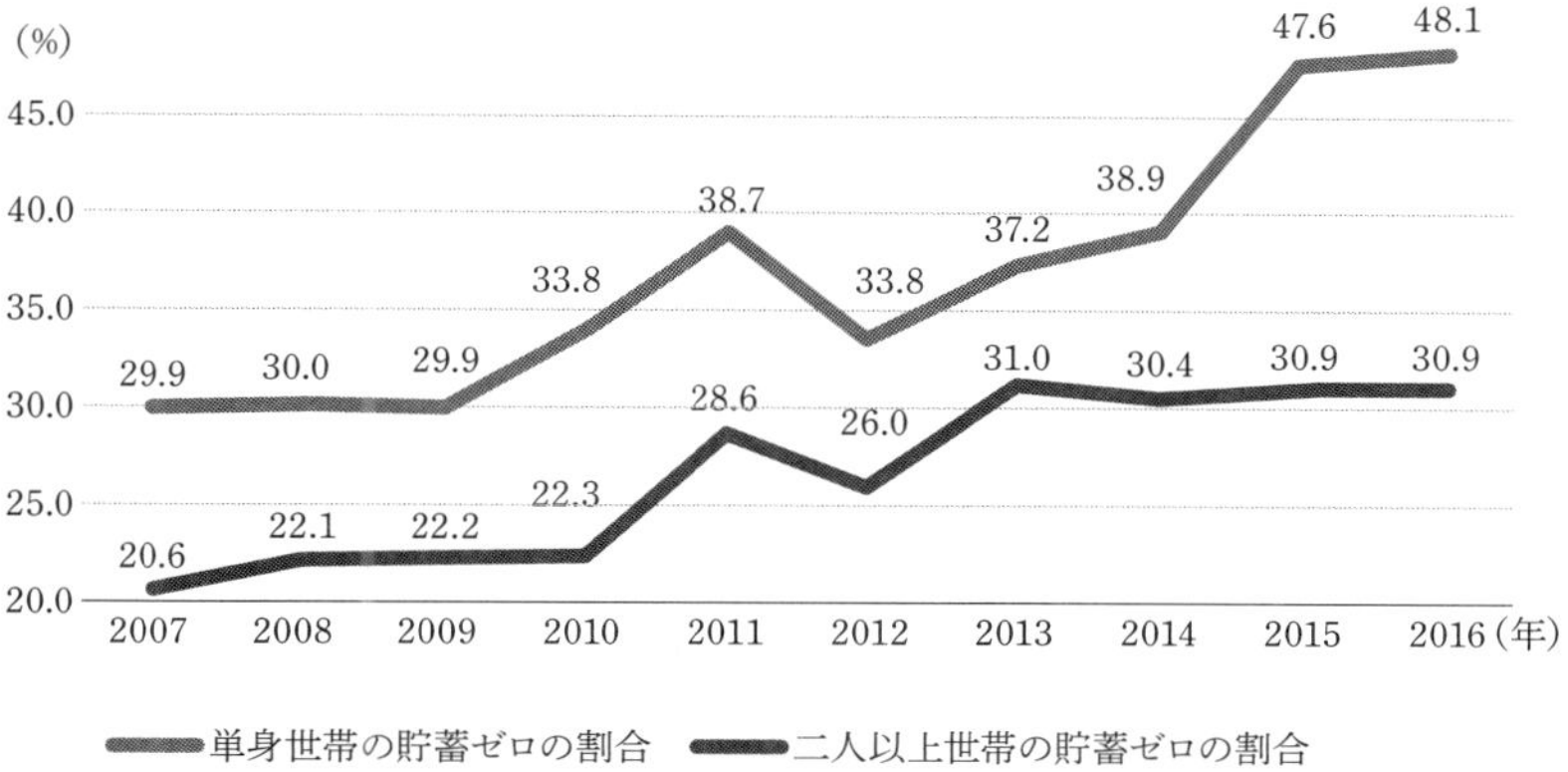

上：貯蓄ゼロ世帯の推移（年代別）

下：単身世帯、二人以上世帯における貯蓄ゼロ世帯の推移

金融広報中央委員会「家計の金融行動に関する世論調査」より。

療・介護関連の人的・財政的コストなどの諸問題は「２０２５年問題」と呼ばれる。

いまはまだ、老いやライフステージの変化、あるいは生活リスクによって生じた労働市場からの疎外者を「ミッシングワーカー」としてとりあえず命名し、文字どおり不可視化・透明化できているかもしれない。しかし今後はこの層のボリュームにさらなる厚みが出ることは必至である。食い止めることはできないだろう。「自由な社会」のパートナーシップの問題、介護のマンパワー・介護医療の財政負担の問題、貯蓄なし保険なし世代の増加、それぞれがトリレンマの構造をなしている。

われわれは「イエ」を、自分たちの自由を制限し、因習に縛りつけるしがらみとして嫌い、地縁的な結びつきから訣別して都会に出て核家族を形成した。将来的な介護要員として配偶者を迎えることを「抑圧や人権問題である」として非難し、介護士やヘルパーといった低賃金労働者に外部化した。それと同時に、まともな貯えを準備できないような非正規雇用者や低所得者の将来のリスクを「自己責任」として一顧だにしなかった。それでもなんとかなっていたのだ。皮肉にもかつて自分たちが忌み嫌っていた因習が残存していた時期にこの国が築いた遺産によってなんとか相殺できていたからだ。

しかしバブルが崩壊し、潮目が変わってしまった。かつては「金の卵」などともてはやされていた若者たちは「就職氷河期世代（ポスト団塊ジュニア世代）」として扱われ、あたかも不良債権であるかのように社会の辺境をたらいまわしにされた。彼・彼女らの中核層はもはや40代を迎えているが、人口再生産に寄与することができなかった。賦課方式の社会保障制度を維持するにはどうしても人口の維持が欠かせなかったにもかかわらずだ。

いまわれわれは、重大なシステムの欠陥を修繕することなく、生じたツケ払いを先送りにしている。あるいは、どうしても支払わなければならなくなった場合は、それをミッシングワーカーたちにひとまず押しつける形でなんとかその場をやりすごしている。

ミッシングワーカーを不可視化している穴は暗く深いが、決して底なしの深淵ではない。ほどなくしてその堆積量に限界が生じ、いままで見て見ぬふりをしていたものが地表に溢れはじめるだろう。

この章のまとめ

❶ミッシングワーカーと呼ばれる「就労できず、その意欲も失ってしまい、統計からも見えなくなってしまった人びと」が日本に103万人いると推計されている。

❷しかし、ミッシングワーカーたちは働く意欲を失い労働市場から自発的に撤退したというよりも、労働市場から積極的に排除されたというほうが適当である。

❸介護による離職、非正規労働による離職は、ミッシングワーカーと化すリスクを一気に上昇させる。

❹かつて家族（とりわけ妻）は介護要員としての役割を期待されていたが、現代の「自由な社会」はそうした風潮を拒否して、個人主義的な人生を推進してきた。

❺自由な社会で多くの人びとが選ばなかった選択肢を、ミッシングワーカーたちは選ばされてきたともいえる。

❻ミッシングワーカー問題は、単に労働意欲を失った人びとが生活リスクにさらされている——という話ではない。自由な社会におけるパートナーシップ、少子高齢化、介護・医療財政の負担という、三すくみの構造のなかで、必然的に求められた犠牲者たちなのである。

❼いまは文字どおり不可視化《ミッシング》された人びととして見なされ、どうにかやりすごしているが、団塊の世代のマス層が後期高齢者となる2025年頃には、彼・彼女たちは到底不可視化できないほどの厚みになる。

18 「社会的な死」がもたらすもの

秋葉原無差別連続殺傷事件

２００８年６月８日。その日、私は知人のジャーナリストの事務所兼自宅で、彼の仕事を手伝っていた。そこは蔵前橋通りを妻恋坂のほうへ進んだ路地の雑居ビルにあった。

作業を続けていたところ、いまは懐かしいＭＰ３プレーヤーの電池が切れてしまったのだと記憶しているが、とにかく買い出しをするために事務所を出ようとしていたのを覚えている。目的地は――中央通りのソフマップだった。

家を出る前にトイレを済ませ、靴を履こうとしたとき、知人に呼びもどされた――「ちょっと来て、なんかあったみたいだ」

自分がそのときいた場所からほんの目と鼻の先で、凄惨な事件が起きていたことを知るのには、そう時間はかからなかった。あのとき、出発する前にトイレに行かず、５〜10分早く出発していたら、自分はいま、どうなっていただろうか。

あの頃はＳＮＳも未発達で、語弊はあるかもしれないが、社会はもっと近視眼的だったように思う。犯人のおかれた環境や世界の見方を、相対的に検討することが困難だった。

実際、当時の「2ちゃんねる」の一部では、この事件の犯人の労働環境や経済状況についての報道を踏まえ、世間ではいわゆる「勝ち組」と称される人びとに対して「負け組」が一矢報いたというような二項対立的な構図によって、犯人を礼賛するような論調すらあった。

犯人は供述あるいは手記のなかで「社会的な死」について語っていた。彼が裁判で語った犯行動機は「掲示板でなりすましをされるのが嫌だったから」というものだった。彼は、他人とやりとりをしていた掲示板で、自分になりすまされることを、社会的に死んでしまうことのように認識していた。

社会的な死——正直なところ、それを聞いた当時は意味がよくわからなかった。掲示板でなりすましをされることと、それと「社会的な死」が結びつき、無差別大量殺人を試みることに、どのような論理的接合があるのか考えが及ばなかったからだ。

しかしいまなら、なんとなくわかる。彼にとって掲示板は、自分の「社会的存在の空白感」を埋めてくれる存在だったのだろうと。

世間の人びとが、職場の人間関係、家族や友人、あるいは交際相手との関係性のなかに見出すような「本当の自分はここにあるんだ」という感覚。それはまさしく社会的存在としての自分である。それが彼の場合、たまたま掲示板またはそこにおける人間関係だったのだ。本人の雇用形態が正社員であるとか非正社員であるとか、貧困であるとかないとか、友達や恋人がいるとかいないとかは大した問題ではなかった。自分の社会的存在を示せる場所が、たまたま掲示板だったにすぎない。

それを持たない生活が想像できないほど、自分の空虚な時間を埋めてくれる存在――それが人によっては配偶者や子どもであったり、趣味であったり仕事であったりするのだろう。つまり、社会的存在としての承認を与えてくれる源泉だ。それがなんであれ誰にでもあるはずだ。もっとも、その源泉を脅かされたときにとる行為が、秋葉原で無辜《むこ》の人びとを殺傷するかどうかであるかは別としても。なんにせよ、掲示板を使っているとき、掲示板で他人と交流しているときの自分こそが本当の自分であり、なんらかの理由によってそこが利用できなくなることが、自分の社会的存在――ひいては、社会的な生――を著しく脅かすと彼は考えてしまった。

犯人は後の供述で、「厳格な母による生まれ育ちや非正規労働者の劣悪な境遇」といった世間で一般的にいわれていたような視座を否定的に述べていた。とはいえ、自分のよりどころをインターネットの片隅にある、数名の匿名の人びとが集まる掲示板に見出さなければならなかったことは、彼の過去から当時までをつらぬく「環境要因」と直接的な因果としては無関係だったとしても、間接的には影響があっただろうとは考えられる。

仕事が忙しくなるなどの理由で、掲示板を利用する時間がなくなりそうになると、彼は「社会的な死を周囲から迫られている、自分は社会的に殺害されようとしている」ととらえた。彼は自分に「社会的な死」を迫るもの（彼の場合は、激務を強いてくる会社や同僚）に対して、無断欠勤の末に退職するなど、かなり強烈な抗議をしていたようだ。彼にとってすれば、有機体としての生命ではなくて、「社会的生命としての自分」を殺されそうになっているのだから、それくらい強く抵抗しても当然だと思っていたのかもしれない。自分を自分として認めてくれるかけがえのないものが殺されそうになったとき、またそれを殺害しようとしていたのが自分の仕事だったとき、こうした行動を取ることはそれほど不自然ではないだろう。

しかし、彼は掲示板に現れた自身のなりすましによって「社会的な死」を迫られたときには、これまでのように無断欠勤をしたり、急な退職などの行為によって抗議することができなかった。相手はインターネット上の存在で、彼との「現実的な接点」が存在しなかったからだ。抵抗しようにも、相手に直接的な反撃方法がなかった。

しかしそれでも、なんらかの方法で、「自分に対する社会的な殺害行為」をやめさせる必要があった。なりすましをしていた人にとっては、軽いいたずらのつもりだったのかもしれない。だが、彼にとってすれば、それは自分の身体を刃物で傷つけられるような、看過しがたい加害行為にほかならなかったのだ。

つまるところ「なりすましとはお前が思っているような、軽い行為ではない」というメッセージを伝えなければならなかった。なりすましをして自分を殺そうとする者に告げる――これからする行動は、俺を殺したお前に責任がある――そうした抗議（メッセージ）が、歩行者天国にトラックで突っ込むという行為となってしまったのだろう。

人間が恐れるのは、「生物的な死」なのだろうか。「社会的な死」なのだろうか。その両方なのだろうか。インターネットなどを見ていると、なにかしらの不祥事を起こすなどした人に対して「○○するような人間は社会的に殺さないといけない」と軽々に述べる人がいるが、社会的動物である人間から社会的な実存を剥奪することは、それほど安易に決定してもよいものだろうか。あるひとりの人間を、理由はいかなるものであるにしても「社会的に死にながら生物的には生きている状態におくこと」がもたらしうる深刻な影響を、あまりよくわかっていないのではないだろうか。

秋葉原無差別連続殺傷事件については、犯人の「心的・精神的分析」をもとに、労働環境や家庭環境におけるなんらかの社会問題へと還元する試みはあまり奏効しないように思われる。彼は自分の社会的な生命を脅かされたから、それに対して抵抗して見せたにすぎないからだ。しかしながら、あくまで今回のケースが例外的であっただけで、別のケースでは労働環境や貧困などが、ある人の「社会的存在」を死なせてしまうことはある。

彼のような激烈な行動に出るかどうかは別としても、周囲から見れば吹けば飛ぶような小さな何かに自分の社会的存在を仮託して、自身を「疎外者」ならしめまいと必死に踏みとどまっている人びとが大勢いることを、私は知っているし、あなたもきっと知っているはずだ。

10年前、いまも自分が暮らすこの秋葉原という街で起きた出来事で「学びを得た」などとはまったくいいたくはないし、そもそも「学びを得た」などといった陳腐な表現にして片付けてはならないとは思うが――理不尽きわまる死を強制された人びとの命から、ただ悼むだけではなくその理由を背負って「社会的な存在」というもののありようについて考えなければならないとも同時に感じている。

新幹線内無差別殺傷事件

秋葉原の無差別殺傷事件から10年後、２０１８年６月９日夜、東京発新大阪行きの東海道新幹線のぞみ２６５号の12号車で乗客の男女３人が無差別に殺傷される事件が起きた。この原稿を書いている時点（２０１８年６月）では裁判はおろか容疑者の取り調べすら完了しておらず、したがっていまの段階でこの件についてあれこれと評論することが至極不謹慎であることは承知のうえだが、警察や各局報道などによって断片的に伝えられた情報をもとに検討したい。

メディアが伝えるところによれば、容疑者はいわゆる発達障害者であったことが伝えられている。それが直接的に影響しているかどうかは判然とはしないが、仕事や人間関係が長続きせず、いわゆる「ひきこもり」となってしまったようだ。「死にたい、自分には価値がない」と周囲には漏らしていたという。

――自分には価値がない、というが、そもそも「価値」とはなんだろうか。働くことによって生産できるモノやサービスの総量だろうか。あるいは、もっと広い意味でとらえるならば、自分が存在することで社会に及ぼすことのできる正負両面の影響だろうか。容疑者が「価値」として言及しているのは、どちらかといえば後者のような気がしてならない。

最初はおそらく、自分はまともに働けず、自分には社会でやっていける力が足りないというような思いを「価値がない」ということばに仮託していたのだろうと思う。しかしながら、やがてひきこもりになることによって、社会的にはよい点・悪い点、いずれの側面からもプラスマイナスゼロの存在――透明な存在――になってしまったのではないだろうか。

社会的になんの影響も持たない人間になること――それはたとえば、有名人になって人の心を動かすとか、働いて社会に価値を還元するとか、そういう次元の話ではない。自分が「社会的存在」として、誰かから承認してもらえるようになること、その承認を自分自身が確信できることだ。

それは秋葉原無差別連続殺傷事件の犯人が自身の犯行動機について「なりすましが嫌だったから（自分の社会的な存在をつなぎとめていた場所を破壊されることを防ぎたかったから）」と述べたことと重なっているように思う。自分自身の社会的存在をつなぎとめてくれる源泉も、それを認めてくれる人もいなくなったとき、人はたやすく「社会的存在」を抹殺されてしまう。

社会によって徹底的に排除され、疎外された人びと（社会的存在、社会的生物としての生を失った人びと）が、社会的生物としての生を持つ人びとの営みによってつくられた「秩序」や「規範」、ひいては「法」に、いったいどうして従わなければならないのか——という疑問を抱いても、個人的にはそれほど不思議には思わない。その疑問に対する答えを、無差別に他者を殺傷するという方法によって示そうとは思わないにしても、この社会には「社会的な存在としては自分を決して受け入れてくれないのに、なぜ社会的な存在を前提とした仕組みにのっとって生きなければならないのか」という疑問あるいは不条理を抱えながら生きている人がいることはたしかだろう。それについては後述する。

この事件の被害者のひとりである、女性を守ろうとして命を失った男性は、いわゆる「エリートサラリーマン」であったという報道もなされた。事件の容疑者と、犠牲になった男性、それぞれの目には社会はまったく別の景色として映っていたことだろう。おそらく、こんなことが起きなければ、永久に交わることのなかったふたりだったに違いない。

働いていなくても、会社組織で地位を得ていなくても、社会とのかかわりを得られるような人はいる。しかしそういう人にはたいてい、働いていないことなどを補って余りある傑出した才能があり、それが世間から評価を得ていることが多い。そうした才能のない大多数の人びとが「社会的存在」たりえるには、労働がもっとも手近でかつ手っ取り早いとはいえるだろう。すべての人が労働によって「社会的存在」として包摂されるとはかぎらない。しかしながら、労働ができなければたちまち疎外されてしまうような人が一定の割合いるということだ。

人間社会の未熟さを思い知らされるようだ。理想的には、人は労働以外の方法によっても包摂されるべきだ。しかしいまだに、それに代わる有効な手立てを見出せていない。根本的には、働くことが重要なのではない。働く過程で得られる「自分が存在していることの証明」が大事なのだ。「社会的存在」としての証明の手立ては、なにも労働でなければならないという決まりはない。それにもかかわらず、われわれの多くは、働くことを前提にしてしか、自分の存在を認められず、自分の価値を保てないでいる。

この事件で犯人が無差別に、しかしそれでいておそらく自分よりも肉体的に弱い（にもかかわらず社会的には承認されているであろう）人を傷つけようとしたことは、「包摂された弱い者」と「包摂されなかった弱い者」の深い断絶を感じさせる。

この社会の秩序とか、道徳とか、規範とか、やさしさとか、慈しみとかいったものが効力を発揮するには、その対象が「社会的存在」であると認識されていることがその前提となっている。社会的になんらかの存在として認められ、それによってなんらかの利得や責任が発生していることが必要なのだ。逆にいえば、「社会的存在」あるいは「社会的動物としての生」を失った（あるいは、剥奪された）人には、それらの枠組みを守らなければならないという強制力も説得力も伴わないということだ。

社会的な生を喪失し、透明になった人間が、ふたたび自分という存在をこの社会に取り戻すための方法が、このような悲惨な形になってしまってよいわけがない。それだけはたしかだ。

ヤクザの一分

この社会には「社会的な存在としては自分を決して受け入れてくれないのに、なぜ社会的な存在を前提とした仕組みにのっとって生きなければならないのか」という疑問あるいは不条理を抱えながら生きている人がいることはたしかだろう——と先ほど述べた。私は、そうした人びとと物理的・社会的に距離の近い環境で育ったといえるかもしれない。

私が生まれた街は、ヤクザという存在とは無縁ではいられない街だった。街で石を投げたらヤクザに当たる——というジョークすらあるほど、故郷は「ヤクザの街」だった。

映画やゲームなどのフィクションでは、しばしばヤクザは「善的」に描かれているが、心の底ではしっくりこないところがある。ヤクザが「街の自警団」を勝手に名乗って、無辜の一般市民から勝手に金品を巻き上げている様子をたくさん見てきたからだ。自分たちが治安を悪くして、自分たちがそれを守っているふりをして金を巻き上げる——自作自演、マッチポンプとはまさにこのことをいうのではないだろうかとすら考えていた。

自分の親以上に年長だったが、地元の知人にヤクザとして生活している人がいた。組織内ではそれなりに立場のある偉い人だったようだが、そんな人にいま述べたようなヤクザの「善的」な描写あるいは自認に対する違和感を尋ねたことがある。そのときのやりとりを、いまでもよく覚えている。そのことを書いて、この章を終わりにしたい。

——言っちゃ悪いけど、ヤクザのことを必要悪、みたいにいう風潮が気に入らない。ヤクザなんか、できることならいないほうが世間にとってはよいことだと思う。

「お前の言いたいことはわかる。本来ならヤクザなんかたしかに百害あって一利なしや。でも、ヤクザはいまのところ世間様から役割をもらってるから、お前が望むようなヤクザなしの世界にはならんわけや」

——その役割ってなんですか？

「少なくとも俺のところに関しては、世間様が『こいつはどうしようもない奴や。こんな奴は近くにおいときたくもないわ、去ね《い》』って捨てられた連中の受け皿になっとるってことや。世間様のところでまともに働くこともできん、行く当てもないような奴をほったらかしとったらどうなると思うよ。たぶんヤクザよりあかんわ。ヤクザよりタチの悪いゴロツキみたいなもんになるぞ。

だいたい、何かちょっとあっただけですぐにカッとなってキレやすい、店の商品に手をつけてしまったりと手癖は悪い、ろくに算数もできんくらいには頭も悪い、下手したら生まれたときから『あいつは○○もんや』いうて除け者にされてまともに相手もされんかったような連中が、社会でやっていけると思うか？　そういうやつが背広着て会社の面接受けにきたとして、お前が社長やったら雇ったるんかい？　世間様は『ヤクザはいらん』と『でもほっといたらゴロツキやヤクザになりそうな人間の面倒を見るのはごめんやで、よそへ行って頂戴』って二枚舌を器用に使いわけてるわけ。だからヤクザが必要なの。わかる？」

――たしかに世間では身の置き所がなかったとしても、だからといって犯罪はだめでしょ。

「犯罪って、生活保護を不正にとった奴がおるとかそういう話？　まあたしかにそういう奴はおるけど、たとえ身体が健康でも社会でやっていけん奴が生活保護取って何が悪い？　それもさっきの話と一緒よ。こっちではよう面倒は見んけど、だからといって悪いことはするなよって全員から言われつづける側におる人間は、どうやって生きていくんや？　身体だけは丈夫で健康やけどまともに続けられるような仕事がなかったりした場合、役所の窓口で紋々（刺青）を見せて生活保護とるのもしゃあないと思わんか？　だって、それもあかんかったら、そいつはもうあとは強盗したりして他人に暴力振るって奪いとるくらいしかないやろ？　強盗して捕まって一生刑務所を出たり入ったりして、それでとりあえず暮らしたら世間的には目につかなくてええっていうのも意見としてはあるやろうけど、それはホンマに人間っていえるか？　法律は誰を守ったり罰したりするんや、そいつをまるで人でなしのような扱いをしておきながら、人間としての法律は守れっていうか？　俺にはそのほうがよっぽど残酷で悪いことのように思う」

――つまり、社会が追い出す人の受け皿として、むしろヤクザはその存在を求められているってこと？

「いやもちろん、世間はおおっぴらに『ヤクザが必要です！　助かってます！　ありがとうございます！』とはいってないぞ。いまの仕組みはどう考えても、ヤクザになるような連中が出てきてしまうし、そいつらが世間で暴れまわらんようにヤクザがあることを前提としてるっていう意味やで。そういうのを必要悪っていうんちゃうか？」

「あなたの居場所はきっとあるよ（でもここではないし私には近寄らないでほしい）」といった主旨の言説を目にするたび、あのヤクザのおじさんの顔がいまでも浮かんでくる。人びとが「自由な社会」において、仕事や人間関係を自由に選んでいることは、選ばなかった何か、あるいは誰かを共起していることになる。多くの人から「消極的自由（選ばない自由）」を行使された人やものごとは、いったいどこへ行き、誰が最後に引きうけているのだろうか。

消極的自由を世間の人びとから行使され続け「社会的存在」としての実存を失った人間に対して、社会的なルールを守れというのは、はたして理にかなっているのだろうか。

この章のまとめ

❶秋葉原事件の犯人を追いつめたのは、労働環境や貧困ではなくて、「社会的存在」としての自分が消し去られようとしたこと。

❷多くの人は社会的存在を糧にして生きている。

❸社会的存在とは、職場であったり、友人であったり、家族であったりといった、さまざまな関係性のなかにあり、どこにあるかは人それぞれ異なる。

❹秋葉原事件の犯人には、それがたまたま「インターネットの掲示板」に存在していた。

❺インターネットの掲示板での自分を脅かされること、それが彼にとっては「社会的な死」を迫るもの以外の何物でもなかった。

❻新幹線内無差別殺傷事件の犯人は、仕事が長続きせず、自分のことを無価値な人間だと思っていた。

❼現代社会は、社会的存在を得るための方法が、労働に偏重している。それは多くの人を包摂するが、それによって排除されてしまう人も一定数いる。

❽「社会的な存在としては自分を決して受け入れてくれないのに、なぜ社会的な存在を前提とした仕組みにのっとって生きなければならないのか」という疑問を持つ人がいて、社会はそうした人びとに秩序や規範を遵守させるような説得力や実効性を持たない。

❾ヤクザはそうした「社会的存在」を剥奪された人びとの受け皿として、はからずも世間からその役割を託されてしまっているため滅ぶことはない。

19　相模原事件の犯人を支持した人びと

「人の価値」

相模原障害者施設殺傷事件から2年が経過した。神奈川県立の知的障害者福祉施設「津久井やまゆり園」に、同施設でかつて勤務していた元職員の男（犯行当時26歳）が侵入し、所持していた刃物で入所者19人を刺殺し、入所者・職員計26人に重軽傷を負わせた大量殺人事件である。

やまゆり園に事件当時入所していたのは、19歳から75歳の入所者１４９人（男性92人、女性57人）であり、その全員が障害支援区分４～６に該当する重度知的障害者だった。

犯人（被告人）は２０１２年から２０１６年まで同施設で職員として働いていた。当初は「明るくて意欲がある」と評価されていたようだが、次第に施設入所者への暴言や暴力行為に及ぶようになり、少なくとも２０１５年頃には周囲の関係者に「障害者は皆殺しにすべき」など、事件の背景ともなる自身の歪んだ思想を口にするようになっていったという。

被告は逮捕後の取り調べに際して「今の日本の法律では、人を殺したら刑罰を受けなければならないのは分かっている」と供述している一方で、障害者に対する差別的な思想を改めようとは考えていなかったようだ。被告は一貫して「障害者は不幸を作る人」「障害者の安楽死を国が認めないので、自分がやるしかない」と犯行を正当化する供述を繰りかえしている。中学生時代に障害を持つ同級生とかかわったことなどが偏見のきっかけになったとほのめかしており、職員として勤務していた頃にも自身の差別的で優生思想的な考えを同僚に披露し「それではナチスと同じだ」と批判されていたことも明らかになっている。「(事件に)共感してくれる人はいる」といった趣旨の発言もあり、事件後も自身の優生学的な思想には必ず賛同者がいるだろうという確信を持っていたようだ。

同施設の利用者たちと交流があった中学生が、園への思いを作文にしたところ法務省が主催する「中学生人権作文コンテスト」の中央大会で奨励賞を受けた。被告は障害者の存在をなじるが、生徒は作文で「それは違う」と否定し「相手の価値を勝手に決めず、互いに尊重しあえる社会を」と訴える。

社会の中には、犯人と同じように、「生産性のない障がい者はいらない。」と言う人も多く出てきました。ネット上で匿名で犯人に同調する人が多く出てきて、驚きました。たしかに障がい者はお金を生み出せないかもしれません。

でも、何事にも一生懸命に取り組む姿を見て、私はいつも勇気をもらいます。頑張ろうと思います。私は障がい者に生きる価値がないと言う人たちに言いたいです。もしも自分の子供が障がいを持って生まれて来たら、もしも自分の身内がある日突然、事故や病気で障がい者になってしまったら、今と同じ事が言えますか？　と。

事件のあと、障がい者の人たちはどのような気持ちで生活しているのでしょうか。町を歩いているとき、電車に乗っているとき、自分の周りにいる大勢の人たちの中にも、自分の事を「死んでしまえばいいのに」と思っている人がいるかもしれないと思ったら、大変な恐怖なのではないでしょうか。

《誰にも同じ生きる価値》

——価値とはなんだろうか。

「価値」とは実に多面的・多義的なことばだ。モノやサービスを得る際の対価として支払う値段を具体的に示すこともあれば、あるものごとがいかに役立つか、有意義であるかといったことを抽象的に示すこともある。

しかしその価値ということばが、人間が持つなんらかの、ある一定の質量を測るものとして用いられたときは、どのような意味合いを帯びるのだろうか。

それは労働によって生じる経済的な生産性のことだろうか。それとも、存在することによって社会に有益性をもたらすか（またはもたらしうるか）という期待のことだろうか。

仮に経済的生産性という意味合いが「人の価値」だったとしても、被告のいったように障害者は「無産者」であるとはいえない。被告はきっと認めたくないだろうが、彼・彼女たちがいる施設で働いている時点で、自分自身も彼・彼女らが直接・間接的に創出した雇用によって糧を得ている。そうした機会が一度でもある以上、無価値だと断じる筋合いはないだろう。

それをいってしまえば、傷病者で仕事に就けないものすべては「無産者」という枠組みに押し込められることになるが、彼・彼女たちもその存在によって経済的な主体としての枠組みに取り込まれており、何も生産していないと断言することはできない。

一方で、社会に有益な影響を与える存在であることを「人の価値」とした場合はどうだろうか。これも一面的には判断することはできない。ある人にとっては聖人君子のように、また社会にとっても有意義な仕事を成している人であったとしても、すべての人にとってそうであるとはかぎらない。いま、ロボットの研究をしている人は、事故によって腕や足を欠損してしまった人にとってすれば英雄的存在として見えるかもしれない。しかし、その人の研究によって仕事が奪われてしまうかもしれない人にとってみれば、同じような評価を下せるだろうか。

経済的な生産性、社会的有益性、いずれの側面を「人の価値」として考えたとしても、ゼロイチで切って分けることなど到底できるはずもない。

植松被告は現在も「意思疎通できない人は安楽死させるべきだ」と、重度障害者殺害の正当化を続けている。ただ、刃物で刺す行為は安楽死ではないと指摘すると、「申し訳ない。他に方法が思いつかなかった」と述べ、初めて被害者に対する謝罪の言葉を口にした。

裁判では「私が殺したのは人ではない」と、行為の正当性を主張するとした。死刑の可能性については、「(死刑判決なら)『ばか言ってんじゃねえ』と言ってやる」と顔をゆがめ、「僕の中では、懲役20年くらいかな」と語った。

時事通信《「別施設襲撃も計画」=殺害方法を謝罪接見で植松被告・障害者殺傷1年半》2018年1月26日

「人の価値はそう簡単に断じることのできないものだ。ましてや、その人が価値がないなどとどうしていえるだろうか」ということばが被告に届かなかったのは、被告自身の内心に「自分が相手をしているのは人間ではない」という確信というか歪んだ信念があったからだろう。

人の価値を最終的に決定するのは、自分自身ではないことがほとんどだ。他人からの評価を得て、それを自分の価値であると内面化するプロセスを辿ることのほうが一般的だ。つまり人の価値とは、その人を見る他者のまなざしごとに異なるとはいえ、その人がおかれている社会的関係性のなかにある程度は収束していくともいえる。ありていにいえば、人の価値とはその人の常日頃の人とのかかわりによっておおむね決定されるということだ。

だとすれば、人とのかかわりが希薄な人の価値とは何か、どのように決するのか——それが「人の価値」を議論する際の大きなエアポケットとして放置されてきたことは否定できない。

施設に入所する障害者たちは、障害が重度であるため互いに言語的コミュニケーションによる意思疎通が困難だったことはたしかだろう。また、障害支援区分4~6ということであれば、食事や排せつはほとんど全介助レベルであることは間違いない。「人とのかかわりも希薄で、社会からは隔てられた施設に入所し、それで人としての価値があるといえるのか」——これが、被告の主張の背景に存在した「価値の定義」だった。

「社会の矛盾を暴く行為」

こうした被告の主張あるいは掲げる思想は、インターネットを中心として特定の界隈に一定の支持・共感を集めてしまったようだ。被告の支持者たち自身は障害を持っているわけではなく、施設に入っているわけではない健常者であるが、しかし社会の関係性には恵まれず、生産性も高くなければ有意義な事績を残しているわけでもない人びとだった。

なかでも、とりわけ支持の声が大きかったのは、ネットで日々の生活の不満や他人への僻みや恨みを綴る人びとの集まる「ネット底辺層」の住人たちだった。いわゆる「嫌儲」などのコミュニティに集まり、被告の行為をまるで「英雄的行為」であるかのごとく称賛していた。

「自分も社会で無価値な人間として扱われている。ましてそいつらに価値があるはずがない」「自分は誰からもまともな人間として評価されたことなんかない。施設の場所を見てみろ、こんな山奥の僻地に自分の子どもを追いやっておいて、事件後に出てきて人権が大事だとか障害者の尊厳とかよくいえたものだ」——などと辛辣なことばが並んでいた。

しかしながら、被告が殺害しようとしていた対象（人とのかかわりにおいて、被告がいうところの「無価値」な人間）には、彼のことばを共感的に見ていた人びと自身も大なり小なり当てはまってしまっているのではないだろうか。それらの違いは障害の有無にしかないともいえる。ともすれば自分たち「ネット底辺層」のことも「無価値な人間である」と断じ、やがては刃を向けてしまいかねない、いわば「ネオナチ」的な思想になぜ、いわゆる「ネット底辺層」の支持が集まったのだろうか。

被告のことばを肯定的に受けとった最大の理由はおそらく「メタ的に『社会の矛盾』を暴いた」ととらえられるその露悪性にあったのではないだろうか。

「社会の矛盾」とはつまり、これまで社会が彼らに突きつけてきた「社会的淘汰（ソーシャル・ダーウィニズム）」的な価値観と、社会的弱者・マイノリティの人権を尊重しなければならないという奇妙で逆接的な同居関係のことである。
「自己責任」「努力不足」などとなじられ、社会から著しく低い評価を与えられて底辺層で燻《くすぶ》ってきた人たちにとってすれば、今回被告が障害者たちにしたことは「社会が自分たちにいままでしてきたこと」の再現のように映ったのだ。

つまり「お前たちはこの事件に心を痛めているようだが、お前たちは（気づいていないのかもしれないが）普段は平気で他人に同じようなことをしている。犯人と違って、お前たちは『できの悪い健常者』に対して行っていることじゃないか。その対象が違うだけだ」と。

自分たちが「できの悪い健常者」にやっているときは「自己責任」で済ませてきたようなことを、被告が障害者に対してメタ的に再現したときには「人権」や「人の尊厳」といった倫理観が浮上するという「矛盾」が浮かびあがることを、ネットの暗部で暮らす人びとは大いに喜んだ。

共感者たちにとってみれば、被告の言動には社会の「二枚舌」を出し抜いたような感覚があったのだろう。犠牲となった障害者たちに対して「ざまあみろ」といった感情はあまり抱かなかったはずだ。障害者を山奥の施設に追いやっておきながら、人の尊厳が大事などといいつつ、できの悪い健常者に対しては「お前は価値のないクズ」といわんばかりの扱いをするような、ダブルスタンダード的な姿勢を見せる「社会全体」に向けて「ざまあみろ」と放言した――というほうがむしろ適切であるように思われる。

本当は「不寛容」な人びと

あなたは無価値じゃない、あなたはこの社会にいていい存在だ、誰もあなたを否定しない——という考え方にはほとんどの人が首肯する。その一方で「でも自分の周囲には、ちゃんと多くの人に価値を認められた人がいてほしい」と思ってしまうのが、悲しいことだが、人間の性《さが》というものだ。

だが、大っぴらにそれをいうと角が立つので、「あなたにはきっとふさわしい場所がある」などといってお茶を濁すことが多い。しかし、そうもいっていられなくなったとき、人は容易にその本性を現したりするものだ。

集会所の置き時計がむなしく時を刻んでいた。2014年3月30日、川崎市北部の住宅街に移転を計画する精神障害者のグループホームと、約20人の地区住民の話し合いは平行線のまま、3時間がたとうとしていた。

「原発も安全と言われながら事故が起きた。精神障害者は本当に安全なのか」「社会的地位の高い住民が多い地域に来ないで」激しく畳みかける住民の言葉に、ホームの青野真美子所長（55）の顔はこわ張った。

同じ町内の老朽化した一軒家から1キロ離れた新築アパートへ移る予定で、工事は終わりかけていた。だが、話し合いからまもなく、さらに大きなショックが待っていた。工事業者から連絡を受け、駆けつけた青野さんの目に飛び込んだのは、10本近いのぼりと横断幕だった。「精神障害者大量入居絶対反対」。夕闇の中、赤い文字が揺らめいていた。

（中略）

炎を拡大させたのは近くに住む女性医師だ。経営する医院のブログに書き込んだ。「精神障害者にも幸せに暮らしてほしいが、まともに働いて税金を納めている人の生活を阻害してはいけない」。医院の受付に反対の署名用紙をおいた。共感は近隣住民から地区内の子供を持つ親へ広がり、署名は1カ月で1000人を超えた。

毎日新聞《住民、漠たる不安住宅街の障害者ホーム建設「暮らし壊される」、過熱した反対運動》2015年1月1日

「社会的地位の高い住民が多い地域に来ないで」とは、なかなかすさまじい台詞であるが、それは要するに「あなたにはきっとふさわしい場所がある」ということばのオブラートが剥げ落ちただけの話だ。表現が刺々しいだけで、この社会にはありふれた感情だ。あなたは無価値じゃない、あなたはこの社会にいていい存在だ、誰もあなたを否定しない——という甘美なことばの砂糖を少し取りのぞけば「あなたにはきっとふさわしい場所がある」となり、さらにその砂糖菓子のコーティングを剥がせば「精神障害者にも幸せに暮

らしてほしいが、まともに働いて税金を納めている人の生活を阻害してはいけない」となるわけだ。

しかしそれは、なにも障害者を憎悪したり忌み嫌ったりして冷酷に追放したいがためにいっているわけではない。自分のこれまでの暮らしや家族の暮らし、周囲の仲のよい人びとの暮らしを守りたいという純粋な思いから出たことばでもあるだろう。

価値がある。人権がある。居場所がある。そういいながら一方で、価値がない。人権はない。居場所はここではない、あっちへ行けといわんばかりの態度をとる――そうした人間社会の「矛盾」があるからこそ、相模原で無辜の人びとを殺傷した被告の誇大妄想の入りまじった優生学的思想に、少なくない人びとの支持や共感が集まってしまったのではないだろうか。

被告のような言説に一定の説得性を与えてしまうような社会ではいけない。そんな社会は「まとも」であるとはいえない。社会が持つ歪んだ「矛盾」を減らしていくこと、それこそが、被告が行ってしまったような歪んだ社会批判の方法論を生まず、また支持もされない土壌を築いていくための唯一の手続きとなる。

この章のまとめ

❶人間の価値とは多面的である。

❷しかし価値を決めるほとんどの側面で「他人とのかかわり」が不可欠だ。
❸他人とのかかわりが乏しい、あるいは不可能な人の価値をどのように決めるのか。
❹相模原障害者施設殺傷事件の犯人の思想を支持するような人が存在していた。
❺彼らは「お前には価値がない」と社会から排除された人びとだった。
❻「社会が自分たちに無価値だというときは自己責任論、相模原の障害者に対してなされたときは人権問題になるのはおかしい」と支持する人びとは考えた。
❼人は自分に関係のないときだけ「寛容」であるふりができる。自分の意に添わない形で「寛容」を求められたとき、容易に「不寛容」になる。

おわりに

「はじめに」で触れたホームレスのおじさんの話をもう少し詳しく書こう。

おじさんには身寄りがなく、地元を離れて10年以上前にこの街にやってきて、港湾労働者として働いていたようだ。ところが病気を患って仕事をクビになり、そのまま困窮して路上生活をすることになったという。


おじさんは私が住んでいたアパートの近くにかかっていたボロボロの橋の上でよく釣り糸を垂らしていた。何匹もよくわからない魚を釣っているのを見て、私が「こんな運河でも魚って釣れるんですか」と声をかけたのがきっかけだった。

「おう、釣れるよ。こんなんだけど」

おじさんは笑顔でバケツを指さした。中を覗くと、薄汚れた海水に入れられた平たい形の魚が4～5匹ほど見えた。

「まあ、こんなもん水が汚くて食えないんだけどね」

といって、いつも釣りのおしまいには、バケツをぶちまけて魚たちを海に還してやるのだった。おじさんにとって釣りはあくまで時間をつぶす趣味であり、食料を得るためではないとのことだった。

おじさんの住処は私のアパートからはずいぶん遠いところにあったようだ。この街にはほかにもたくさん運河にかかる橋があり、釣り人が利用できるように配慮された散策路が設けられた場所もある。それにもかかわらず、歩けば20分くらいの場所にあるこの橋までわざわざ来るのはどうしてかと尋ねたことがあった。おじさんは、ここは人通りが少なくて迷惑をかけないからだ、と答えた。

他にも釣りをしている人はたくさんいたし、迷惑なんてかかってないでしょう、といったが、やはりおじさんは「いやいやここが一番迷惑にならないから」といって、いつもそこにやってきては釣りをしているようだった。

「はじめに」でも述べたが、私はある日おじさんに生活保護や公的な住宅支援を受けるように提案した。結局、断られてしまうのだが。正直なところ、当時の私はこうした制度の存在を伝えればきっとおじさんは「おお、そういうのがあるのか、ありがとう！」というだろうと勝手に期待していた。

「いや、そういうのは使わないよ。このまま生きていくから」

「そういうのは、本当に困っている人が使うべきでしょう。俺は、自分がだめだったからこうなったんだよ。これ以上他人の迷惑になるようなことをしたくないのよ」

「お兄ちゃんがそういうのを教えてくれるのは助かるんだけど、これでもし誰かのご厄介になったら、今度こそ世間様には顔向けなんかできなくなっちゃうのよ。それをするくらいなら死んだ方がいい」

迷惑をかけたくない、こうなったのは自分のせいだから――祈るかのように漏らすおじさんに、私はなにもいえなかった。独りよがりな提案にすぎなかった。

おじさんは、自分のことを「いるだけでも迷惑な存在」だと思っていたのではないだろうか。自分が世間の目につく場所にいること自体を迷惑だと思ったから、わざわざ遠くにある人通りの少ない橋を遊びの場所に選んだかもしれない。

そんなおじさんの優しい祈りを前に「そんな祈りは無意味だ。いいかげんに現実を見ろ」などという度胸がなかった。私はおじさんの祈りを台無しにしてでも、そこから助けるという選択ができなかった臆病者だったのだ。

おじさんはきっといまでもあの街のどこかで祈っているだろうが、その祈りは届いているのだろうか。住民たちの声を見てみよう。東京都港区役所のサイトには、地域住民たちからホームレスに対するご意見が書かれている。すこし見てみよう。

・公園で洗濯をしている人を見たことがあった。以前公園の方に相談したら、「区役所に連絡するのがいいですよ」とおっしゃった。

その後はしばらく見かけなかったが、最近戻ってきたようだ。洗濯したものを植木の上に干してあったりしているので、非常に美観も損ねている。もうちょっと管理していただけないか。港区として、「そういう事をしないでください」と言えないのですか。あと、寝泊りしている方もひとりいる。多分ホームレスだと思うので、取り締まっていただきたい。

・ホームレスについて対策をしていただきたいと思い、連絡させていただきました。2件あります。

まず古川橋の高速下の公園にいるホームレスです。置いてある段ボールやスーツケースなどの収集した物の量がとても多く、公園の一部を占拠しています。横断歩道、公衆トイレ、バス停なども近いところなので退去、撤去していただきたいと思います。

2つ目は新古川橋から四の橋の川沿いの公園にいるホームレスです。こちらも段ボール、傘などかなり量があります。洗濯物も干してあります。近くにトイレがないせいか、植木で小便をしているところを見かけたこともあります。

こちらも退去、撤去していただきたいと思います。2件とも公園などの公共の場所ですし、人通りも結構あると思います。何かあってからでは遅いと思いますので対策をしていただきたいと思います。

あなたには、どのように見えるだろうか。

誰からも見つけられず、誰からも祝福されず、誰からも救済されない祈りがある。私たちの「自由な社会」は、そうした人たちの祈りを糧《かて》にして存続している──彼らの「世間様に迷惑をかけたくない。こうして立派に生きている。そっとしておいてほしい」という「尊厳」を踏みつけにし、それにタダ乗りすることによって。

私たちはそれでも、この「自由な社会」を愛している。自由な社会で、自由を最大限に享受して生きている。私たちが愛してやまない自由な社会でこれからも暮らしていくことを望むのであれば、もっぱら陽の光が当たらない影の部分にもそろそろ目を向けなければならないのだろう。

その影でだれかが、けっしてふり返らない大勢のために、必死に祈りをささげているかもしれないからだ。

参考文献一覧

本文では直接的に引用または言及しなかったが、各章の執筆に際して筆者に大きな示唆と影響を与えた書籍や資料もここではあえて記載した（引用した場合は本文で都度出典を併記する形式をとっている）。本書があくまで「矛盾社会序説」であり、ここで取り扱った諸問題をより深く理解することに寄与すると考えたためだ。

01

「かわいそうランキング」が世界を支配する

金成隆一『ルポ トランプ王国――もう一つのアメリカを行く』、岩波新書、２０１７年

Lorenz, Konrad. : "Studies in Animal and Human Behavior" Cambridge, MA: Harvard Univ Press, 1971.

ニューズウィーク日本版『「難民受け入れます（ただし独身男性を除く）」の波紋』、２０１５年11月25日

https://www.newsweekjapan.jp/stories/world/2015/11/post-4154.php

毎日新聞「電通社長、起訴内容認める 東京簡裁初公判」、２０１７年９月22日

Los Angels Times "Black dog bias?", 2008/12/06

http://www.latimes.com/style/la-hm-black6-2008dec06-story.html

厚生労働省「平成27年度『過労死等の労災補償状況』」、２０１６年

02

男たちを死に追いやるもの

経済産業省「カルチャーセンターの概況」、２０１７年

警察庁「平成28年中における自殺の状況」、２０１７年

厚生労働省「平成28年の自殺の状況」、２０１７年

東京都監察医務院「東京都23区における孤独死の実態」、２０１０年

内閣府「平成21～26年累計 自殺統計原票 内閣府における特別集計」、２０１６年

社会実情データ図録「幸福度の男女差の推移」、２０１４年

https://honkawa2.sakura.ne.jp/2472.html

logmi「【全文】「今こそフェミニズムを見直すべき」女優エマ・ワトソンが国連で〝男女平等〟を訴えたスピーチ」、２０１４年９月

https://logmi.jp/23710

03

「男性〝避〟婚化社会」の衝撃

厚生労働省「人口動態統計」、２０１７年

総務省「夫と妻の仕事、家事・育児、自由時間の状況「男女共同参画週間」にちなんで（社会生活基本調査の結果から）」、２００８年
国立社会保障・人口問題研究所「第15回出生動向基本調査（結婚と出産に関する全国調査）」、２０１６年
国立青少年教育振興機構「若者の結婚観・子育て観等に関する調査」、２０１６年
内閣府「少子化対策――夫の協力」、２０１８年

04
外見の差別・内面の差別

ダニエル・ハマーメッシュ『美貌格差――生まれつき不平等の経済学』（望月衛訳）、東洋経済新報社、２０１５年
American Psychiatric Association『DSM-5 精神疾患の分類と診断の手引』（高橋三郎ら監訳）、医学書院、２０１４年
毎日新聞『「髪染め強要で不登校」高３、大阪府を提訴』、２０１７年10月27日
ＡＦＰＢＢ「小児性愛の「治療」に取り組むドイツのセラピープログラム」、２０１６年11月30日
http://www.afpbb.com/articles/-/3109681
法務省「法務総合研究所研究部報告52 知的障害を有する犯罪者の実態と処遇」、２０１４年
垣内理希「美人ステレオタイプは存在するか」『社会心理学研究』第12巻1号、54～63頁、日本社会心理学会、１９９６年
戸田弘二ら「子どもの外見がその子の能力評価に及ぼす影響」『北海道大学紀要』第62巻2号、２７７～２８９頁、２０１２年
松繁寿和「体育会系の能力」『日本労働研究雑誌』第47巻4号、49～51頁、労働政策研究・研修機構、２００５年
Persico Nicora, Postlewaite Andrew, Silverman Dan. : "The Effect of Adolescent Experience on Labor Market Outcomes: The Case of Height", Journal of Political Economy, University of Chicago Press, 112(5), pages 1019-1053, 2004.

05
「非モテの叛乱」の時代？

杉田俊介『非モテの品格――男にとって「弱さ」とは何か』、集英社新書、２０１６年
山田昌弘『モテる構造――男と女の社会学』、ちくま新書、２０１６年
ニューズウィーク日本版「トロント バン暴走事件の動機は性的欲求不満？ 女性蔑視主義者「インセル」とは？」、２０１８年４月27日
https://www.newsweekjapan.jp/stories/world/2018/04/post-10070.php
ＢＢＣ ＮＥＷＳ ＪＡＰＡＮ「容疑者は女性嫌いのグループに言及 トロント・バン暴走」、２０１８年４月25日
https://www.bbc.com/japanese/43889476
The New York Times "The Redistribution of Sex", 2018/05/02
Deseret News "U.S. marriage rate hits new low, may continue to decline", 2015/05/20
https://www.deseretnews.com/article/865629093/US-marriage-rate-hits-new-low-and-may-continue-to-decline.html

07
「無縁社会」を望んだのは私たちである
NHKスペシャル取材班『無縁社会』、文春文庫、２０１２年
NHKスペシャル取材班『縮小ニッポンの衝撃』、講談社現代新書、２０１７年
東洋経済オンライン「NHK渾身の『AIに聞いてみた』が炎上した必然」、２０１７年7月28日
https://toyokeizai.net/articles/-/182300
NEWSポストセブン「『ちょいワルジジ』になるには美術館へ行き、牛肉の部位知れ」、２０１７年6月10日
https://www.news-postseven.com/archives/20170610_561363.html
zakzak「『美術館ナンパ』指南で大炎上！『ちょいワル』元LEONの名物編集長を直撃」、２０１７年6月15日
https://www.zakzak.co.jp/ent/news/170615/ent1706151227-n1.html

08
「お気持ち自警団」の誕生と現代のファシズム
トマス・ホッブズ『リヴァイアサン〈１〉』（水田洋訳）、岩波文庫、１９９２年
フリードリヒ・ハイエク『隷属への道』（西山千明訳）、春秋社、１９９２年
東洋経済オンライン「『ブラック企業』は、人種差別用語である」、２０１４年9月１日
https://toyokeizai.net/articles/-/46755
Togetter「気に食わないツイートをコピーし公道に広げて踏みまくる、おぞましい連中の話。（疑問補足あり）」、２０１７年9月８日
https://togetter.com/li/1148720

09
デマ・フェイクニュースが必要とされる社会
荻上チキ『検証 東日本大震災の流言・デマ』、光文社新書、２０１１年
近藤誠『医者に殺されない47の心得 ── 医療と薬を遠ざけて、元気に、長生きする方法』、アスコム、２０１２年
近藤誠『ワクチン副作用の恐怖』、文藝春秋、２０１７年
広井脩『流言とデマの社会学』、文春新書、２００１年
スマホ比較のすまっぴー「格安スマホは年収が高い人ほど使ってる？ ５００人にアンケートしました！」、２０１７年10月24日
https://smappy-if.com/articles/kakuyasu-sumaho/294
Tichenor, P.A.; Donohue, G.A.; Olien, C.N.: “Mass media flow and differential growth in knowledge” The Public Opinion Quarterly, 34 (2), pages 159–170, 1970.

10
「公正な世界」の光と影
和田秀樹『この国の冷たさの正体――一億総「自己責任」時代を生き抜く』朝日新書、2016年
村山綾・三浦麻子「被害者非難と加害者の非人間化――2種類の公正世界信念との関連―」『心理学研究』第86巻1号、1～5頁、日本心理学会、2015年

11
橋下徹はなぜドナルド・トランプになれなかったのか
大嶽秀夫『日本型ポピュリズム――政治への期待と幻滅』中央新書、2003年
水島治郎『ポピュリズムとは何か――民主主義の敵か、改革の希望か』中央新書、2016年
毎日新聞「橋下徹さんに聞く『トランプ現象』」、2017年1月13日
nippon.com「無党派層のこれまでと現在」、2012年7月18日
https://www.nippon.com/ja/in-depth/a01104/
REUTERS「トランプ氏、選挙資金不足を否定『私の富は無限』」、2016年6月22日
https://jp.reuters.com/article/usa-election-idJPKCN0Z80EQ
SYNODOS「橋下現象はポピュリズムか？――大阪維新の会支持態度の分析」、2012年7月24日
https://synodos.jp/politics/1357

12
なぜ若者は地元から去ってしまうのか
長谷川眞理子・山岸俊男『きずなと思いやりが日本をダメにする――最新進化学が解き明かす「心と社会」』集英社インターナショナル、2016年
堀裕嗣『スクールカーストの正体――キレイゴト抜きのいじめ対応』、小学館新書、2015年
神戸新聞「兵庫の人口550万人割る 20年ぶり、転出超過で」、2018年2月28日
毎日新聞「東京圏一極集中進む 昨年、転入超過11.9万人」、2018年1月29日

13
「働き方」の呪縛
今野晴貴・嶋﨑量『裁量労働制はなぜ危険か――「働き方改革」の闇』、岩波書店、2018年
笹山尚人『ブラック職場――過ちはなぜ繰り返されるのか？』、光文社新書、2017年
朝日新聞「五輪ボランティアやりがい搾取論やまず…組織委自ら体験」、2018年5月14日
キャリコネ「小学2年生の道徳教科書『ご褒美がなくても仕事を続けたい』が物議 教え方次第で『社畜教育』になる？」、2018年5月29日、https://news.careerconnection.jp/?p=54596

14
ベーシックインカムが解決できない問題
大竹文雄『競争と公平感――市場経済の本当のメリット』、中公新書、２０１０年
太田肇『承認とモチベーション』、同文館出版、２０１１年
原田泰『ベーシック・インカム――国家は貧困問題を解決できるか』、中公新書、２０１５年
山竹伸二『「認められたい」の正体――承認不安の時代』、講談社現代新書、２０１１年
内閣府経済社会総合研究所「若年層の幸福度に関する調査」、２０１１年
東浩紀「情報公開型のＢＩで誰もがチェックできる生存保障を」『ＰＯＳＳＥ』第８号、42～51頁、２０１０年
齊藤拓「ベーシックインカムは生存権の手段ではない」『プランＢ』第31号、64～66頁、２０１１年

15
疎外、そして近代の甦生
河合雅司『未来の年表――人口減少日本でこれから起きること』、講談社現代新書、２０１７年
産経ＷＥＳＴ「33歳長女を『約15年前からプレハブに監禁』大阪・寝屋川の死体遺棄事件で両親供述、死因は凍死」、２０１７年12月26日
https://www.sankei.com/west/news/171226/wst1712260023-n1.html
毎日新聞「温厚な父、突然の殺人 病気の妻50年支えた後」、２０１８年１月３日
ＳＹＮＯＤＯＳ「アラフォー世代に〝家族〟のことを訊いてみた」、２０１６年６月３日
http://synodos.jp/info/17219
厚生労働省「平成27年版厚生労働白書 人口減少社会を考える」、２０１５年

16
「ひきこもり問題」から見えてくるもの
近藤直司『青年のひきこもり・その後――包括的アセスメントと支援の方法論』岩崎学術出版社、２０１７年
ダイヤモンドオンライン「ＴＶタックル ひきこもり問題、当事者が本当にほしい支援、親に必要な支援とは」、２０１６年４月７日
https://diamond.jp/articles/-/89213
朝日新聞「（平成とは 第１部・時代の転機）親亡き後は…孤立の不安」、２０１７年12月30日
内閣府「子供・若者白書」、２０１０年
内閣府子ども若者・子育て施策総合推進室「ひきこもり支援者読本」、２０１１年

17
この社会には透明人間がいる
雨宮処凛・赤木智弘ら『下流中年――一億総貧困化の行方』、ＳＢ新書、２０１６年
日本統合失調症学会監修『統合失調症』、医学書院、２０１３年

ニューズウィーク日本版「生涯未婚率は職業によってこんなに違う」、２０１５年９月１日
https://www.newsweekjapan.jp/amp/stories/business/2015/09/post-3882.php
NHKスペシャル「ミッシングワーカー 働くことをあきらめて…」、２０１８年６月２日
金融広報中央委員会「家計の金融行動に関する世論調査」、２０１７年
厚生労働省「平成28年賃金構造基本統計調査」、２０１７年
総務省「平成24年就業構造基本調査」、２０１３年
The Economic Policy Institute "Missing Workers", 2017.
https://www.epi.org/publication/missing-workers/

18 「社会的な死」がもたらすもの

加藤智大『解＋――秋葉原無差別殺傷事件の意味とそこから見えてくる真の事件対策』、批評社、２０１３年
中島岳志『秋葉原事件――加藤智大の軌跡』、朝日文庫、２０１３年
廣末登『ヤクザになる理由』、新潮新書、２０１６年
渡邊博史『生ける屍の結末――「黒子のバスケ」脅迫事件の全真相』、創出版、２０１４年
Business Journal「【新幹線殺傷】小島容疑者、「６月８日」の事件が引き金か…無差別殺人続発が危惧」、２０１８年６月10日
https://biz-journal.jp/2018/06/post_23652.html

19 相模原事件の犯人を支持した人びと

朝日新聞取材班『妄信――相模原障害者殺傷事件』、朝日新聞出版、２０１７年
中島義道『差別感情の哲学』、講談社学術文庫、２０１５年
『現代思想 緊急特集＝相模原障害者殺傷事件』、青土社、２０１６年10月号

おわりに

港区公式ホームページ「ホームレスの取り締まりについて」、２０１７年11月21日、２０１８年８月21日
https://www.city.minato.tokyo.jp/kouchou/kuse/kocho/ikenshokai22/573.html
https://www.city.minato.tokyo.jp/kouchou/kuse/kocho/ikenshokai25/409.html

御田寺圭　みたてら・けい

会社員として働くかたわら、テラケイ、白饅頭名義でインターネットを中心に、家族・労働・人間関係などをはじめとする広範な社会問題についての言論活動を行う。「SYNODOS（シノドス）」などに寄稿。「note」での連載をまとめた本書が初の著作となる。

矛盾社会序説《むじゅんしゃかいじょせつ》 その「自由《じゆう》」が世界《せかい》を縛《しば》る

二〇一八年一一月二五日　初版第一刷発行
二〇一八年一二月〇五日　第二刷発行

著者　御田寺圭《みたてらけい》
ブックデザイン　鈴木成一デザイン室
DTP　臼田彩穂
編集　方便凌
発行人　北畠夏影
発行所　株式会社イースト・プレス
〒一〇一‐〇〇五一
東京都千代田区神田神保町二‐四‐七 久月神田ビル
電話 〇三‐五二一三‐四七〇〇
ファクス 〇三‐五二一三‐四七〇一
http://www.eastpress.co.jp
印刷所　中央精版印刷株式会社

ISBN978-4-7816-1726-8 C0095　